"十三五"职业教育国家规划教材 升级版

U0783779

汽车故障诊断

（第二版）

主　编　彭　勇　侯志华　聂　进

副主编　王治校　刘　玄　肖卫兵

参　编　彭　新　谭德权　欧明文

　　　　龙莉霞　向云南　吴爱华

华中科技大学出版社
http://press.hust.edu.cn
中国·武汉

内 容 简 介

　　本书以"知识—兴趣—技能"为总体思路，以"必需、够用"为原则，分为 4 个部分，共 14 个任务，其中：第 1 部分是绪论；第 2 部分是汽车发动机部分故障诊断，包含 7 个任务，主要介绍发动机无法启动故障诊断、发动机水温过高故障诊断、发动机加速不良故障诊断、发动机亮机油灯故障诊断、发动机异响故障诊断、发动机抖动故障诊断、发动机亮故障灯故障诊断；第 3 部分是汽车底盘部分故障诊断，包含 3 个任务，主要介绍转向系统故障诊断、行驶系统故障诊断、传动系统故障诊断；第 4 部分是汽车车身电气部分故障诊断，包含 4 个任务，主要介绍电源系统故障诊断、启动系统故障诊断、照明与信号系统故障诊断、舒适系统故障诊断。

　　本书是"十三五"职业教育国家规划教材的升级版，可作为高职高专院校汽车检测与维修和汽车运用技术专业的教材，对从事汽车诊断维修的技术人员也具有参考价值。

图书在版编目(CIP)数据

汽车故障诊断/彭勇，侯志华，聂进主编. —2 版. —武汉：华中科技大学出版社，2023.4
ISBN 978-7-5680-9258-6

Ⅰ.①汽…　Ⅱ.①彭…　②侯…　③聂…　Ⅲ.①汽车-故障诊断-教材　Ⅳ.①U472.42

中国国家版本馆 CIP 数据核字(2023)第 048681 号

汽车故障诊断(第二版)
Qiche Guzhang Zhenduan(Di-er Ban)

彭　勇　侯志华　聂　进　主编

策划编辑：袁　冲
责任编辑：狄宝珠
封面设计：抱　子
责任监印：朱　玢
出版发行：华中科技大学出版社(中国·武汉)　　电话：(027)81321913
　　　　　武汉市东湖新技术开发区华工科技园　　邮编：430223
录　　排：武汉市洪山区佳年华文印部
印　　刷：武汉市籍缘印刷厂
开　　本：787mm×1092mm　1/16
印　　张：14.25
字　　数：379 千字
版　　次：2023 年 4 月第 2 版第 1 次印刷
定　　价：31.00 元

《汽车故障诊断》一书自 2017 年出版以来,以其全新的教学理念、鲜明的职业教育特色、仔细认真的内容编写和精细的编辑出版过程,被评为"十三五"职业教育国家规划教材,得到全国广大院校教师与学生的欢迎和使用。为了便于读者学习和掌握汽车故障诊断技术,编者总结多年教学经验,结合实际的汽车故障类型以及汽车维修工技能鉴定标准,特意对本书进行再版。可以说,本书是"十三五"职业教育国家规划教材的升级版。本书从内容与方法、教与学、做与练等方面,多角度、全方位地体现了职业教育的教学特色,主要特点包括以下几个方面:

(1)本书采用任务驱动方式阐述内容,详细讲解了汽车发动机部分故障诊断、汽车底盘部分故障诊断和汽车车身电气部分故障诊断,并辅以大量图片,使汽车检修内容浅显易懂,从而降低学习门槛,促进读者快速掌握汽车故障诊断技能。

(2)本书的总体设计思路:以"知识—兴趣—技能"为总体思路,以"必需、够用"为原则。紧紧围绕职业工作需求,本着从企业实际出发,结合学校实际,以就业为导向,以技术训练为中心,特别强调汽车故障诊断教学过程的标准化、规范化和工艺化。

(3)重组知识体系结构。贯穿"以企业需求为导向,以职业能力为核心"的理念,打破传统的知识体系结构,在分析职业岗位(群)工作任务的基础上,按照工作任务的相关性将汽车故障诊断的新知识、新技术、新工艺、新方法以及诊断工具、仪器仪表的使用进行分解,重构教材设计。

(4)"金字塔"式结构体系设计。教材按马斯洛需求层次理论设计成情境创设、自主解释、问题纠正、合作探究、总结提升五个层次。每个教学任务为一个典型的故障诊断案例,结构上由知识目标、能力目标、情境描述、常见故障点、相关知识、故障诊断、故障排除、评分标准和操作工单等栏目组成。

教材中的"情境描述""常见故障点"为第一层次——情境创设,情境描述为汽车维修企业在维修业务接待活动中的一些典型活动,常见故障点是通过多年对汽车维修企业的故障分析汇总得出的高概率点;"相关知识"为第二层次——自主解释,相关知识为常见故障点的相关理论知识、解决故障的相关仪器设备使用方法、故障点相关的检测方法及检测标准流程;"故障诊断"为第三层次——问题纠正,故障诊断为常见故障点的检修处理流程及备件改换;"故障排除"为第四层次——合作探究,故障排除针对实车上设置的故障进行实际排除或对汽车维修企业接修车辆进行故障处理;"评分标准""操作工单"为第五层次——总结提升,此部分内容要求学习者根据评分标准规范故障排除的操作流程。

(5)教材多元评价体系设计。教材为每个任务单独配备评分标准和操作工单,将安全操作、工艺流程、清洁整顿、团队协作等纳入评价机制。

为了使本书内容紧跟汽车新技术、新工艺,更多地反映本课程教学内容的行业性、实用性、科学性和方便性,本书再版前编者充分和认真听取广大师生、职教专家、企业技术人员的意见和建议,并保留原教材主体内容与特色,对其内容进行了优化、补充和调整,主要做了以下几个方面的修改工作:

（1）在故障排除部分完善、优化评分标准和操作工单内容，以汽车技术竞赛要求来修改操作工单；增加故障流程图作业；增加检修小笔记。

（2）对老旧技术和图片进行更换。

本书适合应用型本科和高职高专院校汽车类专业汽车故障诊断课程教学使用，也可作为开放大学、成人教育、自学考试、中职学校的教材，还可作为工程技术人员的参考书或社会培训机构的培训教材。

本书由彭勇（湖南电气职业技术学院）、侯志华（湖南汽车工程职业学院）、聂进（娄底职业技术学院）担任主编，王治校（湖南国防工业职业技术学院）、刘玄（湖南吉利汽车职业技术学院）、肖卫兵（湖南电气职业技术学院）担任副主编，彭勇对本书的编写思路和大纲进行了总体规划，指导全书的编写，其中绪论、模块一由彭勇、侯志华、聂进、肖卫兵、向云南编写，模块二由王治校、龙莉霞、吴爱华编写，模块三由刘玄、欧明文、彭新、谭德权编写。本书从选题、撰稿到出版的全过程中，得到了湖南电气职业技术学院和吉利汽车集团的各位领导、老师、技术人员的大力支持和帮助，他们提出了许多宝贵的意见和建议。本书在编写过程中参考了相关学者的研究著作，引用了部分图例和相关网站的部分资料，因部分作品难以查到设计者，故未一一注明，在此特向这些作者表示诚挚的谢意。如有疑问，欢迎主动联系我们。由于编者水平有限，书中不妥和错误之处在所难免，恳请同行批评指正，以便再版时修正。

编　者

2022 年 3 月

绪　　论

汽车在使用过程中,由于某一种或几种原因的影响,其技术状况将随行驶里程的增加而变化,其动力性、经济性、可靠性、安全性将逐渐或迅速地下降,排气污染和噪声加剧,故障率增加,这不仅会对汽车的运行安全、运行消耗、运输效率、运输成本及环境造成极大的影响,甚至还直接影响着汽车的使用寿命,因而研究汽车故障的变化规律,定期检测汽车的使用性能,及时而准确地诊断出故障部位并排除故障,就成为汽车使用技术的一项重要内容。因此,汽车故障诊断与检测是恢复汽车使用寿命的关键,是汽车使用技术的中心环节。

一、汽车故障诊断的基本概念

1. 汽车故障的定义

汽车故障是指汽车部分或完全丧失工作能力的现象,其实质是汽车零件本身或零件之间的配合状态发生了异常变化。

汽车工作能力是动力性、经济性、工作可靠性及安全环保性等性能的总称。

2. 汽车故障的分类

(1) 按丧失工作能力的程度分为局部故障和完全故障。局部故障是指使汽车部分丧失工作能力,使用性能降低的故障。完全故障是指使汽车完全丧失工作能力,不能行驶的故障。

(2) 按发生的后果分为一般故障、严重故障和致命故障。一般故障是指在汽车运行中能及时排除的故障或不能排除的局部故障。严重故障是指在汽车运行中无法排除的完全故障。致命故障是指导致汽车造成重大损坏的故障。

3. 汽车故障诊断的定义

汽车故障诊断是指在不解体(或仅拆下个别小件)的情况下,确定汽车的技术状况,查明故障部位及故障原因的汽车应用技术。

汽车技术状况是指定量测得的表征某一时刻汽车外观和性能参数值的总和。

4. 汽车故障诊断的方法

汽车技术状况的诊断是通过检查、测量、分析、判断等一系列活动完成的,其基本方法主要分为两种:直观诊断法和现代仪器设备诊断法。

(1) 直观诊断法。直观诊断法又称为人工经验诊断法,是指诊断人员凭丰富的实践经验和一定的理论知识,在汽车不解体或局部解体情况下,依靠直观的感觉印象,借助简单工具,采用眼观、耳听、手摸和鼻闻等手段,进行检查、试验、分析,确定汽车的技术状况,查明故障原因和故障部位的诊断方法。

(2) 现代仪器设备诊断法。现代仪器设备诊断法是在人工经验诊断法的基础上发展起来的一种诊断方法,是指在汽车不解体情况下,利用测试仪器、检测设备和检验工具,检测整车、总成或机构的参数、曲线和波形,为分析、判断汽车技术状况提供定量依据的诊断方法。

实际上,上述两种方法往往同时综合使用,也称为综合诊断法。

5. 汽车故障诊断的思路

汽车故障诊断的思路如下：①问诊；②试车；③分析；④假设；⑤验证。

二、汽车故障的变化规律

汽车故障的产生是有一定规律的。要学习汽车故障诊断与检测技术，首先要掌握汽车故障的变化规律，而要学习汽车故障的变化规律，则需了解汽车故障产生的原因。

1. 汽车故障产生的原因

汽车故障的产生主要是由零件之间的自然磨损或异常磨损、零件与有害物质接触造成的腐蚀、零件在长期交变载荷下的疲劳、在外载荷及温度残余内应力下的变形、非金属零件及电气元件的老化、偶然的损伤等造成的。

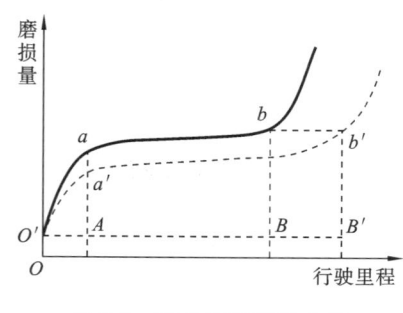

图 0-1 零件磨损特性曲线

零件的磨损规律是指两个相配合的零件的磨损量与汽车行驶里程的关系，又称为零件的磨损特性。图 0-1 为零件磨损特性曲线。

零件的磨损可分为三个阶段。

（1）零件的磨合期（O'A 段）。由于零件表面粗糙度的存在，在配合初期，其实际接触面积较小，比压力极高，所以初期磨损量较大，但随着行驶里程的增加，配合相应改善，磨损量的增长速度开始减慢。

（2）正常工作期（AB 段）。在正常工作期，由于零件已经过了初期走合阶段，零件的表面质量、配合特性均达到最佳状态，润滑条件也得到相应改善，因而磨损量较小，磨损量的增长也比较缓慢，就整个阶段的平均情况来看，其单位行驶里程的磨损量变化不大。

（3）加速磨损期（BB'段）。在加速磨损期，零件的配合间隙已超限，润滑条件恶化，磨损量急剧增加，若继续使用，将会由自然磨损发展为事故性磨损，使零件迅速损坏。此阶段的磨损属于异常磨损。

2. 汽车故障的变化规律

汽车故障的变化规律是指汽车的故障率随行驶里程变化的规律。汽车故障率是指达到某行驶里程的汽车，在单位行驶里程内发生故障的概率，也称为失效率或故障程度。它是度量汽车可靠性的一个重要参数，体现了汽车在使用中工作能力的丧失程度。汽车故障的变化规律曲线就是汽车的故障率与行驶里程的关系曲线，也称浴盆曲线。

与零件的磨损规律相对应，汽车故障的变化规律也分三个阶段。

（1）早期故障期。早期故障期相当于汽车的走合期。因初期磨损量较大，所以故障率较高，但随行驶里程的增加而逐渐下降。

（2）随机故障期或偶然故障期。在随机故障期，汽车故障的发生是随机的，没有一种特定的故障起主导作用，多由使用不当、操作疏忽、润滑不良、维护欠佳及材料内部隐患、工艺和结构缺陷等偶然因素所致。

（3）耗损故障期。在耗损故障期，由于零件磨损量急剧增加，大部分零件老化耗损，特别是大多数受交变载荷作用及易磨损的零件已经老化衰竭，因而故障率急剧上升，出现大量故障，若不及时维修，则会导致汽车或总成报废。因此，必须把握好耗损点，制订合适的维修周期。

由上可知,早期故障期和随机故障期所对应的行驶里程即汽车的修理周期或称为修理间隔里程。

3. 汽车故障诊断与检测的基础理论

汽车故障诊断与检测是确定汽车技术状况的应用性技术,不仅要求有完善的检测、分析、判断手段和方法,而且要有正确的理论指导。为此,在诊断与检测汽车技术状况时,必须选择合适的诊断参数,确定合理的诊断参数标准和最佳诊断周期。

汽车诊断参数是指供诊断用的,表征汽车、总成及机构技术状况的量,它包括工作过程参数、伴随过程参数和几何尺寸参数。

1)工作过程参数

工作过程参数是汽车、总成和机构在工作过程中输出的一些可供测量的物理量和化学量。工作过程参数也是深入诊断的基础。汽车不工作时,工作过程参数无法测得。

2)伴随过程参数

伴随过程参数是伴随工作过程输出的一些可测量,可提供诊断对象的局部信息,常用于复杂系统的深入诊断。

3)几何尺寸参数

几何尺寸参数可提供总成、机构中配合零件之间或独立零件的技术状况,如配合间隙、自由行程、圆度、圆柱度、端面圆跳动、径向圆跳动等。

4. 汽车故障诊断的四项基本原则

(1)先简后繁、先易后难的原则。

(2)先思后行、先熟后生的原则。

(3)先上后下、先外后里的原则。

(4)先备后用、代码优先的原则。

5. 汽车故障诊断的基本方法

(1)询问用户故障产生的时间、现象、当时的情况,发生故障时的原因以及是否经过检修、拆卸等。

(2)初步确定故障范围及部位。

(3)调出故障码,并查出故障的内容。

(4)按故障码显示的故障范围进行检修,尤其注意接头是否松动、脱落,导线连接是否正确。

(5)检修完毕,应验证故障是否确实已排除。

(6)若调不出故障码,或者调出故障码后查不出故障内容,则根据故障现象,大致判断出故障范围,采用逐个检查元件工作性能的方法加以排除。

6. 汽车典型元件故障及其原因

1)ECU

一般来说,ECU 比较可靠,不易出现故障,正常使用情况下,1.0×10^5 km 的故障率不高于 0.1%,但当发动机工作时间过长(行驶里程超过 1.5×10^5 km)时,ECU 的故障率就明显增加,故障的原因主要是:

(1)焊点松脱;

（2）电容元件失效；

（3）集成块损坏；

（4）电控单元固定脚螺栓松动；

（5）电子元件损坏。

ECU一旦出现故障，会造成发动机不能启动或难以启动、无高速、耗油量大等现象。

2）传感器

车用传感器一般分为热敏电阻式、真空压力式、机械传动式和压电式等几种，相对而言，传感器在电控汽油喷射系统中易出现故障，故障原因主要是：

（1）弹性元器件失效；

（2）真空膜片破损；

（3）接触部位磨损或烧蚀；

（4）外围线路故障等。

传感器负责向ECU提供发动机工况，因此一般出现故障时，将直接影响ECU准确信息的来源，对发动机的控制也将失控或控制不正常。

3）接插连接件

电控汽油喷射系统具有众多的接插连接件，由于其工作在一个振动、多灰尘、高温、易潮的环境中，时间一长，就易产生故障。故障的主要原因是环境恶劣造成的：

（1）接插件老化失效；

（2）接头松动；

（3）接头接触不良。

接插连接件出现故障时，发动机工作不稳定，时好时坏，一般可用故障征兆模拟试验法来诊断。

4）喷油器和冷启动喷油器

喷油器和冷启动喷油器是易损件之一，特别是由于国内汽油油质相对较差，更易出现堵塞和卡死等现象。正常情况下，喷油器一年应至少清洗一次。喷油器的故障主要表现为：

（1）电磁线圈工作不良；

（2）喷油嘴卡死；

（3）堵塞；

（4）滴漏；

（5）雾化状况不好；

（6）外围电路故障。

喷油器故障主要会造成发动机某缸不工作或工作不良。另外，各缸喷油器喷油量相差太大（15 s超过8～10 mL）也会造成整个发动机工作不稳等故障。

5）真空软管及其他管道

电控汽油喷射系统有大量的真空软管及其他管道，由于其大多是橡胶制品，受热、沾油和时间一长，就会产生老化。其故障主要表现为：

（1）胶管老化；

（2）管口破裂；

（3）卡子未卡紧；

（4）接口松动。

其最终表现为漏气，使混合气过稀、发动机启动困难或怠速不良、加速无力等。

6）燃油压力调节器

燃油压力调节器用于调节喷油压力，出现故障时会明显影响发动机的供油量，使发动机供油不稳、启动困难、加速无力等。通道堵塞和压力调节器内的膜片损坏，都会造成燃油压力调节器故障。

7）滤清器

空气滤清器、汽油滤清器及机油滤清器的堵塞都会造成发动机故障，因此应定期维护。

7. 汽车电控系统的信号分类

汽车电控系统的信号分类如图 0-2 所示。

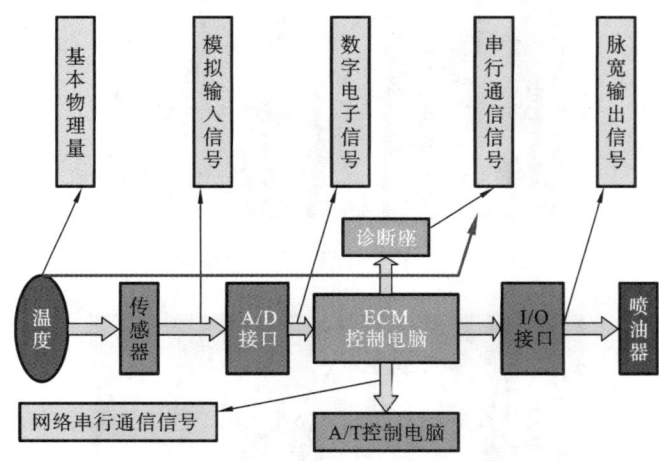

图 0-2　汽车电控系统的信号分类

8. 汽车电控系统检测设备的分类

（1）基本参数测试仪（物理化学参数显示）如图 0-3 所示。

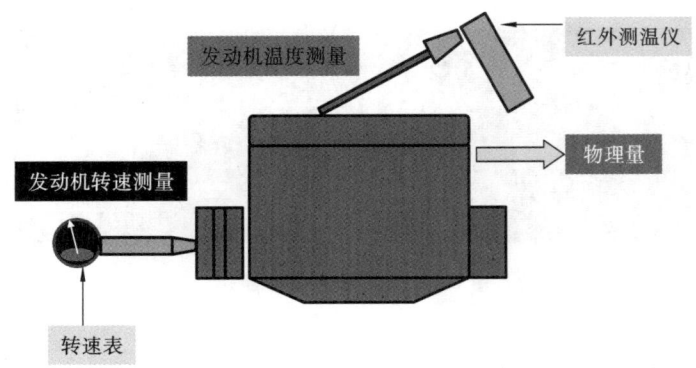

图 0-3　基本参数测试仪

（2）在线式电路分析仪（数值/波形显示）如图 0-4 所示。

（3）对比式传感元件模拟器（模拟数字输入信号）如图 0-5 所示。

（4）触发式执行元件驱动器（产生输出信号）如图 0-6 所示。

（5）通信式电脑诊断仪（故障码/数据流/设定/匹配/解码）如图 0-7 所示。

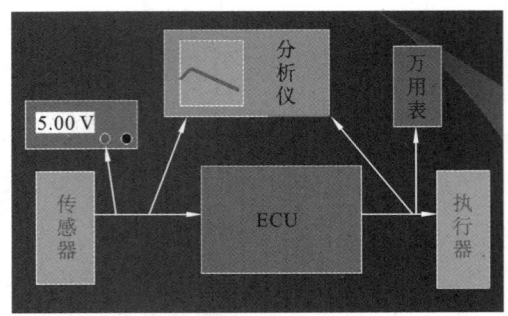

图 0-4　在线式电路分析仪

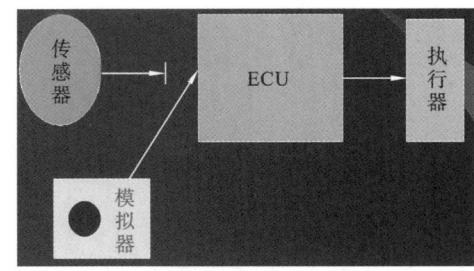

图 0-5　对比式传感元件模拟器

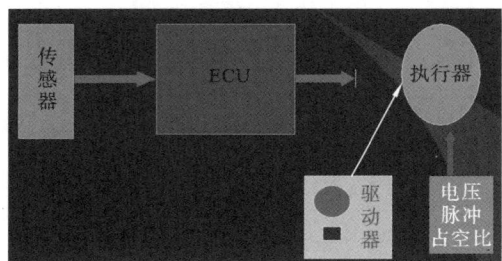

图 0-6　触发式执行元件驱动器

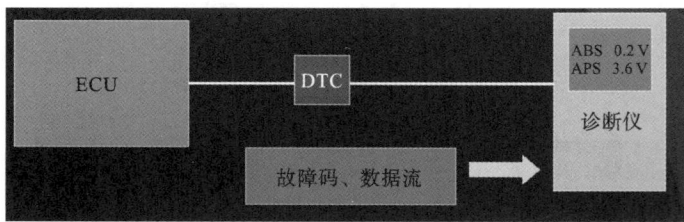

图 0-7　通信式电脑诊断仪

模块一

汽车发动机部分故障诊断

任务一 发动机无法启动故障诊断

◀ **知识目标**
　　(1) 掌握汽车点火系统的组成、工作原理及控制电路。
　　(2) 掌握汽车点火系统的故障原因、诊断方法。
　　(3) 掌握曲轴位置传感器的工作原理及诊断方法。

◀ **能力目标**
　　(1) 掌握高压试火的方法。
　　(2) 掌握气缸压力的检测方法。
　　(3) 掌握火花塞的检测方法。
　　(4) 掌握点火正时的检测方法。
　　(5) 掌握发动机不能启动的检修方法。

一、情境描述

　　何先生在启动发动机时,拧动车钥匙,启动声音明显,发动机不着车或偶尔有着车情况但马上会熄火。汽车送往维修店后,经维修技师检查判断为发动机电控系统故障,你作为未来的维修人员,现需对相关部件进行检查,根据维修手册相关要求,在规定时间(参照维修资料)内完成故障部位的检查与零部件的更换,完成后,交付班组长验收。

二、常见故障点

　　汽车发动机不能启动常见故障点为点火系统故障、进气系统故障、燃油系统故障(后续章节进行介绍)、发动机气缸压力不足等。

三、相关知识

1. 汽车启动不着症状的定义

　　启动不着的种类分为两种:发动机不能启动,是指打开启动开关,启动机不能带动曲轴转动或虽能带动曲轴转动但无着车现象;启动困难,是指启动机能带动发动机正常转动,有明显的着车征兆,但发动机不能启动,或需要经过连续多次启动甚至长时间转动启动机才能启动。

2. 汽车启动不着故障现象分析

　　启动不着分为两种情况:着车困难和不能着车。

　　汽车不能着车分析如图 1-1 所示。

　　汽车着车困难分析如图 1-2 所示。

3. 发动机正常启动的三个要素

　　(1) 强且正时的高压火花。

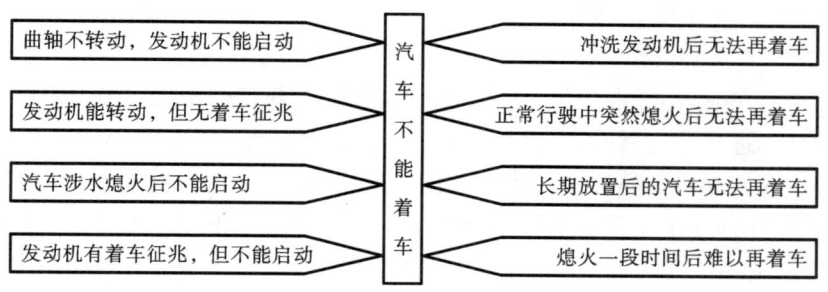

图 1-1　汽车不能着车分析

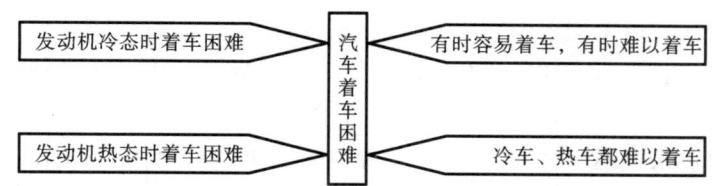

图 1-2　汽车着车困难分析

（2）合适的空燃比，如图 1-3 所示。

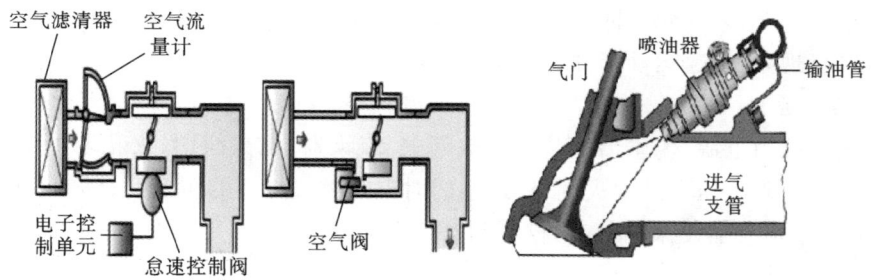

图 1-3　汽车空燃比电气示意图

（3）足够的气缸压力（当然排气要畅通）。

4. 诊断思路

首先要判断故障出在哪一方面，一般从点火系统入手，首先粗查，当然先看高压火，暂不管点火是否正时。再看是否有油进缸，当然可先看有无喷油信号（可用发光二极管灯等方法检查），油泵能否建立一定油压（可通过倾听油泵运转声音、拆进、回油管查看、用油压表测量等方法检查），暂不管混合气浓度。当怀疑无油供给时，可在进气口喷化油器清洗剂，然后看能否启动，如能启动，则为燃油供给系统的故障。有火、有油时看点火正时，火花强不强，即细查点火系统，再拆检火花塞有无淹死。如火花塞没有淹死现象，在进气口喷化油器清洗剂也不能启动，高压火花强且正时，就用前述方法检查排气管有无堵塞，最后测量气缸压力。如启动时有启动征兆但不能启动，伴随有车身抖动、冒黑烟或回火放炮等现象，可立即检查点火正时，接着检查混合气是否过浓或过稀，再查排气管、气缸压力等。

5. 点火系统的组成

1）要求

（1）能产生足以击穿火花塞间隙的电压。

火花塞电极击穿而产生火花时所需要的电压称为击穿电压。点火系统产生的次级电压必须高于击穿电压,才能使火花塞跳火。

(2)火花应具有足够的能量。

发动机正常工作时,由于混合气压缩终了的温度接近其自燃温度,仅需要 $1\sim5$ mJ 的火花能量。但在混合气过浓或过稀时,发动机启动、怠速或节气门急剧打开时,则需要较高的火花能量。并且随着现代发动机对经济性和排气净化要求的提高,都迫切需要提高火花能量。因此,为了保证可靠点火,高能电子点火系统一般应具有 $80\sim100$ mJ 的火花能量,启动时应产生高于100 mJ 的火花能量。

(3)点火时刻应适应发动机的工作情况。

首先,点火系统应按发动机的工作顺序进行点火。其次,必须在最有利的时刻进行点火。

由于混合气在气缸内燃烧占用一定的时间,所以混合气不应在压缩行程上止点处点火,而应适当提前,使活塞达到上止点时,混合气已得到充分燃烧,从而使发动机获得较大功率。点火时刻一般用点火提前角来表示,即从发出电火花开始到活塞到达上止点为止的一段时间内曲轴转过的角度。如果点火过迟,当活塞到达上止点时才点火,则混合气的燃烧主要在活塞下行过程中完成,即燃烧过程在容积增大的情况下进行,使炽热的气体与气缸壁接触的面积增大,因而转变为有效功的热量相对减少,气缸内最高燃烧压力降低,导致发动机过热,功率下降。如果点火过早,由于混合气的燃烧完全在压缩过程进行,气缸内的燃烧压力急剧升高,在活塞到达上止点之前即达最大,使活塞受到反冲,发动机做负功,不仅使发动机的功率降低,并有可能引起爆燃和运转不平稳现象,加速运动部件和轴承的损坏。

2)电控点火系统

电控点火系统由电源、传感器、ECU、点火开关、点火器、点火线圈、火花塞等组成,如图 1-4所示。点火系统在高电压下产生火花,在最佳的时刻点燃气缸内的压缩混合气。电控点火系统由 ECU 根据各个传感器发来的信号,控制和修正点火提前角。

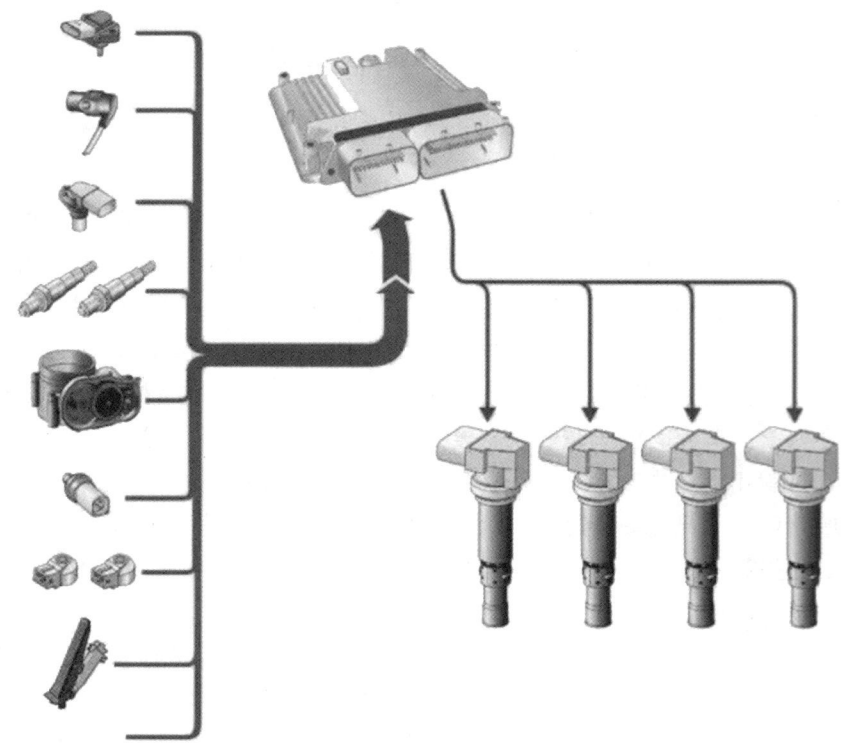

图 1-4　电控点火系统的基本组成

3）点火波形分析

点火线圈次级波形如图 1-5 所示。

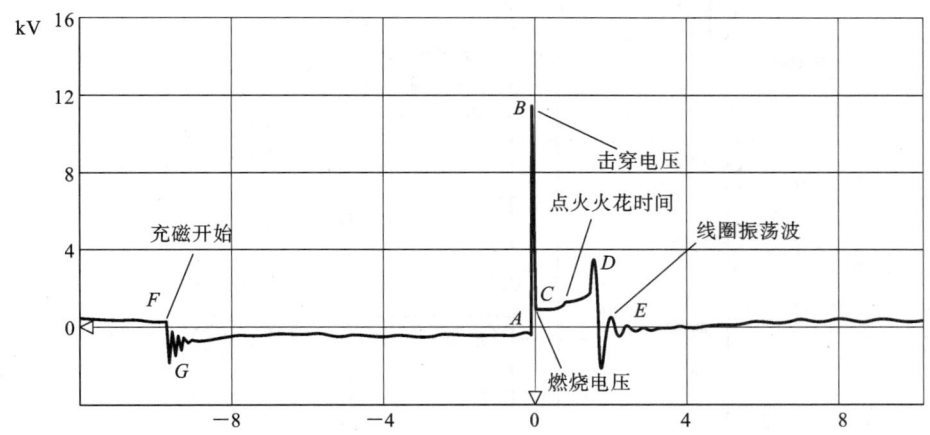

图 1-5 点火线圈次级波形

AB：断开初级控制线后，初级电流下降至零，次级线圈的电压急剧升高，将火花塞间隙击穿。击穿火花塞间隙的电压称为击穿电压。*AB* 线称为点火线。

BC：在火花塞间隙被击穿时，两电极之间出现火花放电，次级电压急剧下降，*BC* 为此时的放电电压，也称为燃烧电压。

CD：火花塞电极间隙被击穿后，通过电极间隙的电流迅速增加，致使两极间隙中的可燃气体发生电离，引起火花放电，*CD* 线称为火花线。

DE：在火花放电结束后，线圈中产生几个振荡波形。

4）点火控制电路图

丰田卡罗拉点火控制电路图如图 1-6 所示。

6. 点火系统的故障检测

1）火花塞检测

（1）外表观察法：卸下火花塞后，先观察电极间隙中是否有积油、积炭，若有则表明火花塞工况不良；然后再观察陶瓷绝缘体是否有裂纹，若有，也表明火花塞工况不良。正常工况的火花塞，绝缘体裙部应呈棕红色。火花塞燃烧情况如图 1-7 所示。

（2）测量法：用厚薄规测量火花塞电极间隙，火花塞间隙是指火花塞中心电极与接地电极间的间隙距离。一般火花塞的间隙间距为 0.6～1.3 mm。具体以维修手册为准。火花塞电极间隙测量如图 1-8 所示。

（3）触摸法：发动机工作几分钟后，将发动机熄火，再用手触摸火花塞的陶瓷绝缘体部位，若手感温度较低，表明该火花塞工况不良。

2）有无火花检测

点火系统检测，首先应考虑有无火花产生，检测有无火花最有效的方法是通过专用仪器设备检测各缸的点火波形，从波形中可以分析出点火系统的工作状态，也可以看出点火的能量是否足够。

在没有专用仪器设备的时候也可以通过高压试火法来检测有无火花产生，具体操作为：旋下火花塞，将火花塞安装在点火模块上，将其放在气缸盖上，点火时，若火花塞电极间产生"叭叭"作响的蓝色火花，表明该火花塞工况良好，如图 1-9 所示；若火花塞电极间无火花，而其他部位性能正常，则表明该火花塞工况不良，应予以更换。

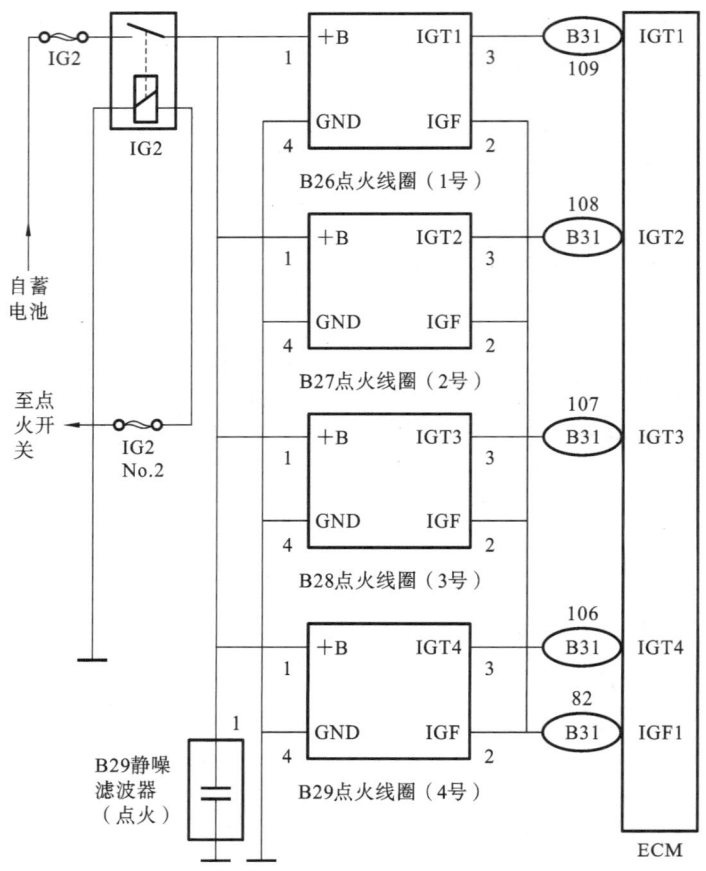

图 1-6 丰田卡罗拉点火控制电路图

| 正常工况 | 电极过度消耗 | 积炭 | 机油油污 | 积灰 | 电晕放电 |

图 1-7 火花塞燃烧情况

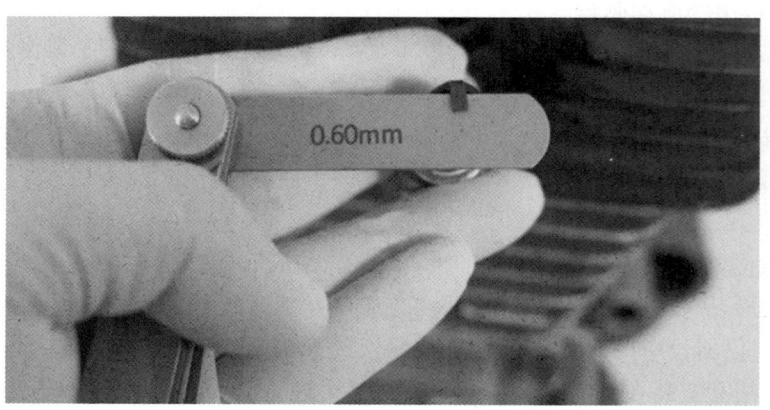

图 1-8 火花塞电极间隙测量图

图 1-9　高压试火

3）缺火检测

通过上述检测确认火花塞没有问题或者更换新火花塞后电极间仍然没有火花,此时说明点火模块或者控制电路有问题存在。

此时应检测点火模块的电源和搭铁是否正常、控制信号是否正常,若存在问题则进行相应故障排查;若正常则进行点火模块更换。

目前主流汽车采用的两种点火方式:一是采用单独点火方式,每一个气缸分配一个点火线圈,点火线圈直接安装在火花塞的顶上,取消了高压线。二是采用双缸点火方式,两个气缸合用一个点火线圈,因此这种点火方式只能用于气缸数目为偶数的发动机上。如果在四缸机上,当两个缸活塞同时接近上止点时(一个是压缩另一个是排气),两个火花塞共用一个点火线圈且同时点火,这时候一个是有效点火另一个则是无效点火。对于采用双缸点火方式的点火系统检测,则需要单独对高压线进行检测,判断其工作是否正常,有无电压损耗。

4）点火模块检测

丰田卡罗拉点火模块如图 1-10 所示。

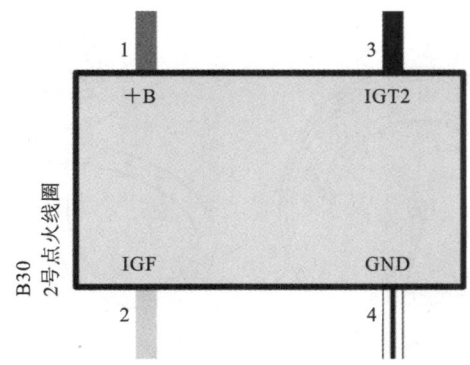

图 1-10　丰田卡罗拉点火模块

（1）电压检测。

B30(1)电源正极,12 V。

B30(2)点火反馈信号,点火开关 ON,5 V;怠速时用万用表电压挡测量为 4.8 V 左右。

B30(3)点火信号,点火开关 ON,0 V;怠速时用万用表电压挡测量为 0.1 V 左右。

B30(4)电源负极,0 V。

（2）波形检测。

丰田卡罗拉 2 号点火线圈各脚工作波形如图 1-11 所示。

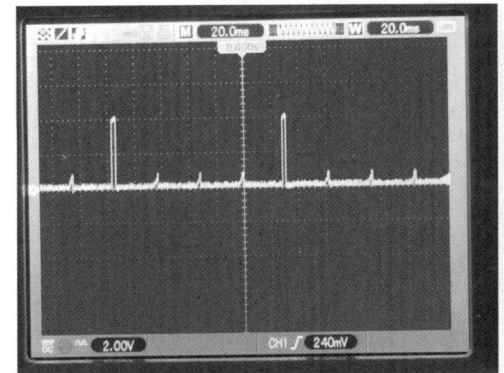 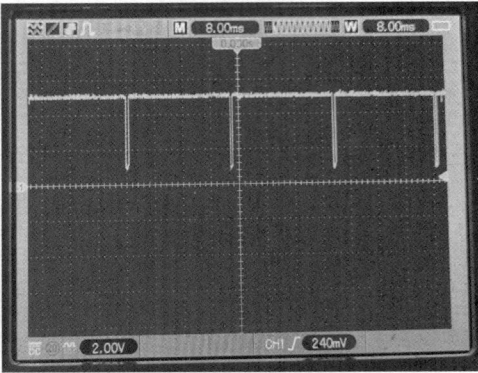

点火波形　　　　　　　　　　　　　　　反馈波形

图 1-11　丰田卡罗拉 2 号点火线圈各脚工作波形图

7. 气缸压缩压力的测量

1）检验条件

由于气缸压力受很多因素影响较大,所以测量气缸压力时,必须在下列条件下进行。

（1）蓄电池电力充足。

（2）用规定的力矩拧紧气缸盖螺栓。

（3）彻底清洗空气滤清器或更换新的空气滤清器。

（4）发动机达到正常的工作温度（水温 80～90 ℃,油温 70～90 ℃）。

（5）用启动机带动卸除了全部火花塞的发动机运转,转速为 200～300 r/min（汽油车）,或按原厂规定,500 r/min（柴油车）。

2）气缸压力表

气缸压力表是一种气体压力表,由表头、导管、单向阀和接头等组成,如图 1-12 所示。

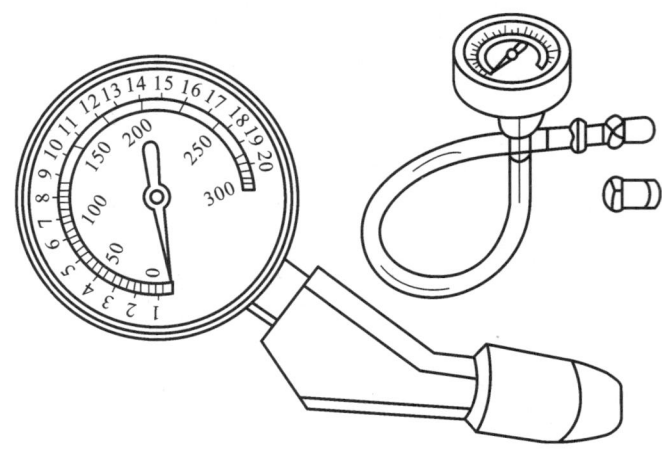

图 1-12　气缸压力表

气缸压力表的接头有两种形式：一种为螺纹接头，可以拧紧在火花塞上或喷油器螺纹孔中；另一种为锥形或阶梯形的橡胶接头，可以压紧在火花塞或喷油器的孔上，接头通过导管与压力表相通，如图 1-13 所示。

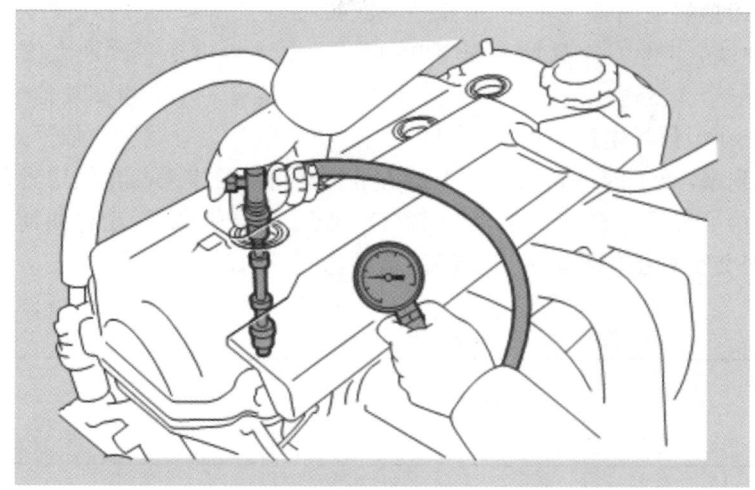

图 1-13　气缸压力表连接示意图

3）检测方法

（1）先用压缩空气吹净火花塞周围的脏物。

（2）拆下全部火花塞。对于汽油机，还应把点火系统次级高压线拔下并可靠搭铁，以防止电击或着火。

（3）把专用气缸压力表的锥形橡皮头插在被测量气缸的火花塞孔内，扶正压紧。

（4）将节气门（有阻风门的还包括阻风门）置于全开位置，用启动机带动曲轴转动 3～5 s（不少于 4 个压缩行程），待压力表表针指示并保持最大压力读数后停止转动。

（5）取下压力表，记下读数。按下单向阀使压力表指针回零。按此法依次测量各缸，每缸测量次数不少于 2 次，每缸测量结果取算术平均值，与标准值相比较，分析结果，判断气缸工作状况。

4）结果分析

若测得的结果超出原厂标准，说明燃烧室内积炭过多，气缸垫过薄或缸体和缸盖结合平面经多次维修而磨削过多。若测得的结果低于原厂标准，说明气缸密封性变差。

8. 曲轴位置传感器的检测

磁感应式曲轴位置传感器安装在曲轴箱内靠近离合器一侧的缸体上，其结构如图 1-14 所示。

1）工作原理

信号发生器用螺钉固定在发动机缸体上，由永久磁铁、传感器线圈和线束插头组成。传感线圈又称为信号线圈，永久磁铁上带有一个磁头，磁头正对安装在曲轴上的齿盘式信号转子，磁头与磁轭（导磁板）连接构成导磁回路。

信号转子为齿盘式，在其圆周上间隔均匀地制作有 58 个凸齿、57 个小齿缺和 1 个大齿缺。大齿

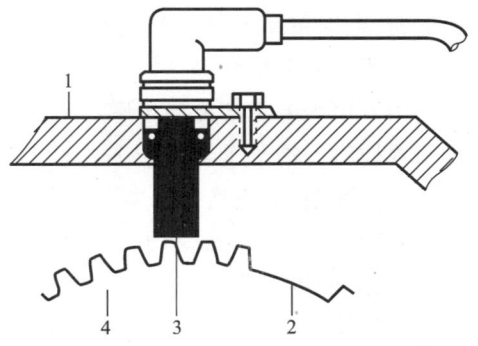

图 1-14　磁感应式曲轴位置传感器结构

1—缸体；2—大齿缺（基准标记）；
3—传感器磁头；4—信号转子

缺输出基准信号,对应发动机 1 缸或 4 缸压缩上止点所占的弧度。因为信号转子随曲轴一同旋转,曲轴旋转一圈(360°)信号转子也旋转一圈,所以信号转子圆周上的凸齿和齿缺所占的曲轴转角为 360°,每个凸齿和小齿缺所占的曲轴转角均为 3°,大齿缺所占的曲轴转角为 15°。

当曲轴位置传感器随曲轴旋转时,由磁感应式传感器工作原理可知,信号转子每转过一个凸齿,传感线圈中就会产生一个周期的交变电动势(即电动势出现一次最大值和一次最小值),线圈相应地输出一个交变电压信号。因为信号转子上设置有一个产生基准信号的大齿缺,所以当大齿缺转过磁头时,信号电压所占的时间较长,即输出信号为一宽脉冲信号,该信号说明 1 缸上止点位置即将到来,至于即将到来的是 1 缸还是 4 缸则需要根据凸轮轴位置传感器输入的信号来确定。由于信号转子上有 58 个凸齿,因此信号转子每转一圈(发动机曲轴转一圈),传感线圈就会产生 58 个交变电压信号输入电子控制单元,如图 1-15 所示。

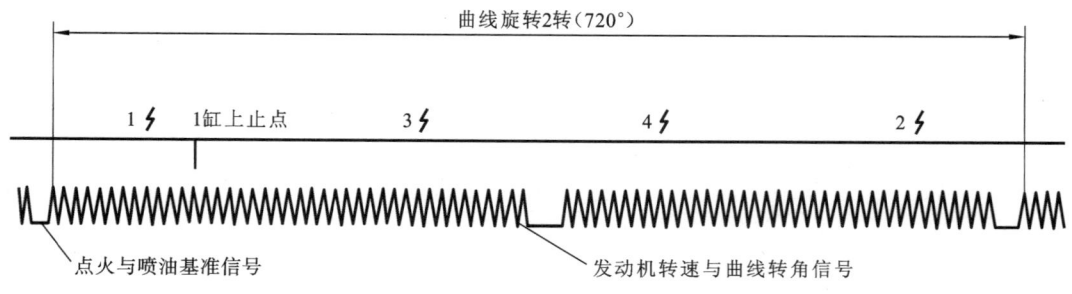

图 1-15 磁感应式曲轴位置传感器波形图

每当信号转子随发动机曲轴转动一圈,传感线圈就会向控制单元 ECU 输入 58 个脉冲信号。因此,ECU 每接收到曲轴位置传感器 58 个信号,就可知道发动机曲轴旋转了一转。如果 ECU 每分钟接收到曲轴位置传感器 116 000 个信号,ECU 便可计算出曲轴转速 n 为 2000 r/min;如果 ECU 每分钟接收到曲轴位置传感器 290 000 个信号,ECU 可计算出曲轴转速为 5000 r/min;依此类推,ECU 根据每分钟接收到的曲轴位置传感器脉冲信号的数量,便能计算出发动机曲轴旋转的转速。发动机转速信号和负荷信号是电控系统最重要、最基本的控制信号,ECU 根据这两个信号就能计算出基本喷油提前角、基本点火提前角和点火导通角(点火线圈初级电流接通时间)等三个基本控制参数。

2) 检测

在发动机运行过程中,当磁感应式传感器出现故障导致信号中断时,发动机将立刻熄火而无法运转,电控单元 ECU 能够检测到此故障,利用 KT600 故障诊断仪通过故障诊断插座可以读取此故障的有关信息。

当用万用表电阻挡检测传感器信号线圈的电阻时,断开点火开关,拔下传感器引线插头,检测传感器插座上端子 1 与端子 2 之间信号线圈的电阻应为 450～1000 Ω。如阻值为无穷大,说明信号线圈断路,应更换传感器。

检测传感器端子 1 或端子 2 与屏蔽线端子 3 之间的电阻时,阻值应无穷大,如阻值不是无穷大,则需更换传感器。

检测与控制单元 ECU 之间的线束时,分别检测传感器线束插头端子 1 与控制单元线束插孔 56、传感器线束插头端子 2 与控制单元线束插孔 63、传感器线束插头端子 3 与控制单元线束插孔 67 之间的电阻值,其阻值最大不超过 1.5 Ω,如阻值为无穷大,说明导线断路,需修理或更换线束。

信号转子凸齿与磁头间的气隙直接影响着磁路的磁阻和传感器线圈的输出电压,因此在使用中,转子凸齿与磁头间的气隙不能随意变动。气隙如有变化,必须按规定进行调整,气隙应为0.2~0.4 mm。

四、故障诊断

1. 无着车征兆,无法启动发动机

1)故障现象

接通启动开关时,启动机能带动发电机正常运转,但不能启动发动机,且无着车征兆。

2)故障原因

(1)油箱中无油。

(2)熔丝熔断。

(3)启动时节气门全开。

(4)电动燃油泵不工作。

(5)喷油器不工作。

(6)油路压力过低。

(7)点火系统故障;无高压火正时与标准相差大。

(8)正时皮带过松或断裂,发生跳齿故障。

(9)发动机气缸压缩压力过低。

(10)三元催化转化器堵塞。

(11)电脑或发动机搭铁不良。

(12)曲轴或凸轮轴位置传感器故障。

(13)防盗系统故障。

3)故障诊断与排除

电控燃油喷射式发动机在设计上具有很好的启动性能。电控燃油喷射系统的一般故障通常不能导致发动机不能启动。如果出现发动机不能启动且无着车征兆的故障,其原因一定是发动机的点火系统、燃油系统、控制系统或机械系统四者之中的一个或一个以上完全丧失了功能。因此,发动机不能启动的故障诊断与排除应将重点集中在上述四个系统上。

(1)检查油箱的存油情况。打开点火开关,若燃油表指针不动或油量警告灯点亮,则说明油箱内无油,应加足燃油后再启动。

(2)采用正确的启动操作方法,通常电控燃油喷射式发动机控制系统要求启动时不踩加速踏板。如果在启动时将加速踏板完全踩下或反复踩加速踏板以求增加油量,则往往会使控制系统的溢油消除功能起作用,从而导致喷油器不喷油或少喷油,造成发动机不能启动。

(3)检查点火系统。从分电器上拔下高压总线,让高压总线末端距离缸体 7~10 mm 或从缸盖上拔下高压分线,将一个火花塞接在高压分线上,将火花塞接地,接通启动开关用启动机带动发电机运转,同时观察高压总线末端或火花塞电极处有无强烈的蓝色火花。如果没有火花或火花很弱,则说明点火系统有故障。

(4)读故障码,如有故障码,则可按显示的故障码查找故障部位;如无故障码,则分别检查点火系统的高压线、分电器盖高压线圈、各缸火花塞、点火器、分电器、曲轴位置传感器及点火控制系统电脑。易损部件为点火器,应重点检查。

(5)检查分轴正时皮带是否断裂或轮齿是否滑脱。拆正时带罩摇转曲轴,同时检查分电器

轴有无转动。如分电器轴不转动,则说明正时皮带断裂或轮齿滑脱,应拆检正时机构和气门机找到导致该故障的原因并排除该故障后,再更换新的正时皮带。

(6) 检查电动燃油泵工作是否正常,如果电动燃油泵不工作,应检查熔丝、继电器以及电动燃油泵控制电路等。如果电路正常,说明电动燃油泵有故障,应更换。

(7) 检查点火正时,如果点火提前角与标准相差太大,则也会出现启动时毫无启动征兆的故障现象。

(8) 检查喷油器是否喷油,检查喷油器控制电路。

(9) 检查燃油系统压力。

(10) 检查气缸压缩压力。若上述检查均正常,则应检查气缸压缩压力。若气缸压缩压力低于 0.8 MPa,则说明发动机机械部分有故障,应拆检发动机。

2. 有着车征兆,但不能启动发动机

1) 故障现象

启动发动机时,启动机能带动发电机正常运转,有轻微着车征兆,但不能启动发动机。

2) 故障原因

(1) 进气漏气。

(2) 点火提前角不正确。

(3) 高压火太弱。

(4) 冷启动喷油器不工作。

(5) 电动燃油泵油压调节器工作不良,燃油滤芯器堵塞,导致燃油压力太低。

(6) 冷却液温度传感器有故障。

(7) 空气滤芯器堵塞。

(8) 空气流量传感器有故障。

(9) 进气歧管压力传感器有故障或真空管脱落。

(10) 喷油器裸露或堵塞。

(11) 喷油控制系统有故障。

(12) 排气管堵塞。

(13) 发动机气缸压力过低。

3) 故障诊断与排除

有着车征兆而不能启动发动机,说明点火系统、燃油系统和控制系统虽然工作失常,但并没有完全丧失功能。这种不能启动故障的原因不外乎是高压火花太弱、点火正时不正确、混合气太稀、混合气太浓、气缸压力太低等。一般应先检查点火系统,然后再检查进气系统、燃油系统、控制系统,之后检查排气管是否堵塞,最后检查发动机气缸压力。

(1) 先进行故障自诊断,检查有无故障码。会影响发动机启动性能的部件有 CKP、CMP、THW、MAF/MAP。如果空气流量计信号或进气歧管绝对压力传感器信号出现错误,有可能引起发动机在启动后瞬间不能平稳运转而导致启动失败,看起来就像有启动征兆,但不能启动。而发动机电脑判断 MAF/MAP 传感器失效而记忆故障码时,一般均会启用故障失效保护功能或备用系统,这时发动机一般都能启动。

(2) 检查高压火花。

(3) 检查空气滤清器。如果滤芯堵塞,可拆掉滤芯后再启动发动机。如果此时发动机正常启动,则应更换滤芯。

（4）检查进气系统有无漏气。对于采用空气流量计测量进气量的电控系统,在空气流量之后的进气管管道有漏气就会影响进气量测量的准确性,从而使混合气变稀。严重的漏气会导致发动机不能启动。检查部件进气软管有无破裂,各处接头卡箍有无松脱,谐振腔有无破裂,曲轴箱强制通风软管是否接好。此外,EVAP 系统和 EGR 系统出现故障也会影响启动系统。

（5）检查火花塞电极间隙。火花塞正常间隙一般为 0.8 mm,电子点火 1.2 mm。如果火花塞表面只有少量的燃油,则说明喷油器油量太少。此时检查启动时油泵是否工作。如果火花塞表面有大量潮湿的燃油,则说明喷油器油量太多。此时应检查喷油器喷油量。喷油量太大或太小也可能是由空气流量计或冷却液温度传感器故障所致。

（6）调整点火正时,如果点火器提前角调大或调小后,发动机就能启动,则说明点火正时不准确,应将点火正时调整准确。

（7）检查排气管是否堵塞。

（8）检查气缸压力是否正常。

五、故障排除

1. 评分标准

评分标准如表 1-1 所示。

表 1-1 评分标准

序号	考核项目	配分	扣分标准	得分
1	否决项目		造成人身、设备重大事故、不填写操作工单,或恶意顶撞测试人员、严重扰乱考场秩序,立即终止测试,此任务计 0 分	
2	工具、仪器设备准备	5	未检查工量具设备扣 2 分,工量具准备错误扣 2 分,工量具摆放不整齐扣 1 分/处	
3	车辆状态检查及车辆防护	10	1. 没有检查车辆停放安全状况扣 2 分,没有安放三角木扣 2 分,没有安装尾气抽排管扣 2 分; 2. 没有检查机油油面扣 1 分,没有检查冷却液液位扣 1 分,没有启动车辆扣 1 分,没有检查发动机工作状况扣 1 分; 3. 没有安装翼子板护垫扣 1 分,座位套、踏脚垫、方向盘套、挡位杆套少装扣 0.5 分/处	
4	故障现象判断	15	1. 未检查故障码扣 5 分,不会检查故障码扣 5 分,故障现象判断错误扣 5 分/次,故障诊断思路不明确扣 5 分/项; 2. 故障判断不熟练扣 2 分,不会判断故障现象扣 15 分	
5	故障诊断过程	25	1. 不会查阅维修手册扣 2 分,没有使用维修手册扣 5 分; 2. 没有关闭点火开关拔插连接器扣 2 分/次,不会拔插连接器扣 2 分/次,强行拔插连接器扣 2 分/次,不能正确使用万用表扣 2 分/次; 3. 操作过程不规范扣 2 分/次,工量具及仪器设备没整理扣 2 分; 4. 造成短路扣 10 分/次,烧坏线路此项计 0 分; 5. 部件及总成拆装不熟练扣 2 分/次,造成元器件损坏扣 5 分/次	
6	故障点确认与排除及操作工单填写	25	1. 不能确认故障点扣 15 分,不会排除故障扣 15 分; 2. 未进行故障修复后的检验扣 10 分; 3. 修复后故障重复出现的扣 5 分/次; 4. 操作工单填写不完整扣 5 分/项	

续表

序号	考核项目	配分	扣 分 标 准	得分
7	安全生产	20	1. 不穿工作服扣 2 分、不穿工作鞋扣 2 分、不戴工作帽扣 2 分; 2. 工量具与零件混放、摆放凌乱、落地,扣 2 分/处; 3. 垃圾未分类回收,每次扣 2 分; 4. 油、水洒落在地面或零部件表面未及时清理,每次扣 2 分/处; 5. 竣工后未清理工量具、场地,扣 1 分/处; 6. 启动车辆或举升时,未请示或未提醒,扣 2 分/次; 7. 不服从测试人员扣 10 分/次	
8	合计	100	—	

2. 操作工单

操作工单如表 1-2 所示。

表 1-2　操作工单

任务名称		日期		评价结果
团队成员				

一、学习过程(学习过程中,学习的课程资源,遇到的困惑,需要教师给予的帮助简要记录)

学习资源情况记录	学习困惑点记录	需要教师指导情况记录

二、场地及设备初步检查(做好诊断前准备工作,将存在的问题填写在是否选项后的空白处)

1. 工量具、仪器设备、车辆、技术资料是否准备齐全:　　是□　　否□＿＿＿＿＿＿＿

2. 汽车停放位置与举升机状况是否良好:　　是□　　否□＿＿＿＿＿＿＿

3. 是否放置车轮三角块、连接尾气抽排管:　　是□　　否□＿＿＿＿＿＿＿

4. 是否放置方向盘套、脚垫、汽车翼子板罩:　　是□　　否□＿＿＿＿＿＿＿

5. 发动机机油、冷却液是否正常:　　是□　　否□＿＿＿＿＿＿＿

6. 蓄电池状况检查:＿＿＿＿＿＿＿＿＿＿＿＿＿＿＿＿

三、故障诊断过程

1. 实施功能检查,确认故障现象,推断故障范围

(1)描述与客户抱怨相关的检查结果

(2)读取故障码,填写对该故障诊断有用的信息

(3)查阅电路图,绘制控制原理图和故障诊断流程图

控制原理图	故障诊断流程图

2. 根据故障现象、故障码提示结合电路分析判断可能原因

四、测量记录（电路参数、尾气排放、数据流或执行元件驱动测试）

1. 数据测试

测试对象	
标准描述	
测试结果	
测试结论	

2. 波形测试（不用者不填）

测试对象		
标准波形		
测试波形		
测试结论		

五、故障处理（分析测试结果，进行故障修复，并实施验证）

六、学习反思（本次任务的教学、学习流程、感兴趣点、收获等方面进行简要描述）

七、综合评价（评教分数不纳入学生任务得分）

类型	项目	评分		
评教	课堂效果（10 分）			
	教学资源（10 分）			
	教师风貌（10 分）			
评学	项目	个人（20%）	小组（40%）	教师（40%）
	课前学习（30 分）			
	任务完成（50 分）			
	课后讨论（10 分）			
	贡献大小（10 分）			
	合计			

3. 完成故障诊断流程图

将故障诊断流程图画在下面空白处。

4. 检修小笔记

填写检修小笔记,如图 1-16 所示。

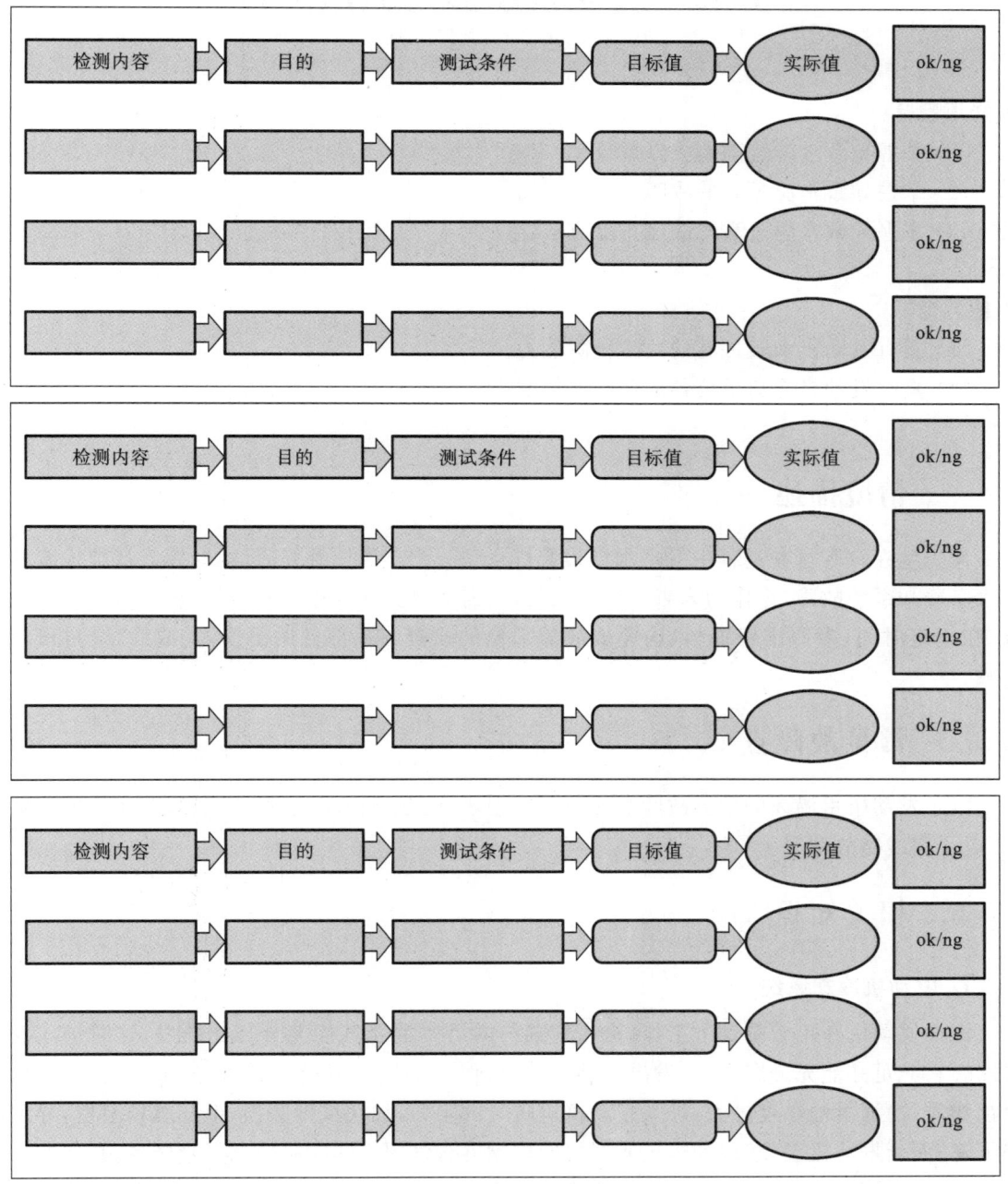

图 1-16 检修小笔记

任务二　发动机水温过高故障诊断

◀ **知识目标**

（1）掌握导致水温过高的故障现象。

（2）掌握导致水温过高的故障分析及原因。

（3）掌握导致水温过高的故障排除方法。

◀ **能力目标**

（1）具有发动机水温过高的故障排除能力。

（2）具有发动机冷却系统各部件的检修能力。

一、情境描述

何先生在汽车行驶过程中发现水温报警灯点亮。汽车送往维修店后，经维修技师检查判断为汽车冷却系统故障，你作为未来的维修人员，现需对相关部件进行检查，根据维修手册相关要求，在规定时间（参照维修资料）内完成故障部位的检查与零部件的更换，完成后，交付班组长验收。

二、常见故障点

汽车发动机水温高的常见故障点为节温器损坏、电子扇损坏、水温开关损坏、风扇继电器故障、电子扇线路故障等。

三、相关知识

1. 发动机冷却系统

汽油发动机在正常温度下工作，进入气缸内的可燃混合气能充分雾化蒸发，这时进入发动机的燃料充足并能充分燃烧，能发出足够的动力；但发动机温度过低时，燃油蒸发困难，易形成腐蚀物质，使润滑油黏度过大，加大发动机运转时的阻力，加快机件磨损，引起燃料浪费，导致功率下降；而当发动机温度过高时，进入气缸的可燃混合气因受热膨胀使充气量减少，必造成功率下降，而且温度过高，使润滑油的黏度降低，不易形成油膜，造成润滑不良，使金属机械性能降低，加速了发动机的磨损或咬死。由此分析得出，发动机温度过低或过高，都会使发动机工作不正常，燃油经济性差，令其输出功率下降。

发动机的工作温度过高，造成了发动机气缸的混合气体积膨胀，使发动机功率下降，直接影响了车辆的正常行驶；长时间高温可造成发动机气缸内温度过高，这时进入气缸内的可燃混合气在无电火花的情况下仍然不能停转。

造成汽车发动机在行驶中温度高的原因主要是：冷却系统不能正常工作，不能通过它将发动机工作时发出的热量散发到大气中。

1）冷却系统的组成

发动机冷却系统一般由散热器、水泵、水道、风扇等组成，如图 2-1 所示。

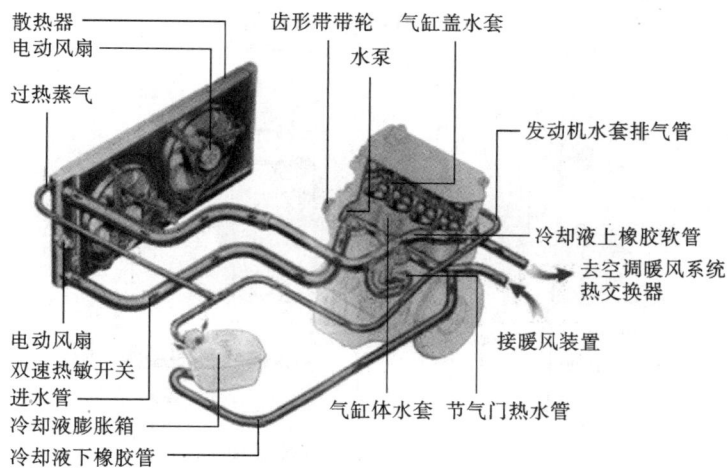

图 2-1　发动机冷却系统

2）冷却系统的作用

冷却系统的作用是带走引擎因燃烧所产生的热量，使引擎维持在正常的运转温度范围内。引擎依照冷却的方式可分为气冷式引擎及水冷式引擎。气冷式引擎是靠引擎带动风扇及车辆行驶时的气流来冷却引擎；水冷式引擎则是靠冷却水在引擎中循环来冷却引擎。不论采取何种方式冷却，正常的冷却系统必须确保引擎在各种行驶环境中都不致过热。

3）冷却系统的检查

（1）水箱及发动机水套水垢太多，也会造成散热不良，水温升高。必要时清洗水道。水道的清洗：拆下节温器、法兰，并检查气缸盖上回水管、节流阀体、膨胀水箱部位的细水管是否畅通，若不畅通，要想办法处理；水箱外部脏污或空调冷凝器和水箱之间堵塞等，会造成水箱散热不良，引起水温偏高，必要时需进行清理。散热器的清洗：拆下散热器，用发动机外部清洗剂对表面多喷几次，几分钟后再用清水冲洗，用高压风枪吹干。冷凝器外表随即也用发动机外部清洗剂清洗干净。汽车冷却水箱及水路如图 2-2 所示。

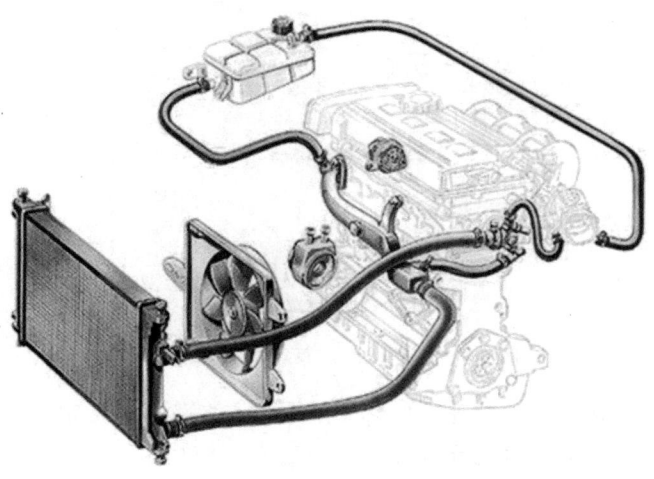

图 2-2　汽车冷却水箱及水路

（2）节温器损坏，打不开，冷却液不能顺畅进入水箱形成大循环，使水温很快升高造成开锅。节温器工作原理图如图 2-3 所示。

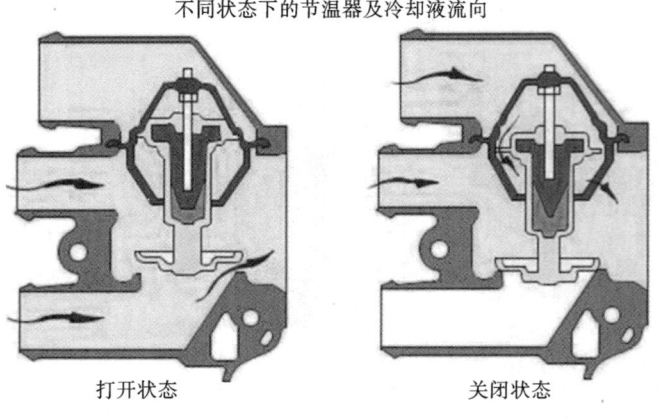

不同状态下的节温器及冷却液流向

打开状态　　　　　　　关闭状态

图 2-3　节温器工作原理图

节温器是决定走"冷车循环"还是走"正常循环"的关键。节温器在水温升高时开启，温度越高时开度越大。节温器不能关闭，否则会使循环从开始就进入"正常循环"，这样就造成发动机不能尽快达到或无法达到正常温度。节温器不能开启或开启不灵活，会使冷却液无法经过散热器循环，造成温度过高，或温度时高时正常。因节温器不能开启而引起过热时，散热器上下两水管的温度和压力会有所不同。在工作温度下，节温器主阀门开度不足或失灵打不开会令冷却系统的冷却水不能进入散热器。发动机冷却系统小循环示意图如图 2-4 所示。为保证发动机启动后能尽快达到正常工作温度，发动机是利用节温器来自动控制冷却水的循环的。当清晨启动发动机时，冷却水温度低于正常工作温度，此时希望水温尽快升高，所以节温器主阀门关闭，副阀门打开，使循环的冷却水不必流经散热器散热，加快冷却水升温，冷却水的循环路线是：水泵→水套→水泵。当温度高于正常工作温度时，希望此时水温能降至正常温度，所以节温器副阀门关闭，主阀门打开，使循环冷却水流经散热器散热，冷却水的循环路线是：水泵→水套→散热器→水泵。因此，若节温器损坏，冷却水就不能通过大循环流经散热器散热，最终造成发动机冷却系统水温过高。

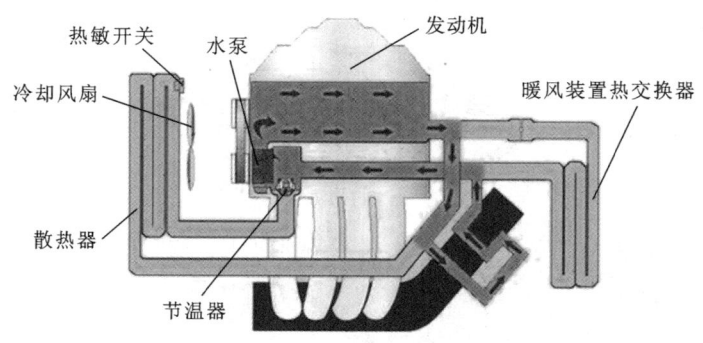

图 2-4　发动机冷却系统小循环示意图

（3）水泵损坏或正时皮带打滑造成水泵工作不良。水泵不能正常转动产生足够水压，也会降低冷却水的流量。因为冷却水的循环流动是通过水泵施加水压，使散热器冷却了的水压进发动机水套内，逼出已吸了热量的冷却水流至散热器去散热。如果水泵工作不良，产生的水压不高，则冷却水循环流动的流量减少，散热效果不明显，最终会造成冷却系统水温过高。水泵损坏而不能将冷却水送至水箱,造成冷却水循环不良,也会使水温过高一直到开锅,这时需检修或换一只新水泵。换正时皮带时,一定要检查水泵是否有渗漏迹象,若渗漏,一定要更换。请仔细检查正时皮带一侧,是否有漏水迹象。对于行驶里程 1.2×10^5 km 以上的车辆,更换正时皮带时,建议更换水泵。长里程的车辆,其轴与叶片容易分离,维修时一定要注意。

(4)缺少防冻液,冷却液过少也会造成水温过高,必须及时添加或更换冷却液。由于防冻液添加和更换不规范,会造成发动机水道和水箱提前堵塞,出现水温高的现象。防冻液两年更换一次,在更换和添加时必须使用原厂配件。如果浓度过高,将会造成散热效果不好,发动机过热。这种危害在发动机中小负荷运转时不太明显,大负荷高速运转时会造成冷却液温度过高,故不可随意添加防冻液原液,一定要先检测浓度。不同型号的防冻液不能混合使用,以免引起化学反应,生成沉淀或气泡,降低使用效果;在更换防冻液时,应先启动发动机,然后使发动机停止转动,放出清洗液。将冷却系统用净水充满,怠速 10 min 后,放水,重复几次直到水道流出清水为止,然后再加入新的配合好的防冻液和水。

(5)冷却系统内部有空气,造成冷却水不能正常循环。

(6)气缸垫损坏,导致气缸中的高温高压气体进入冷却系统而使水温很快升高至开锅。必须更换新缸垫。新缸垫由钢片做成,一般性的短时水温高不会烧坏缸垫,但在长时间行驶、没有冷却的情况下也会损坏。

(7)对于发动机水温,一定要在保证冷却系统各部件没有渗漏的条件下检查。渗漏部位多为气缸盖后部三通水管、水泵、各水管接头处、散热器、节温器、气缸垫、储液管盖。对于有渗漏的情况,做完后一定用检测仪加压,观察各部件有无渗漏。在冷却系统中,如散热器、水泵、气缸体、气缸盖、气缸垫、暖风机水箱、水管,以及橡胶软管和放水开关处有渗漏水,则会减少水量在气缸、气缸盖水套中的循环流动,降低吸收气缸内热量的功能,致使冷却水温过高。

2. 散热器

散热器的功用是增大散热面积,加速水的冷却。冷却水经过散热器后,其温度可降低 10～15 ℃,为了将散热器传出的热量尽快带走,在散热器后面装有风扇,与散热器配合工作。散热器上水室顶部有加水口,冷却水由此注入整个冷却系统并用散热器盖盖住。在上水室和下水室分别装有进水管和出水管。在散热器下面一般装有减振垫,防止散热器受振动损坏。在散热器下水室的出水管上还有放水开关,必要时可将散热器内的冷却水放掉。散热器芯由许多冷却管和散热片组成,对于散热器芯应该有尽可能大的散热面积,采用散热片是为了增加散热器芯的散热面积。散热器芯的构造形式多样,常用的有管片式和管带式两种。散热器的要求是,必须有足够的散热面积,而且所有材料导热性能好。因此,散热器一般用铜或铝制成。

散热器的种类可根据冷却水流动的流向不同而分为上下流动的竖流式和左右流动的横流式。竖流式散热器设置有上下水箱,冷却水上下流动。因垂直度要求较高,所以不太适合发动机机舱较低的汽车。横流式散热器左右设置有水箱,冷却水左右横向流动。冷却系统内一般有高于一个大气压的压力。通过密封来增加系统内的压力,可以提高冷却水的沸点,同时也避免了冷却水的蒸发。在这样一个密封循环的冷却系统中,散热器盖起到了控制系统压力的作用。

发动机工作时,当系统内的压力和冷却水温度上升到一定程度时,压力阀打开,冷却水通过虹吸管,一部分以蒸汽的状态回到储液箱;发动机停止后,系统内的压力和冷却水温度逐渐下降,这时打开通气阀,使系统压力与大气压力相等,以防止散热器凹瘪变形。

3. 冷却风扇

冷却风扇是电控的,一般水温在 100 ℃以内,电子扇以低速挡转动;当水温在 100 ℃以上时,电子扇以高速挡运转。打开空调开关的同时,电子扇也将以低速挡运转。冷却风扇控制电路如图 2-5 所示。

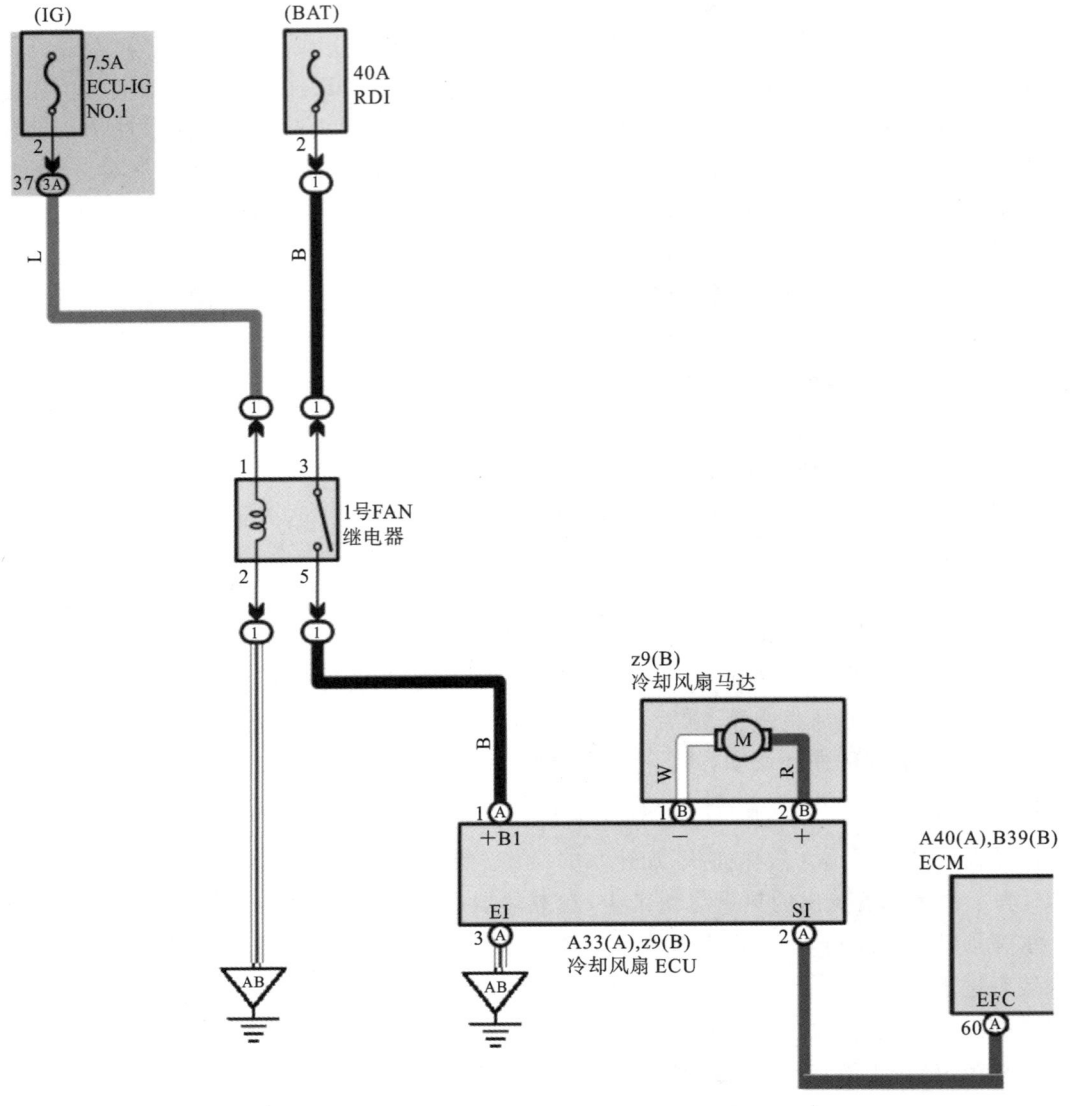

图 2-5　冷却风扇控制电路

4. 水温监测系统

如果以上两方面检查均无问题,一般不会出现水温过高、开锅问题,剩下的就是水温监测系统问题,如水温表显示水温过高或过低,以致形成误报警,如图 2-6 所示。

监测系统故障原因如下。

(1)水温传感器损坏。负极搭铁不良,有时也会导致传感器的电阻值信号不准确。搭铁点:电池上的负极线、电池下与车身搭铁线、在波箱上的搭铁点、在气缸盖上的搭铁点、中央继电器盒后方搭铁点。如有需要,可更换发动机小头线束。

(2)水温表显示不正常,可用专用测量工具检测水温表的测量基点和范围,如不正常,则需要换水温表。

(3)正常情况下,如果稳压输出电压过高或过低,也会使水温表显示不准确,可能显示水温

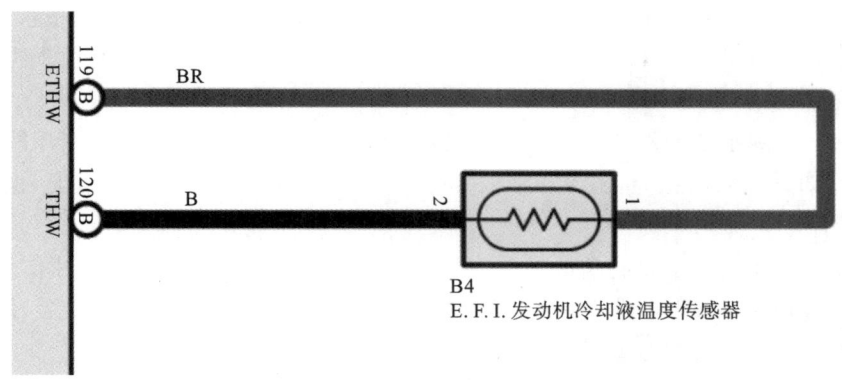

图 2-6　水温传感器电路图

过高,以致报警灯亮。

(4) 有的车有两个相似的、都像水温传感器的插头,一个是水温传感器,另一个是进气歧管加热控制开关,如果两个插头插反,也会使水温表显示错误。

(5) 电路本身线路故障也会使水温表显示错误,一般线路连接最大电阻不应超过 0.5 Ω。

(6) 风扇离合器损坏。汽车低速行驶时,从气缸、气缸盖经节温器流经散热器的冷却水,是通过发动机冷却风扇对空气产生吸力来加速气流,通过散热器来对冷却水进行冷却的。如果控制风扇运转的风扇离合器损坏,不能有效带动风扇运转散热,也会造成冷却水在发动机高温时过热。

(7) 汽车空调系统的冷凝器散热不良。夏天使用空调制冷时,制冷系统靠制冷剂流经冷凝器进行散热,如果冷凝器散热片粘有尘土、油污,则会影响其散热效果,造成使用空调制冷时车厢内温度下降不大,制冷压缩机不停运转,发动机工作负荷加大,冷却水有过热的现象。

(8) 供油系统调整不当,使可燃混合气过稀。混合气过稀会使燃烧速度缓慢,而且燃烧后所产生的热能大部分散失于气缸壁,致使发动机冷却水温升高。

(9) 点火系统调整不当,点火提前角调整过迟,使混合气不能及时和充分燃烧,未燃烧的燃料在排气喉内补燃,既影响发动机的动力输出,又会使发动机冷却系统温度升高。

四、故障诊断

1. 冷却系统的维护

汽车发动机的冷却系统是保持发动机正常工作的重要部件,如果发动机冷却系统的维修率很高,就会引起发动机其他部件的损坏,使发动机的整体工作能力受到影响,因此,汽车发动机冷却系统的维护与保养就显得尤为重要。那么,怎样才能使汽车发动机的冷却系统保持良好的状态呢?驰耐普的汽车美容养护专家告诉我们,正确维护发动机的冷却系统,首先应了解常用的水冷式发动机的主要部件。

1) 冷却液

冷却液指清洁的软水,不是什么水都可以当作冷却液的,越娇贵的车,对水质的要求越高。比如,清澈的泉水,虽然清澈,看起来也干净,但泉水中含有大量的矿物质,如果加入发动机的冷却系统中,就会产生大量的水垢,影响冷却系统正常作用的发挥,可见,良好的冷却液水质是相当重要的,国际上普遍使用的乙二醇型冷却液是在软化水中按比例添加防冻剂乙二醇,配以适量的金属缓蚀剂、阻垢剂等添加剂进行科学调和,起到冬季防冻、夏季防沸的作用,且能防腐蚀、防水垢等。

（1）防冻。用乙二醇配制的冷却液最低可在－70 ℃环境下使用。市场上销售的冷却液,乙二醇浓度一般保持在33%～50%之间,也就是冰点在－20～－45 ℃之间,往往根据不同地域的实际需要合理选择,以满足使用要求。

（2）防沸。加到水中的乙二醇会改变冷却液的沸点。乙二醇浓度越高,冷却液的沸点也就越高。如果冷却系统采用压力盖,冷却液的实际沸点会更高,即使在炎热的夏天,也能有效地防止冷却液"开锅"。

（3）防腐。冷却液最主要的功能是防腐蚀。腐蚀是一种化学、电化学侵蚀作用,逐步破坏冷却系统内的金属表面,严重时可使冷却系统的壁穿孔,引起冷却液漏失,导致发动机损坏。使用去离子水及适当的添加剂能防止各种腐蚀的出现。

（4）防锈。锈蚀是由冷却系统内的氧化作用造成的。热量和湿气使锈蚀的过程加速。锈蚀留下的残余物会阻塞冷却系统,加速磨损和降低热传导的效率。冷却液中的添加剂有助于防止冷却系统通道内锈蚀的出现。

（5）防垢。水源中所含的各种杂质,其中包括金属离子、无机盐等,导致了结垢和沉淀的形成,大大降低了冷却系统的导热效率,在许多情况下会对发动机造成严重损害。冷却液所使用的去离子水,可以避免结垢和沉淀的形成,从而保护发动机。

2）气缸水套

它相当于发动机燃烧室周围的水道,当发动机产生大量的热时,气缸水套将发挥降温的作用。在发动机中,水和油的管道泾渭分明、互不干涉,如果发现冷却液中有油,就说明水路和油路发生了穿孔现象,一旦出现这种情况,水温表的水温会急剧上升,这时一定要及时采取措施。

3）散热水箱和冷却风扇

散热水箱从外观看状似蜂窝,做成这种形状是为了增加水箱的散热面积,以增强散热效果;冷却风扇有在正面安装的,也有在侧面安装的,汽车在高速行驶过程中,冷却风扇将外面的空气吸引进来,利用自然风,起到冷却的作用。冷却系统和空调冷凝器共同的风扇是直流永磁电动机风扇,用装在散热器上的温度控制开关来控制,当散热器中冷却液温度为93～98 ℃时风扇停转。由于电动机风扇的电源不受点火开关的控制,因此发动机熄火后,若散热器中冷却液温度高于93 ℃,电动机风扇运转是不正常的。如果冷却液温度低于98 ℃风扇仍转,则是不正常的;而冷却液温度高于98 ℃时风扇仍不转也是不正常的。当温度高于105 ℃时,温控开关高温部分接通,电源接通电动机便高速运转;当温度达到120 ℃时,冷却水温过高,报警指示灯闪亮,说明风扇有故障或冷却液不足。如电动机风扇不转,先检查和更换熔丝,或检修温控开关,必要时再查看电风扇有无损坏。

4）冷却水泵和节温器

冷却液在冷却系统中的流动,主要依靠冷却水泵的动力;节温器能感知发动机的工作温度,低温时,它封住水套中的水,令其在水套内流动,当达到一定温度时再打开,让水经过散热水箱,发挥散热作用。这里值得说明的是,切勿将节温器摘掉,否则会导致发动机过冷而难以启动。正确维护发动机的冷却系统,应了解经常出现的几种冷却系统故障。

（1）由于冷却液水质不好,水箱中经常会出现锈污和水垢,它们积聚在水箱通道接合处、弯角处,阻碍水流畅通,造成散热不良,如果出现这种情况,应及时清洗干净,日常加水时,尽量加清洁软水,如果用除垢防锈液,养护效果会更好,它可以迅速溶解冷却系统中形成的水垢、油泥和锈皮,恢复冷却系统的功能,使冷却液循环顺畅,防止过热、开锅而引发的发动机损坏及动力不足。维护时清除冷却系统水垢措施:将2%苛性钠水溶液加入冷却系统,待汽车行驶一天后全部放出,再用清水冲洗;然后再加入同样的苛性钠溶液,使用一天后放净,最后用清水冲净即可。也可在冷却系统中加满清水后,从膨胀箱的加水口加入 1 kg 苏打,让汽车行驶一天放净后,使发动机低速运行,并不断从加水口加入清水,即可彻底清除水垢。

（2）漏水,只要是流体,都有泄漏的可能,气缸水套中的水一旦发生泄漏,水温表的水温就会急剧上升,出现这种情况,一定要及时采取必要的措施,以免发生不必要的麻烦。冷却系统止漏剂对于冷却系统的修复和保护作用等同于"99 超强修复剂"和"S-201",对于发动机的修复和保护,对于阻止水箱、散热器、水泵、节温器等部件的渗漏是独到的,它可与任何冷却液相融使用,并可减缓冷却系统杂质的产生。

2. 发动机水温过高故障原因

一般而言,出现发动机水温过高有以下两个方面的现象:一是仪表板上水温表指针越过红线或报警灯点亮,如图 2-7 所示;二是发动机罩处冒"白烟"或水箱盖溢水,如图 2-8 所示。第一种情况不一定说明发动机水温真正过高,有时水温表的故障也会导致误报。发动机水温过高主要有以下几个方面原因。

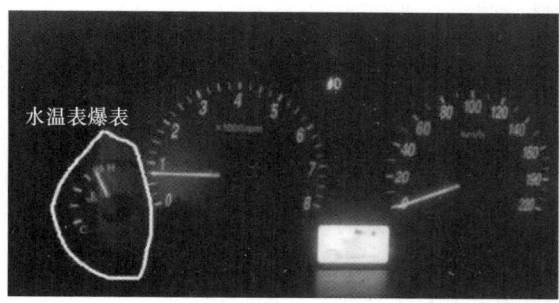

图 2-7 仪表板上水温表指针越过红线或报警灯点亮示意图

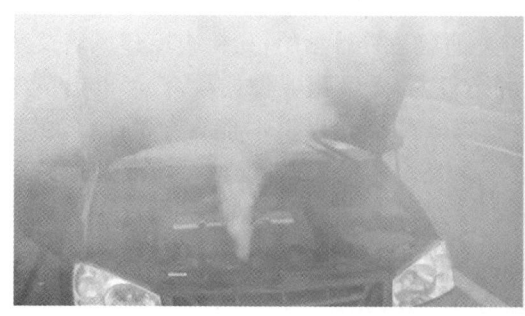

图 2-8 仪表板水温表指针越过红线或报警灯点亮示意图

（1）冷却液不足。系统有泄漏或长时间没有添加冷却液,导致发动机热量不能通过冷却液传递,达不到散热的效果。

（2）冷却液变质。冷却液变质导致其流动性变差、沸点降低。正常的冷却液沸点在 125℃左右,因为冷却液本身具有防冻、防沸、防腐蚀等特点,如果冷却液失效或添加了自来水,那么它的沸点就会大大降低,继而导致发动机水温过高。

（3）冷却液是否纯正。高压缩比发动机自带废气涡轮增压器,对冷却液沸点有要求,添加时需要按要求选择正确的冷却液。

（4）冷却系统不保压。水箱盖、补水壶盖老化使系统不能保持规定的压力（一般为 1.5 bar左右）,系统不保压会导致冷却系统异常高温。

（5）节温器打不开。节温器的主要作用是保持发动机温度正常,也就是控制冷却系统的大小循环。温度过高会使发动机迅速升温,温度达到 90 ℃左右时节温器会自动打开,使冷却系统进行大循环。若系统不能正常循环,会导致发动机水温过高。

(6)水泵故障。水泵叶轮打滑、卡死、脱轴或水泵泵水能力下降,冷却液不能循环而导致发动机水温过高。

(7)水箱堵塞。水箱内部或外部脏堵导致散热不良,水箱散热鳍片大面积被污垢黏住,对流的空气无法交换。散热器内部多条空管因水垢堵塞或孔管变形,会影响冷却液的循环,同时会产生压力,这时会有两种结果,一种是水箱漏水,另一种是在高速行驶时水温特别高。

(8)冷却风扇故障。由于线路或风扇本身故障,风扇不转或转速不够导致的散热不良。

(9)冷却液温度传感器故障。由于传感器线路故障或传感器本身故障导致信号失准,风扇不能正常开启而导致发动机水温过高。

(10)气缸损蚀。燃烧室与水道冲,此时会从排水管排水或排白烟,造成水箱经常性缺水;水道与油道冲,此时机油中有水呈白色;水道与水道冲,造成缸体散热不良,尤其在高速时影响更大;水道堵,影响发动机散热,导致发动机水温过高。

(11)发动机长期处于超负荷工况。

3. 水温过高故障排查流程

根据水温过高的故障现象初步分析可能引起故障的原因,对冷却系统进行排查时,按照观察现象、由表及里、先易后难原则,进行分析排查。在分析水温过高的原因时应注意一个重要环节,看其是否急剧升温,对急剧升温的情况应果断、迅速查找原因所在。具体如下:

(1)在冷车情况下检查冷却液膨胀箱水位情况,若水位过低应立即补充冷却液。

(2)检查水温故障指示灯的电子元件是否误报。

(3)利用电脑诊断仪进行检测,确认故障及读取故障码、读取数据流。重点检查水温传感器是否报故障码,根据故障码类型,检查水温传感器的连接及功能是否正常。

(4)检查冷却系统的循环部件是否正常。检查外面容易看得见的,如检查冷却风扇及其驱动皮带是否异常,检测散热器外部是否有损坏;检测节温器,看节温器失灵与否,可以更换一只节温器进行对比观察,或者在逐渐加温热水中观察其阀门在 68~72 ℃时能否开始开启,在80~83 ℃时完全开启,以确定节温器的工作性能;检查水泵是否正常工作,观察冷却液是否循环流动或者流速的变化现象,加以确定水泵的工作性能以及判断冷却水道内的堵塞情况。如果缸套壁有沙眼或裂纹的话,那么水箱中的水会产生大量气泡或者有冲浪的感觉。必要时对水泵的内部结构进行检查排除。

4. 水温过高故障诊断方法

1)观察法

首先观察外观,包括仪表的温度显示值、冷却液位是否处于正常范围、外部泄漏情况、风扇旋转情况和水箱外部脏污堵塞情况。

其次观察数据,如果车辆处于冷态不启动时,用诊断仪查看车辆数据,如图 2-9 所示,主要查看冷却液温度传感器、进气温度传感器、车辆外部环境温度传感器的温度是否大致相同,因为车辆彻底冷却后水温和外界温度会达到平衡状态,这三个传感器都属于负温度系数温度传感器,所以它们的数据会基本一致,如果相差较大就说明其中一个存在问题。

2)触摸法

(1)感觉上下水管温度。

如果上下水管存在较大温差,说明系统不循环或循环不良,此时节温器没有打开、水泵故障

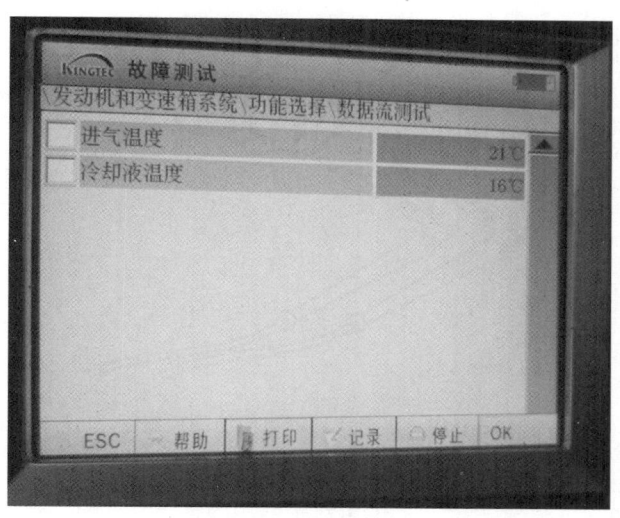

图 2-9　车辆相关温度数据流

或系统有堵塞。

（2）用手触摸水管。

发动机还没有到达正常水温,水管就发胀发硬,说明系统出现高压窜气。发动机正常水温下,节温器打开后,如果感觉水管很软说明系统保压不够。当发动机达到正常水温时手摸上水管,猛加油门,感觉水流速度,以此来判断水泵是否工作正常。

3）系统诊断

（1）电控系统诊断。

诊断风扇不转的原因需要解决是控制端问题(发动机电脑)还是执行端(风扇继电器、电子扇)问题,可以通过以下两种方法做到快速有效的诊断:一是打开空调 AC 键,工程师在设计时考虑了空调散热的问题,所以空调打开后,电子风扇就会转动。二是把水温传感器插头拔下,此时发动机电脑会进入故障保护模式,控制风扇高速运转。

若以上两种方法都不能使电子风扇转动,则应检测控制电子风扇的保险、继电器、连接线路是否损坏、电子风扇本身是否损坏、发动机电脑是否损坏。

若上述操作可以使电子风扇转动,则说明执行端工作正常,此时说明水温传感器工作异常。

（2）水温监控系统诊断。

水温监控系统出现故障,造成错误的警示判断,一般情况下有以下几种可能:一是水温传感器损坏,原因为负极搭铁故障造成传感器的电阻值信号不准确、传感器本身故障、传感器与发动机电脑之间的连线问题。二是水温表出现错误的显示,出现这种情况可以使用专用测量工具对水温表进行检测,如果发现故障应及时对其进行更换。三是稳压输出电压出现过高或过低情况,在正常工作情况下,如果出现此类情况也会使水温表显示不准确,水温表可能显示水温过高从而亮起警报。

水温传感器实际上就是一只负温度系数的热敏电阻。温度升高阻值减小,温度降低阻值增加。因此通过检测阻值大小就可以判断出被测液体温度。因此最简单的办法就是用万用表电阻挡测试其在不同温度下的电阻。把万用表调到电阻千欧挡,表笔不用区分正负极直接与传感器两根线连接即可,如图 2-10 所示。这时候万用表应该有一个稳定的读数,在 $200\ \Omega$ 到 $4000\ \Omega$ 之间。此时把传感器加热,阻值会逐步降低。可以用热水、电吹风等办法为传感器加热。

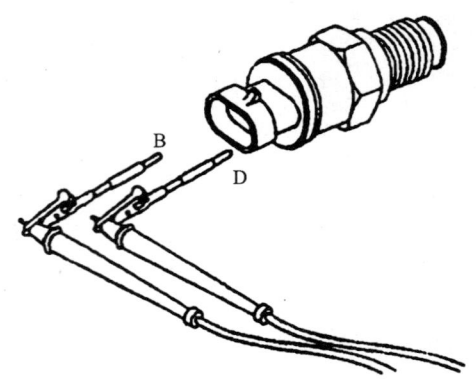

图 2-10　水温传感器电阻检测接线图

五、故障排除

1. 评分标准

评分标准如表 2-1 所示。

表 2-1　评分标准

序号	考核项目	配分	扣分标准	得分
1	否决项目		造成人身、设备重大事故、不填写操作工单,或恶意顶撞测试人员、严重扰乱考场秩序,立即终止测试,此任务计 0 分	
2	工具、仪器设备准备	5	未检查工量具设备扣 2 分,工量具准备错误扣 2 分,工量具摆放不整齐扣 1 分/处	
3	车辆状态检查及车辆防护	10	1. 没有检查车辆停放安全状况扣 2 分,没有安放三角木扣 2 分,没有安装尾气抽排管扣 2 分; 2. 没有检查机油油面扣 1 分,没有检查冷却液液位扣 1 分,没有启动车辆扣 1 分,没有检查发动机工作状况扣 1 分; 3. 没有安装翼子板护垫扣 1 分,座位套、踏脚垫、方向盘套、挡位杆套少装扣 0.5 分/处	
4	故障现象判断	15	1. 未检查故障码扣 5 分,不会检查故障码扣 5 分,故障现象判断错误扣 5 分/次,故障诊断思路不明确扣 5 分/项; 2. 故障判断不熟练扣 2 分,不会判断故障现象扣 15 分	
5	故障诊断过程	25	1. 不会查阅维修手册扣 2 分,没有使用维修手册扣 5 分; 2. 没有关闭点火开关拔插连接器扣 2 分/次,不会拔插连接器扣 2 分/次,强行拔插连接器扣 2 分/次,不能正确使用万用表扣 2 分/次; 3. 操作过程不规范扣 2 分/次,工量具及仪器设备没整理扣 2 分; 4. 造成短路扣 10 分/次,烧坏线路此项计 0 分; 5. 部件及总成拆装不熟练扣 2 分/次,造成元器件损坏扣 5 分/次	
6	故障点确认与排除及操作工单填写	25	1. 不能确认故障点扣 15 分,不会排除故障扣 15 分; 2. 未进行故障修复后的检验扣 10 分; 3. 修复后故障重复出现的扣 5 分/次; 4. 操作工单填写不完整扣 5 分/项	

续表

序号	考核项目	配分	扣 分 标 准	得分
7	安全生产	20	1.不穿工作服扣2分、不穿工作鞋扣2分、不戴工作帽扣2分; 2.工量具与零件混放、摆放凌乱、落地,扣2分/处; 3.垃圾未分类回收,每次扣2分; 4.油、水洒落在地面或零部件表面未及时清理,每次扣2分/处; 5.竣工后未清理工量具、场地,扣1分/处; 6.启动车辆或举升时,未请示或未提醒,扣2分/次; 7.不服从测试人员扣10分/次	
8	合计	100	—	

2. 操作工单

操作工单如表2-2所示。

表2-2 操作工单

任务名称		日期		评价结果	
团队成员					

一、学习过程(学习过程中,学习的课程资源,遇到的困惑,需要教师给予的帮助简要记录)

学习资源情况记录	学习困惑点记录	需要教师指导情况记录

二、场地及设备初步检查(做好诊断前准备工作,将存在的问题填写在是否选项后的空白处)

1.工量具、仪器设备、车辆、技术资料是否准备齐全: 是□ 否□＿＿＿＿＿＿＿
2.汽车停放位置与举升机状况是否良好: 是□ 否□＿＿＿＿＿＿＿
3.是否放置车轮三角块、连接尾气抽排管: 是□ 否□＿＿＿＿＿＿＿
4.是否放置方向盘套、脚垫、汽车翼子板罩: 是□ 否□＿＿＿＿＿＿＿
5.发动机机油、冷却液是否正常: 是□ 否□＿＿＿＿＿＿＿
6.蓄电池状况检查:＿＿＿＿＿＿＿＿＿＿＿＿＿＿

三、故障诊断过程

1.实施功能检查,确认故障现象,推断故障范围

(1)描述与客户抱怨相关的检查结果

(2)读取故障码,填写对该故障诊断有用的信息

(3)查阅电路图,绘制控制原理图和故障诊断流程图

控制原理图	故障诊断流程图

2. 根据故障现象、故障码提示结合电路分析判断可能原因

四、测量记录(电路参数、尾气排放、数据流或执行元件驱动测试)

1. 数据测试

测试对象	
标准描述	
测试结果	
测试结论	

2. 波形测试(不用者不填)

测试对象		
标准波形		
测试波形		
测试结论		

五、故障处理(分析测试结果,进行故障修复,并实施验证)

六、学习反思(本次任务的教学、学习流程、感兴趣点、收获等方面进行简要描述)

七、综合评价(评教分数不纳入学生任务得分)

类型	项目	评分		
评教	课堂效果(10分)			
	教学资源(10分)			
	教师风貌(10分)			
评学	项目	个人(20%)	小组(40%)	教师(40%)
	课前学习(30分)			
	任务完成(50分)			
	课后讨论(10分)			
	贡献大小(10分)			
	合计			

3. 完成故障诊断流程图

将故障诊断流程图画在下面空白处。

4. 检修小笔记

填写检修小笔记,如图 2-11 所示。

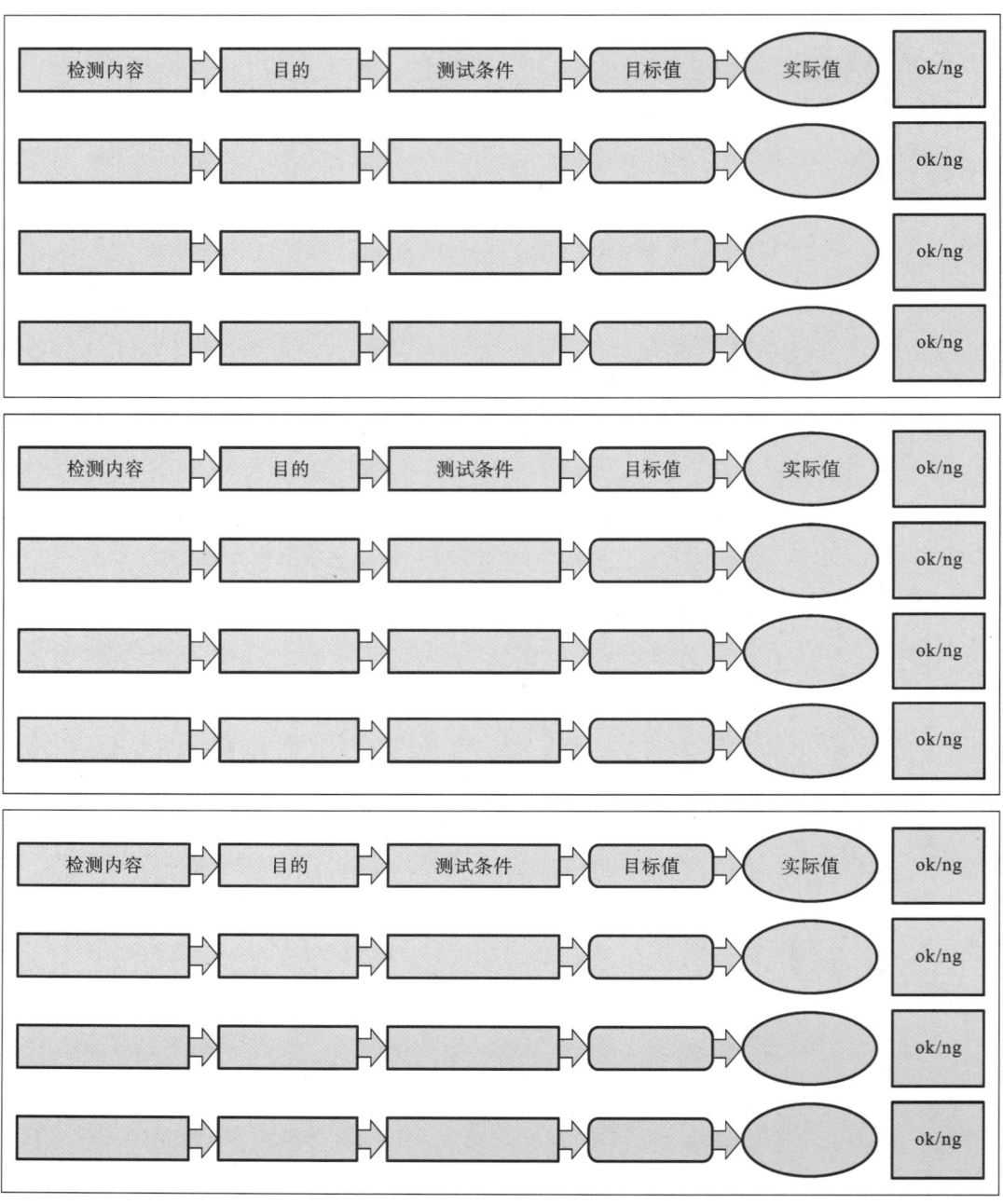

图 2-11　检修小笔记

任务三　发动机加速不良故障诊断

◀ **知识目标**

（1）掌握发动机加速不良故障的分析方法。

（2）掌握喷油器检测、清洗与更换方法。

（3）掌握燃油压力的检测方法。

（4）掌握进气压力传感器的检测与更换方法。

◀ **能力目标**

（1）能够检测、清洗、更换喷油器。

（2）能够检测、更换进气压力传感器。

（3）能够检测燃油压力。

一、情境描述

何先生在汽车行驶过程中发现踩下加速踏板后发动机转速不能马上升高，有迟滞现象，加速反应迟缓，或在加速过程中发动机转速有轻微的波动。汽车送往维修店后，经维修技师检查判断为发动机电控系统故障，你作为未来的维修人员，现需对相关部件进行检查，根据维修手册相关要求，在规定时间（参照维修资料）内完成故障部位的检查与零部件的更换，完成后，交付班组长验收。

二、常见故障点

发动机加速不良常见故障点有：燃油系统油压过高或过低，喷油器工作不良，传感器信号错误，点火高压低、能量小，点火正时不正确，气缸压缩压力低，排气管堵塞。

三、相关知识

1. 喷油器常见故障

1）喷油器黏滞

该故障是在发动机 ECU 发出喷油信号、喷油器的电磁线圈通电后产生磁吸力，由于针阀与阀座的间隙被残存的胶黏物阻塞，致使吸动柱塞升起的动作发涩，达不到规定的针阀开启速度，影响正常的喷油量。喷油器发生黏滞故障后，发动机出现怠速不稳、启动困难、加速性能变差等症状。产生喷油器黏滞的主要原因是使用了劣质燃油。劣质燃油中的石蜡和胶质，会短期内引起喷油器黏滞，造成发动机早期故障发生。喷油器结构图如图 3-1 所示。

2）喷油器堵塞

该故障可分为内部堵塞和外部堵塞两种状况。内部堵塞原因是燃油中混入杂质和污物堵塞喷油器内部的运动间隙，使喷油器机械动作失效。外部堵塞原因是喷油器外部的喷射口被积

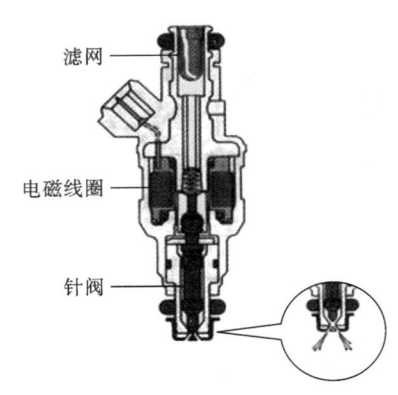

滤网

电磁线圈

针阀

图 3-1　喷油器结构图

炭和污物堵塞,造成喷油器喷射工作失效。喷油器发生堵塞故障后,发动机启动困难、运转不稳、怠速熄火、加速性能变差,甚至造成发动机喘抖,导致机件异常磨损情况恶化。由于喷油器堵塞的程度和状况不同,发动机出现早期故障的症状也不同。

3) 喷油器泄漏

该故障可分为内部泄漏和外部泄漏两种状况。内部泄漏的原因是喷油器在使用中早期磨损,造成喷油器在压力油的施压状态下,不断向进气歧管内泄漏燃油。外部泄漏的泄漏部位在喷油器和压力油管连接处,燃油泄漏在进气歧管外部,油滴在气缸体上,遇热后在发动机罩内蒸发,一旦出现电路漏电火花,随时都会引起火灾。当喷油器发生内部泄漏时,发动机耗油量明显增加,而且发动机动力性变差,排气 HC 值增高。另外,由于喷油器内部泄漏造成喷射雾化不好,引起发动机运转不平稳,混合气燃烧不完全,排气冒黑烟。喷油器外部泄漏后,发动机启动困难、怠速熄火、动力性下降、耗油量猛增、运转喘抖和加速困难。

4) 电磁线圈断路

电磁线圈烧断的喷油器,燃油喷射工况中断,造成发动机无法运转。造成线圈烧断的原因主要是维修中盲目改动线路,造成接线错误,而将线圈绝缘层烧坏。另外,在喷油器的维护过程中,由于操作者不熟悉电磁线圈电阻值的知识,错误地将低阻值喷油器直接接到蓄电池电源上,导致线圈载流量超过限度,发热烧蚀线圈漆包线的绝缘层,严重的甚至烧断线圈的导线。

5) 电磁线圈短路

电磁线圈短路是指喷油器电磁线圈正常出现的脉冲控制电流,未经规定线路流动,而通过一条短捷的线路流动。喷油器电磁线圈的连接方式是由一个双位导线连接器连接线圈首尾两端。导线连接器送出的两根引线,一根接汽车蓄电池电源正极,另一根经过汽车的发动机 ECU 后,接入控制喷油器电磁线圈的搭铁回路。喷油器电磁线圈发生短路故障,即未经发动机 ECU 而直接搭铁。短路故障发生后,只要接通点火开关,喷油器就会一直喷油。在启动发动机时,由于油量过多,火花塞被淹而无法启动。即便发动机勉强能启动,发动机运转工况也异常恶劣,燃油消耗量过高,混合气过浓,产生爆燃而引起发动机喘抖,造成机械磨损加剧。另外,过量的燃油还会在排气中燃烧,导致废气排放超标,严重时冒黑烟,HC 值极高,甚至损坏三元催化转换器。电磁线圈短路的主要原因是维修中接线错误,导线连接器周围过脏,电磁线圈老化等。

6) 电磁线圈老化

电磁线圈老化是指线圈阻抗值增加,造成脉冲控制电流在老化的线圈上受阻,导致线圈产生的电磁吸力不足,影响喷油的喷射效果。当线圈老化出现时,发动机启动困难、怠速不稳、加速性能变差,通常老化属于自然规律,电磁线圈也如此,但是短期内电磁线圈发生老化大多都是由异常原因造成的。产生线圈老化的异常原因是喷射系统中的脉冲电流控制值偏高,电流过大而引起发热,导致线圈过早出现老化,其故障根源是发动机微机控制系统工作状态失常。

2. 喷油器的常见检测方法

1) 用发动机运转时喷油器缺省的比较法检查

启动发动机,待水温正常(85～95 ℃)后,让发动机怠速运转,然后逐一拔下与喷油器接线座相连的插件,观察每一气缸发动机速度和性能的变化情况。若拔下某喷油器导线插件时,发动机速度有明显下降的感觉,则说明该喷油器性能良好;若发动机速度和性能没有任何变化,则该喷油器可能有故障。

2)喷油器线圈阻值测量法

关闭点火开关(OFF 挡),用万用表的欧姆挡检查喷油器两个接线端子间的电阻值,看其是否与标称电阻值相符。不同车型所配用的喷油器型号各不相同,一般情况下电流驱动的喷油器电阻值在 3 Ω 左右;电压驱动的喷油器电阻值在 15 Ω 左右。若电阻值相差甚远,则说明喷油器有故障,应更换。

3)喷油器线路的试灯检视法

喷油器外部线路的故障,常用试灯法进行检视。将 12 V 的试灯接在喷油器接插件两个端子之间。而后,启动发动机,观察试灯的闪亮变化情况。若试灯闪亮,则说明喷油器控制电路正常;否则,说明线路或控制电脑有故障。

4)喷油器动作声响监听法

喷油器单体性能的好坏,可通过单独向喷油器供电的方法进行单体检测。将 12 V 电源接到喷油器接线座的一个端子上,另一个端子搭铁后再断开,如此重复,监听喷油器的动作响声。如果每次在搭铁时,喷油器能发出短促的"咔嗒"声,则说明喷油器性能良好,否则为喷油器有故障,需更换。

3. 喷油器测量

1)喷油器控制电路

喷油器控制电路图如图 3-2 所示。

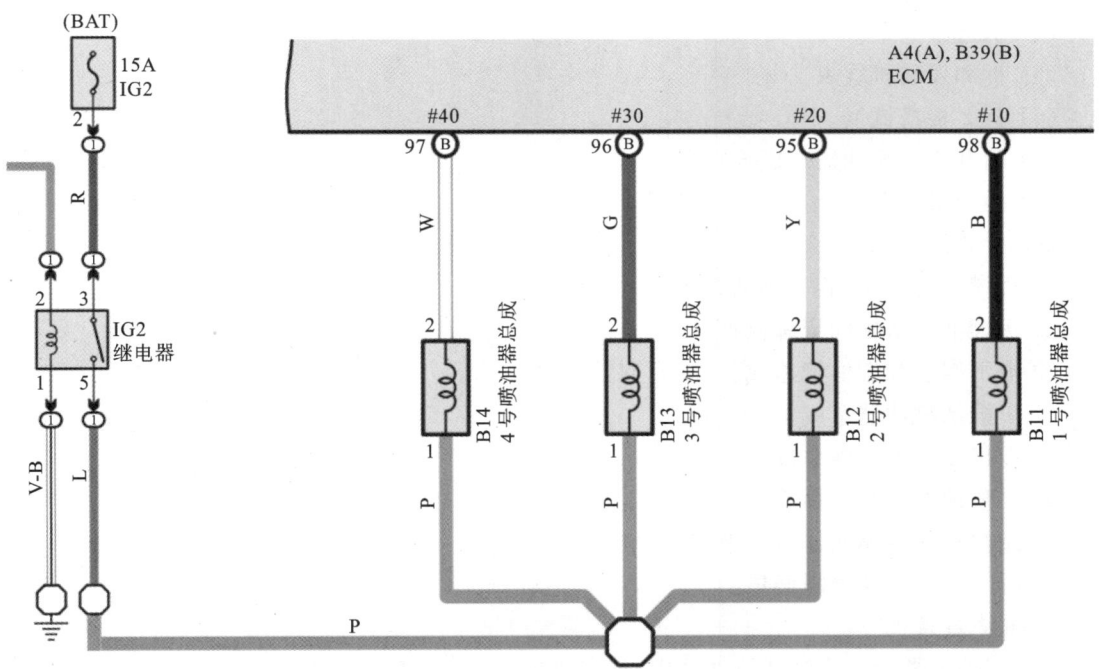

图 3-2　喷油器控制电路图

2)喷油器控制波形

喷油器控制波形图如图 3-3 所示。

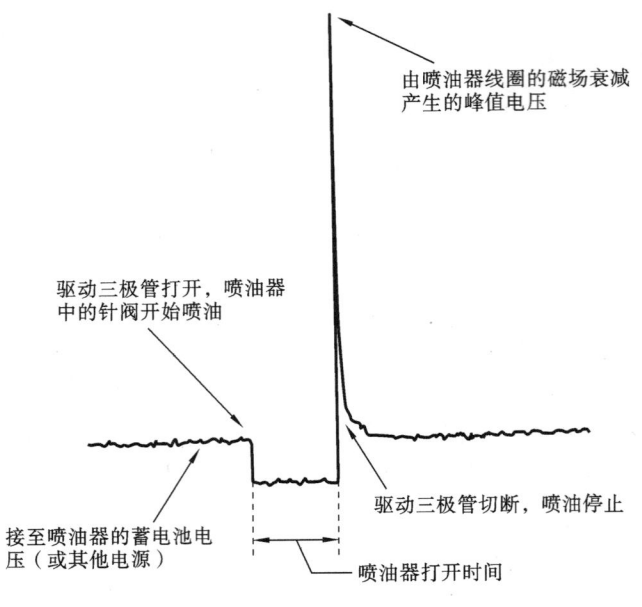

由喷油器线圈的磁场衰减
产生的峰值电压

驱动三极管打开，喷油器
中的针阀开始喷油

接至喷油器的蓄电池电
压（或其他电源）

驱动三极管切断，喷油停止

喷油器打开时间

图 3-3　喷油器控制波形图

3）喷油器拆卸

（1）事前准备。

（2）燃油系统卸压，启动发动机，拔下燃油泵线束插接器，让发动机自行熄火，并多次启动发动机，确保油管内部残余压力释放完全。

（3）从蓄电池负极端断开电缆。

（4）拆气缸盖罩。

（5）拆卸发动机线束。

（6）拆 2 根搭铁线。

（7）断开 4 个喷油器总成连接器。

（8）拆线束支架。

（9）拆燃油管总成。

① 拆燃油管卡夹，旋下燃油管接头。

② 拆燃油管 2 根固定螺栓。

③ 取下螺栓和燃油管总成。

（10）拆卸喷油器总成。

① 取出 4 个喷油器总成。

② 在喷油器上贴上标签。

③ 用塑料袋将喷油器包起来。

④ 拆下 4 个喷油器隔振垫。

4）超声波清洗

（1）将喷油器放入汽油或清洗油中，仔细清除外部油污后用软布擦拭干净。检查喷油嘴上的橡胶圈是否损坏，如有损坏，应及时更换。

（2）在超声波清洗槽倒入专用喷油器测试剂两瓶，约 1850 mL。

（3）在超声波清洗槽内放入清洗支架，在机架上放好喷油器，清洗剂要浸过支架表面。

（4）打开设备电源开关。

（5）按下超声波键。

（6）设置清洗时间（设备默认 10 min），调整时间为 600 s，超声槽内无清洗剂时严禁打开超声系统，以免造成设备损坏。

5）喷油器测试

（1）装上喷油器。

（2）将驱动线插头依次插入喷油器插孔中。

（3）调整油压为 0.25～0.30 MPa。

（4）调整转速为 850 r/min。

（5）调整喷油脉宽为 2.5 ms。

（6）按选择键至全开喷射测试。

按选择键依次选择怠速测试、中速测试、高速测试，压力仍保持在 0.25～0.30 MPa。当液面达到量筒的 2/3 时按下停止键或暂停键，观测在不同工况下各喷油器的流量均衡性。一辆汽车上的所有喷油器的喷油量偏差不应超过 2%。丰田卡罗拉喷油量为（60～73）cm³/15 s，各喷油器间的喷油差别为 13 cm³/15 s 或更少。

（7）喷油器安装位置不动，按选择键选择检漏测试项，按下工作键，同时将压力调至 0.3 MPa，观测各喷油器密封性。每分钟滴漏不超过 2 滴视为合格。丰田卡罗拉每 12 分钟 1 滴或更少。

6）安装喷油器

（1）安装喷油器总成。

① 将新喷油器隔振垫安装到喷油器总成。

② 在喷油器总成 O 形圈接触面上涂抹一薄层汽油或锭子油，不要扭曲 O 形圈，安装喷油器后，检查确认它们可以平稳转动，如果不能平稳转动，换上新的 O 形圈。

③ 安装 4 个喷油器总成，向左和向右转动喷油器总成（转动平稳），以将其安装到输油管总成上。

（2）安装燃油管隔垫。

（3）安装燃油管总成。

① 安装燃油管总成。

② 安装燃油管接头并装上卡夹。

③ 装上燃油管固定螺栓，螺栓紧固至规定扭矩，螺栓拧紧力矩为 21 N·m。

④ 固定发动机线束支架。

（4）连接发动机线束。

① 连接 4 个喷油器总成连接器。

② 连接搭铁线。

（5）连接曲轴箱通风软管。

（6）将电缆连接到蓄电池负极端子。

（7）检查燃油是否泄漏，启动发动机，检查燃油是否泄漏。

（8）安装气缸盖罩。

（9）整理工位。

四、故障诊断

1. 燃油压力检测

燃油压力检测是使用燃油压力表对燃油供给系统进行的故障诊断，燃油压力分析可以准确地判断出供油系统的故障点,它是发动机综合诊断中最基本的测试手段。

电控发动机燃油压力过低将导致发动机启动困难或无法启动、加速无力、怠速不稳等故障,常见有燃油滤清器堵塞,燃油泵泄漏,燃油泵限压阀调压不正确,油压调节器故障。电控发动机油压过高将导致发动机怠速高、启动困难、燃油消耗增加等故障,常见有燃油泵限压阀调节不当,油压调节器故障,回油管路堵塞等。汽车燃油压力检测操作步骤如下。

1) 释放燃油压力

(1) 检测蓄电池电压,应高于 12 V。

(2) 拔下燃油泵保险丝、继电器或油泵电源插头,对于有些汽车而言,电动燃油泵与喷油器、点火模块等共用一个保险丝,用该方法无法泄压,此时可以用先拔下燃油泵电插头,再启动发动机的方法来泄压。拔下燃油泵电插头示意图如图 3-4 所示。

(3) 启动发动机,待发动机自动熄火后,再转动启动开关,启动发动机 2～3 次,将残存的燃油压力释放掉。

(4) 关闭点火开关,装上继电器或电源插头。

2) 连接燃油压力表

(1) 将点火开关置于锁止位置。

(2) 拆卸供油管与供油轨的连接口。

(3) 将适当的容器或布放在拆卸位置的下方,妥善处理管内剩余的燃油。

(4) 采用专用的燃油检测软管和接头,将三通油压表串接在油路上。燃油压力表安装位置如图 3-5 所示。

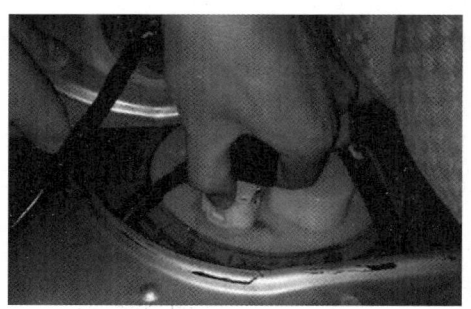 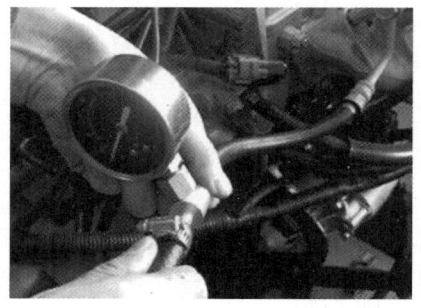

图 3-4 拔下燃油泵电插头示意图　　　图 3-5 燃油压力表安装位置

3) 静态压力检测

静态油压是指点火开关打开后,未启动发动机时,控制电脑操作油泵运转几秒钟所建立起来的系统油压。静态油压等于燃油压力调节器在无真空情况下的系统油压调节值,通常为最大工作油压。若静态油压在点火开关打开几秒钟后,能够达到正常值,说明控制电脑、油泵继电器、油泵电路、油泵工作基本正常。

(1) 打开点火开关,但不启动发动机,此时油泵会工作 2～3 s,建立静态油压。

(2) 观察燃油压力表的压力值是否在规定范围内,一般应在 0.3 MPa 左右,具体数据需查看所用车型维修手册。

(3) 如果压力偏高,更换燃油压力调节器;如果压力偏低,检查燃油管、接头、油泵、滤清器、燃油压力调节器、喷油器是否有泄漏。

(4) 关闭点火开关。

4）动态压力检测

动态油压是指发动机运转中的燃油系统油压,其高低随发动机进气歧管真空度的变化而变化,包括怠速和加速两种情况。怠速时,因进气歧管真空度最大,故此时工作油压最低;急加速时,因节气门突开,进气真空度减至最低,故此时工作油压最高。

动态油压的具体数值,因车而异,一般为 $1\sim4$ kg/cm^2（电控式）或 $5\sim6.5$ kg/cm^2（机械式和机电式）。对于不同车型,可参照维修手册中的标准。动态油压正常与否对燃油系统工作至关重要,往往判断工作油压是否正常是检查燃油系统故障的第一步,只有在确认燃油系统油压正常的情况下,才能进一步判断电路是否有故障。在实际测试中,还应测量燃油压力在高速大负荷行驶时的稳定性,以便确认燃油供给系统在动态工作中是否有堵塞或泄漏的故障,以及燃油泵在动态大流量时的供油能力。对于机械式和机电式喷射系统,检查油压还不够,通常还要检查燃油供给系统的流量,其方法是采用流量表或量杯测试在规定时间内的流量,以便进一步判断燃油泵的供油能力。

（1）启动发动机,使发动机怠速运转。

（2）因进气歧管真空度增大,经燃油压力调节器调节后的油压随之下降。

（3）怠速情况下测量燃油压力,查看其是否符合规定值。

（4）慢慢踩下油门踏板,发动机转速上升。

（5）因进气歧管真空度下降,经燃油压力调节器调节后的油压随之增大。

（6）加速情况下测量燃油压力,查看其是否符合规定值。

5）保持压力的检测

保持压力,又称为残余油压,是指发动机熄火后,燃油供油管路中的残余油压。对于电控式喷射系统,其残余压力等于熄火时的油管压力,而机械式或机电式喷射系统的残余压力由于蓄压器的作用在熄火后先下降而后又升至 2.6 kg/cm^2 左右。保持压力的主要作用是有利于再次启动发动机,正常情况下,保持压力应能稳定 $20\sim30$ min 以上,若下降太快,说明油路有泄漏。对于有泄漏的油路,可用夹住主油路的方法来判断油路前后段的泄漏情况,还可以用夹住调压器回油管的方法来判断调压器回油阀有无泄漏。

（1）将发动机熄火,5 min 后检查燃油压力值,看其是否保持在规定范围内且 30 s 内不下降。

（2）如果燃油压力下降太快,则检查油泵、滤清器、燃油压力调节器、喷油器是否有泄漏。

6）恢复管路

（1）检查完油压后,拆下负极电缆,取下压力表,注意不要让燃油飞溅出来。

（2）用新的密封垫和油管接头螺栓将进油管和供油管重新接好。

（3）接好冷启动喷油器电源连接器。

（4）安装好蓄电池负极电缆。

（5）检查油管连接情况。

7）燃油压力测试值分析

（1）系统油压。

系统油压测试值分析如表 3-1 所示。

（2）系统残压。

汽车发动机停止后,燃油压力表的读数将保持 5 min,观察这一时段内油压表读数的变化可知燃油系统技术状况。系统残压测试值分析如表 3-2 所示。

表 3-1　系统油压测试值分析

状　态	可 能 原 因	可 疑 区 域
系统油压过低	燃油滤清器堵塞	燃油滤清器
	油泵故障	燃油泵
	燃油管路有松动/泄漏	管路接头处
	油压调节器故障/装配不良	油压调节器
系统油压过高	油压调节器回油阀门黏滞	油压调节器
	回油管堵塞	回油管路

表 3-2　系统残压测试值分析

状　态	可 能 原 因	可 疑 区 域
关闭发动机后,燃油压力缓慢下降	喷油器滴漏	喷油器
关闭发动机后,燃油压力迅速下降	燃油泵单向阀关闭不严	燃油泵单向阀
	油压调节器回油阀门关闭不严	油压调节器

2. 燃油泵控制电路的检测

丰田卡罗拉燃油泵控制电路如图 3-6 所示。

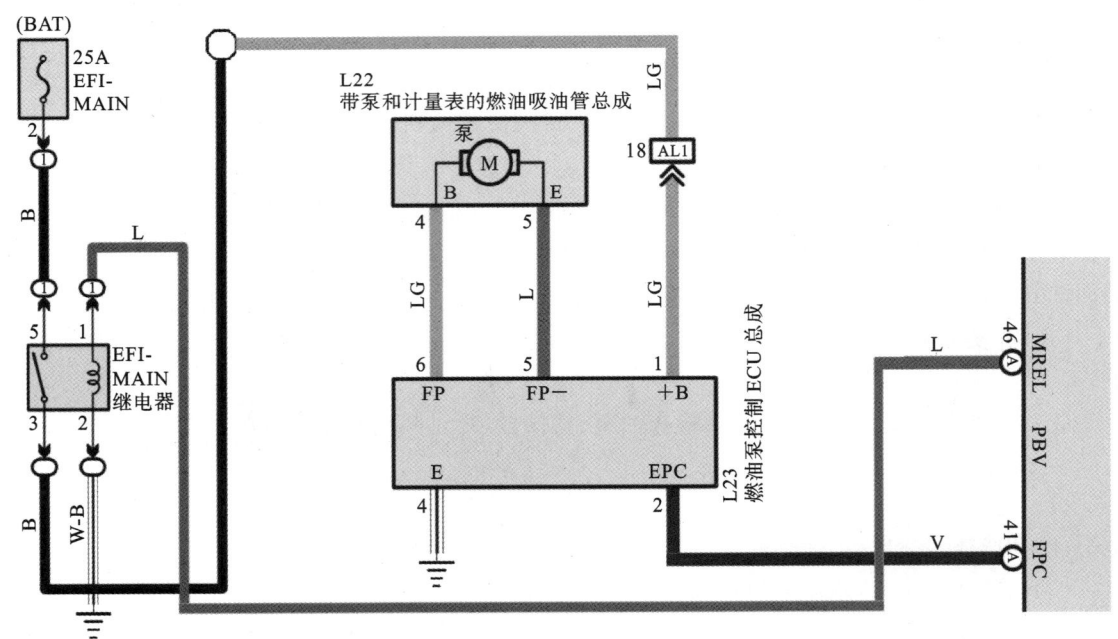

图 3-6　丰田卡罗拉燃油泵控制电路

1）控制过程

点火开关 ON 工作时,ECM 控制主继电器工作,燃油泵控制 ECU 上电,ECM 根据燃油压力情况通过 FPC 线向控制燃油泵 ECU 发送指令,燃油泵 ECU 根据接收到的指令控制油泵工作。

2）燃油泵检修

（1）电阻检测。

用万用表欧姆挡测量燃油泵电动机连接器插座端子间的电阻值。正常为 0.2～3 Ω（丰田卡罗拉1.6L轿车1ZR发动机）。若电阻值无穷大，则说明电动机内部有断路故障或者炭刷接触不良。若电阻为零，则说明电动机内部有短路故障，这两种状况均应更换燃油泵。

（2）电压检测。

打开点火开关，检测燃油泵ECU的电源和搭铁情况是否正常，若电源不正常应通过燃油泵ECU的电源向上追溯到EFI主继电器、EFI主保险、蓄电池之间的连接、相关器件、搭铁是否工作正常。正常工作时，EFI主继电器的1、3、5脚应为12 V，燃油泵ECU的第1脚为12 V。

3. 进气压力传感器及线路检测

1）进气压力传感器电路图

在燃油机上，进气压力传感器是用来测量进气管内气体的绝对压力，并将信号送入ECU，作为燃油喷射控制和点火控制的主控制信号的部件。进气压力传感器按照检测原理分为压敏电阻式、电容式、膜盒式、表面弹性波式等，但目前应用最广泛的是压敏电阻式和电容式。进气压力传感器电路图如图3-7所示。

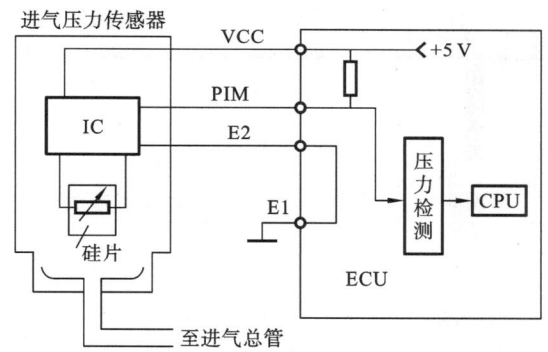

图 3-7 进气压力传感器电路图

2）进气压力传感器的检测

（1）外观检视。

检视时，只需从进气歧管靠近节气门端找到橡胶软管，便可在汽车上找到进气压力传感器。首先，在关闭点火锁的状态下，检查进气压力传感器导线连接器的连接是否良好、橡胶软管是否脱落。然后启动发动机，查看橡胶软管有无密封不严和漏气现象。

（2）仪表测试。

① 接通点火开关（ON位），用万用表的直流电压挡（DCV-20）测试接线端子VCC与E2之间的电压值，该电压值即为ECU加在进气压力传感器上的电源电压值，其正常值应为4.5～5.5 V，若该值不正确，则应检查蓄电池电压或导线间的连接情况，有时问题也可能出在控制电脑ECU上。

② 接通点火开关（ON位），并从进气压力传感器上拔下真空橡胶软管，使进气压力传感器的进气口与大气相通，此时测试接线端子输出电压信号（PIM与地线E2之间的电压值），其正常值为3.3～3.9 V，若输出电压过高或过低，均说明进气压力传感器有故障，应予更换。

③ 接通点火开关(ON 位),拆下进气压力传感器上的真空橡胶软管,用手持真空泵向进气压力传感器进气口处施以不同的负压(真空度),边施压边测试接线端子输电压信号 PIM 与地线 E2 之间电压值。该电压值应随所施加负压的增长呈线性增长,否则,说明传感器内的信号检测电路有故障,应予以更换。

4. 空气流量计的检测

丰田卡罗拉空气流量计检测电路如图 3-8 所示。

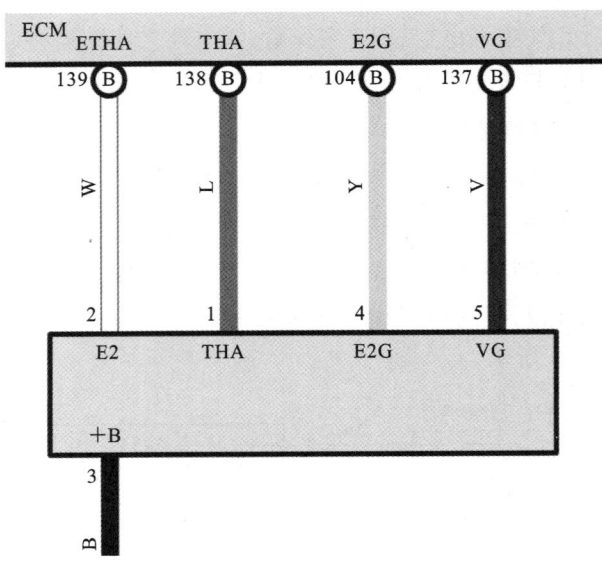

图 3-8　丰田卡罗拉空气流量计检测电路

1)技术参数

供电电压:+B 端,与 EFI 主继电器输出连接。正常电压为 12 V。

进气量检测:VG 与 E2G 端,工作电压为 0.2～4.9 V。

空气流量:在怠速时应为 0.54～4.33 g/s。转速为 2500 r/min 时(无负荷)应为 3.33～9.17 g/s。可以通过解码仪读取进气量数据。

进气温度检测:THA 与 E2 端,它们之间的电压与电阻值随温度变化而变化,也可以通过解码仪读取进气温度数据。

其中 E2 与 E2G 的电压为 0 V。

2)相关检测

(1)数据流检测。

启动发动机,利用 KT600 对空气流量与进气温度进行数据流检测,通过加速和减速来分别读取数据流,正常情况下,数据流中空气流量数据随发动机转速变化而变化,如图 3-9 所示。

(2)电源检测。

点火开关 OFF,脱开空气流量计连接器 B2,用万用表检测空气流量计连接器 B2-3 与 B2-4 之间的电压。点火开关 ON,应为 12 V;点火开关 OFF,应为 0 V。否则,应检查 EFI N0.1 保险丝、EFI 继电器工作状况。

(3)电阻检测。

用万用表测量空气流量计 B2-3、B2-4、B2-5 相互之间的电阻以及各自对地电阻,测得电阻

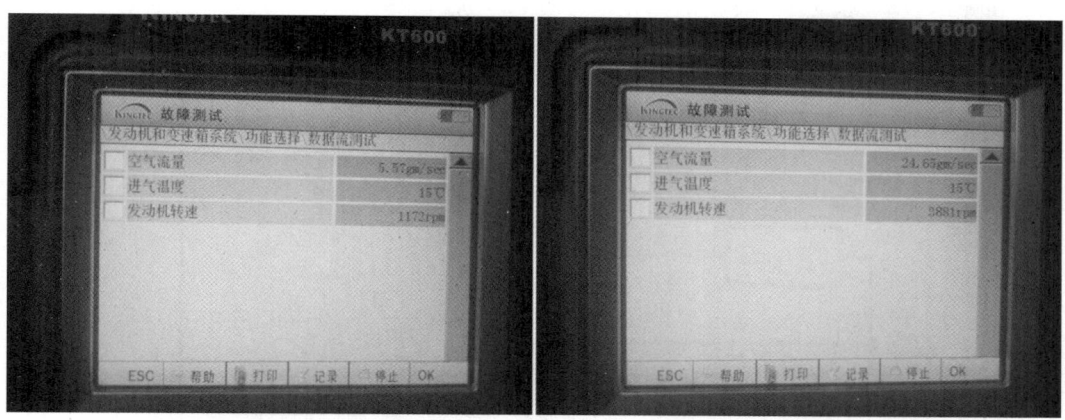

图 3-9　丰田卡罗拉空气流量计数据流检测

值应大于 10 kΩ。否则,应更换空气流量计。用万用表测量空气流量计 B2-1、B2-2 之间的电阻,应随温度的变化而变化。

（4）性能检测。

关闭点火开关,断开空气流量计线束连接器,然后向端子 B2-3（＋B）和 B2-4（E2G）之间施加蓄电池电压。用电吹风向空气流量计空气进口吹气（风速要有变化）,同时检测端子 B2-5（VG）和 B2-4（E2G）之间的信号电压,应在 0.2～4.9 V 变化,且随风速增大而变大。否则,应更换空气流量计。

5. 节气门位置传感器的检测

丰田卡罗拉节气门位置传感器检测电路如图 3-10 所示。

1）节气门位置传感器概述

卡罗拉上的节气门位置传感器有 2 条传感器信号线路 VTA1 和 VTA2,工作时各自会输出 1 个电压信号。VTA1 的信号用于检测节气门的开度,而 VTA2 的信号用于检测 VTAI 是否工作良好。

图 3-10 中,VTA1 和 VTA2 分别表示 1 个信号线;VCTA 为 2 个传感器共用电源线,供电电压为 5 V;ETA 为共用搭铁线。M＋、M－为节气门执行器电机控制线,两点间的电阻为 2.5 Ω 左右。

2）相关检测

（1）读取相关数据流。

使用解码器读取与节气门有关的数据流,如图 3-11 所示。在踩下油门踏板的过程中,观察节气门传感器位置、节气门传感器电压、节气门传感器♯2 电压 3 个数值的变化,若无变化而此时 1 号加速传感器电压、2 号加速传感器电压这两个数值逐渐增大,节气门电机占空比也有所增大。根据这些数值可确定此传感器有故障,发动机已转到失效保护状态工作。

（2）使用万用表检查节气门位置传感器。

点火开关 OFF,拔掉传感器连接器,点火开关 ON,测量 VCTA 端子与搭铁之间的电压,一般为 5 V 左右。

点火开关 OFF,拔掉传感器连接器,测量 ETA 端子与搭铁之间的电阻值,一般小于 1 Ω。

点火开关 OFF,拔掉蓄电池负极,拔掉传感器连接器和 ECM 连接器,测量传感器连接器各

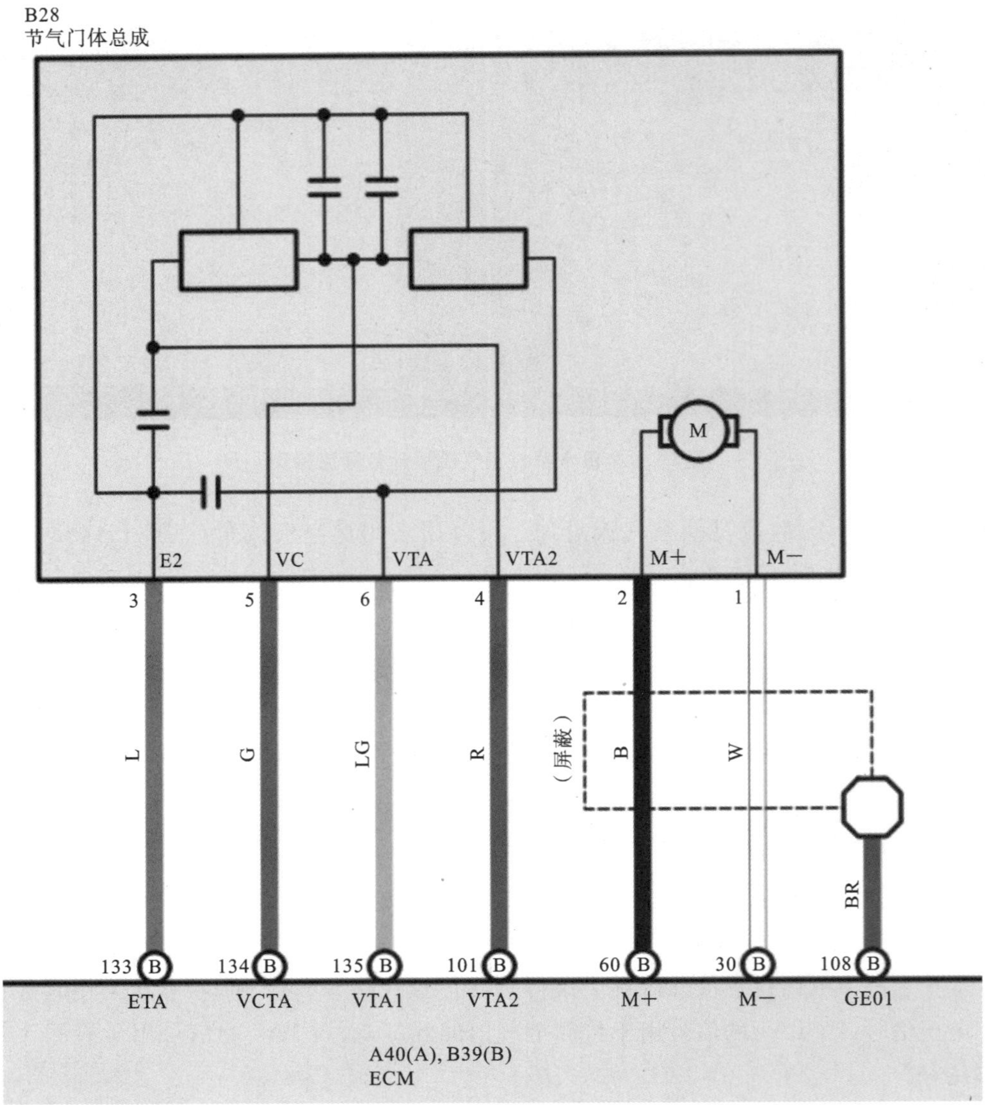

B28
节气门体总成

E2　VC　VTA　VTA2　M+　M−

3　5　6　4　2　1

L　G　LG　R　B（屏蔽）W

BR

133 ⒝　134 ⒝　135 ⒝　101 ⒝　60 ⒝　30 ⒝　108 ⒝

ETA　VCTA　VTA1　VTA2　M+　M−　GE01

A40(A), B39(B)
ECM

图 3-10　丰田卡罗拉节气门位置传感器检测电路

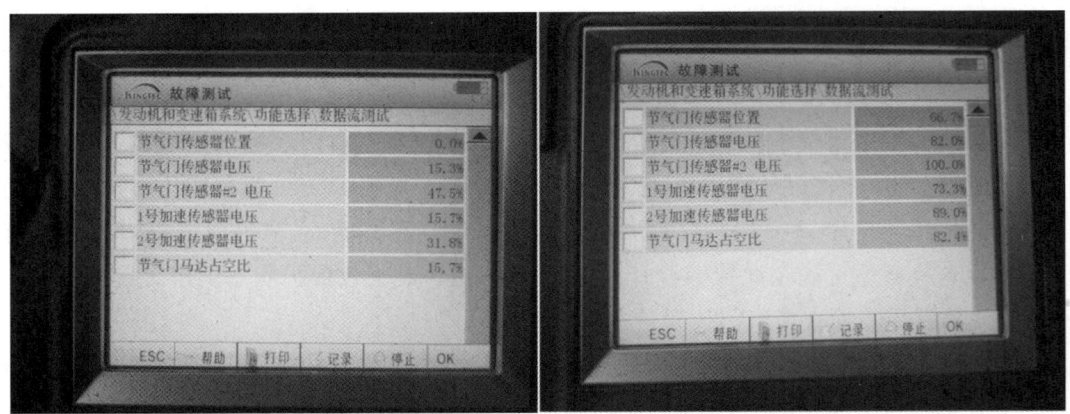

图 3-11　节气门位置传感器数据流

端子与 ECM 连接器对应端子之间的电阻,一般线束小于 1 Ω。

点火开关 OFF,拔掉传感器连接器,测量传感器 2 号端子与 1 号端子之间的电阻,在 20 ℃ 时阻值为 0.3~100 Ω。

检测 VTA1 的电压:启动发动机,油门置于关闭状态,电压为 0.4~1.0 V;油门缓慢踩下时,电压在 3.2~4.8 V 之间连续变化。

检测 VTA2 的电压:启动发动机,油门置于关闭状态,电压为 2.3~3.1 V;油门缓慢踩下时,电压在 4.5~5.0 V 之间连续变化。

(3)加速踏板传感器检测。

丰田卡罗拉加速踏板传感器电路如图 3-12 所示。

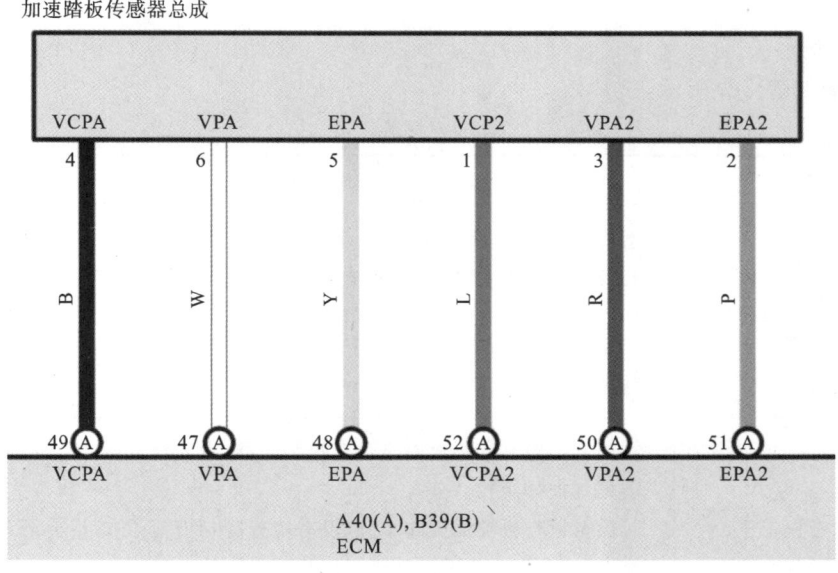

图 3-12 加速踏板传感器电路

丰田卡罗拉轿车的两个加速踏板位置传感器分别为 VPA(主)和 VPA2(副),VCPA、VPA 和 EPA 分别为主加速踏板位置传感器的电源线、信号线和搭铁线;VCPA2、VPA2 和 EPA2 分别为副加速踏板位置传感器的电源线、信号线和搭铁线。VPA 和 VPA2 上的电压在 0~5 V 变化,并与加速踏板工作角度成比例。VPA 信号指示实际加速踏板的角度并用于发动机控制;VPA2 信号用于检查加速踏板位置传感器自身的情况;ECM 通过 VPA 和 VPA2 监视实际加速踏板的角度,并控制节气门执行器。

VPA 与 VPA2 的数据流检测如图 1-11 所示。

VPA 标准电压:松开油门踏板,电压在 0.5~1.0 V 之间;踩下油门踏板,电压在 1.1~3.2 V 之间连续变化。

VPA2 标准电压:松开油门踏板,电压在 1.2~1.8 V 之间;踩下油门踏板,电压在 1.8~4.0 V 之间连续变化。

如果结果不符合以上规定,则检查油门踏板、线束或 ECM。

3)丰田卡罗拉节气门匹配

方法一:

（1）开钥匙第二挡，就是仪表指示全亮的那一挡。

（2）等待 20 s 后，踩油门到底。

（3）保持 10 s 左右后，松油门。

（4）关闭点火开关，拔出钥匙，初始化完成。

方法二：

（1）开钥匙第二挡，保持 30 s。

（2）关闭点火开关，拔出钥匙。注意：做完后要等待 15～20 s 再打火。

（3）打火，看看加油是否正常，发动机故障灯是否熄灭。如不成功，再重复前面的步骤。

五、故障排除

1. 评分标准

评分标准如表 3-3 所示。

表 3-3 评分标准

序号	考核项目	配分	扣分标准	得分
1	否决项目		造成人身、设备重大事故、不填写操作工单，或恶意顶撞测试人员、严重扰乱考场秩序，立即终止测试，此任务计 0 分	
2	工具、仪器设备准备	5	未检查工量具设备扣 2 分，工量具准备错误扣 2 分，工量具摆放不整齐扣 1 分/处	
3	车辆状态检查及车辆防护	10	1. 没有检查车辆停放安全状况扣 2 分，没有安放三角木扣 2 分，没有安装尾气抽排管扣 2 分； 2. 没有检查机油油面扣 1 分，没有检查冷却液液位扣 1 分，没有启动车辆扣 1 分，没有检查发动机工作状况扣 1 分； 3. 没有安装翼子板护垫扣 1 分，座位套、踏脚垫、方向盘套、挡位杆套少装扣 0.5 分/处	
4	故障现象判断	15	1. 未检查故障码扣 5 分，不会检查故障码扣 5 分，故障现象判断错误扣 5 分/次，故障诊断思路不明确扣 5 分/项； 2. 故障判断不熟练扣 2 分，不会判断故障现象扣 15 分	
5	故障诊断过程	25	1. 不会查阅维修手册扣 2 分，没有使用维修手册扣 5 分； 2. 没有关闭点火开关拔插连接器扣 2 分/次，不会拔插连接器扣 2 分/次，强行拔插连接器扣 2 分/次，不能正确使用万用表扣 2 分/次； 3. 操作过程不规范扣 2 分/次，工量具及仪器设备没整理扣 2 分； 4. 造成短路扣 10 分/次，烧坏线路此项计 0 分； 5. 部件及总成拆装不熟练扣 2 分/次，造成元器件损坏扣 5 分/次	
6	故障点确认与排除及操作工单填写	25	1. 不能确认故障点扣 15 分，不会排除故障扣 15 分； 2. 未进行故障修复后的检验扣 10 分； 3. 修复后故障重复出现的扣 5 分/次； 4. 操作工单填写不完整扣 5 分/项	

续表

序号	考核项目	配分	扣 分 标 准	得分
7	安全生产	20	1.不穿工作服扣2分、不穿工作鞋扣2分、不戴工作帽扣2分； 2.工量具与零件混放、摆放凌乱、落地,扣2分/处； 3.垃圾未分类回收,每次扣2分； 4.油、水洒落在地面或零部件表面未及时清理,每次扣2分/处； 5.竣工后未清理工量具、场地,扣1分/处； 6.启动车辆或举升时,未请示或未提醒,扣2分/次； 7.不服从测试人员扣10分/次	
8	合计	100	—	

2. 操作工单

操作工单如表3-4所示。

表3-4　操作工单

任务名称		日期		评价结果
团队成员				

一、学习过程(学习过程中,学习的课程资源,遇到的困惑,需要教师给予的帮助简要记录)

学习资源情况记录	学习困惑点记录	需要教师指导情况记录

二、场地及设备初步检查(做好诊断前准备工作,将存在的问题填写在是否选项后的空白处)

1.工量具、仪器设备、车辆、技术资料是否准备齐全：　是□　否□＿＿＿＿＿＿＿

2.汽车停放位置与举升机状况是否良好：　是□　否□＿＿＿＿＿＿＿

3.是否放置车轮三角块、连接尾气抽排管：　是□　否□＿＿＿＿＿＿＿

4.是否放置方向盘套、脚垫、汽车翼子板罩：　是□　否□＿＿＿＿＿＿＿

5.发动机机油、冷却液是否正常：　是□　否□＿＿＿＿＿＿＿

6.蓄电池状况检查：＿＿＿＿＿＿＿＿＿＿＿＿＿＿＿

三、故障诊断过程

1.实施功能检查,确认故障现象,推断故障范围

(1)描述与客户抱怨相关的检查结果

(2)读取故障码,填写对该故障诊断有用的信息

(3)查阅电路图,绘制控制原理图和故障诊断流程图

控制原理图	故障诊断流程图

2. 根据故障现象、故障码提示结合电路分析判断可能原因

四、测量记录(电路参数、尾气排放、数据流或执行元件驱动测试)

1. 数据测试

测试对象	
标准描述	
测试结果	
测试结论	

2. 波形测试(不用者不填)

测试对象		
标准波形		
测试波形		
测试结论		

五、故障处理(分析测试结果,进行故障修复,并实施验证)

六、学习反思(本次任务的教学、学习流程、感兴趣点、收获等方面进行简要描述)

七、综合评价(评教分数不纳入学生任务得分)

类型	项目	评分		
评教	课堂效果(10 分)			
	教学资源(10 分)			
	教师风貌(10 分)			
评学	项目	个人(20%)	小组(40%)	教师(40%)
	课前学习(30 分)			
	任务完成(50 分)			
	课后讨论(10 分)			
	贡献大小(10 分)			
	合计			

3. 完成故障诊断流程图

将故障诊断流程图画在下面空白处。

4. 检修小笔记

填写检修小笔记,如图 3-13 所示。

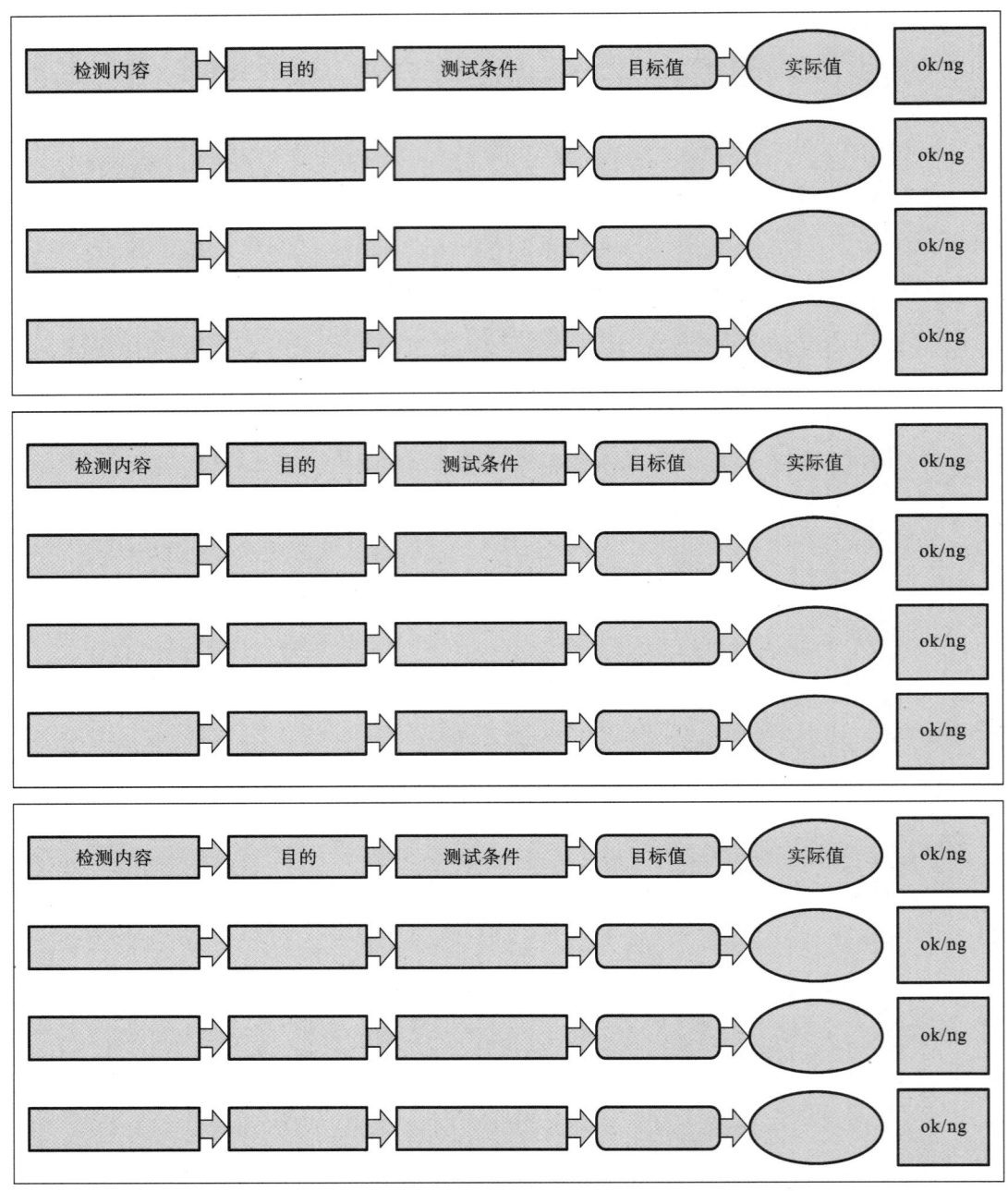

图 3-13　检修小笔记

任务四　发动机亮机油灯故障诊断

◀ **知识目标**

（1）掌握发动机润滑系统的功能、组成与原理。

（2）掌握发动机润滑系统的润滑方式与润滑油路。

◀ **能力目标**

（1）能对润滑系统主要部件进行拆装检测。

（2）能对润滑系统进行维护作业。

（3）能对润滑系统常见故障进行检修。

一、情境描述

何先生在车辆行驶过程中发现汽车机油灯点亮。汽车送往维修店后，经维修技师检查判断为发动机润滑系统故障，你作为未来的维修人员，现需对相关部件进行检查，根据维修手册相关要求，在规定时间（参照维修资料）内完成故障部位的检查与零部件的更换，完成后，交付班组长验收。

二、常见故障点

发动机亮机油灯常见故障点为机油压力传感器故障、机油压力传感器线路故障、机油压力不足等。

三、相关知识

1. 汽车发动机润滑系统的组成

发动机有最复杂的润滑系统，通过输送机油或飞溅的形式使机件表面形成油膜，不仅起减少摩擦和磨损的作用，还可以带走摩擦表面的热量和杂质，增加气缸的密封性。发动机一启动，机油泵就通过集滤器把油底壳内的机油吸到缸体油道，输送到各个部位，对摩擦表面润滑后的油滴又回到油底壳。汽车发动机润滑系统组成如图 4-1 所示。

汽车发动机润滑系统控制电路如图 4-2 所示。

2. 机油泵

机油泵的功用是保证机油在润滑系统内循环流动，并在发动机任何转速下都能以足够高的压力向润滑部位输送足够数量的机油。

机油泵结构形式可分为齿轮式和转子式两类。齿轮式机油泵又分内接齿轮式和外接齿轮式，一般把后者称为齿轮式机油泵，如图 4-3 所示。

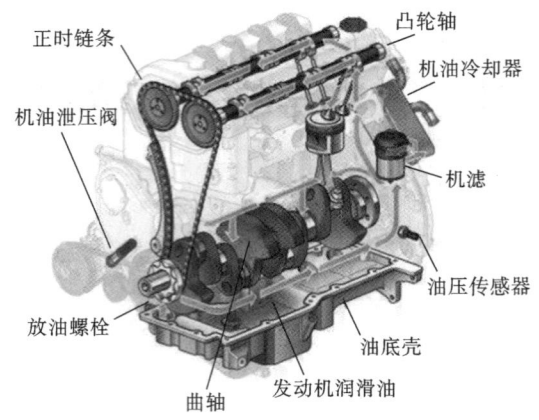

图 4-1　汽车发动机润滑系统

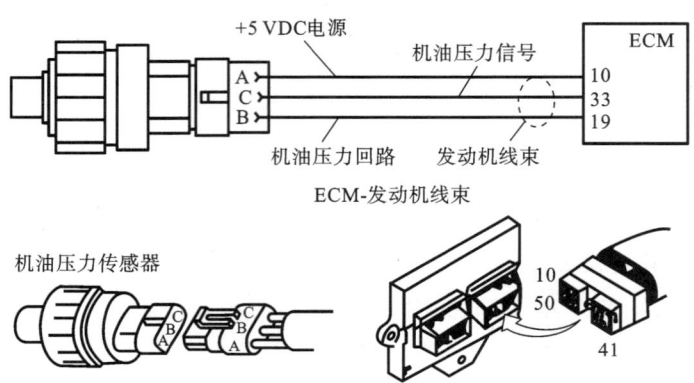

图 4-2　汽车发动机润滑系统控制电路组成

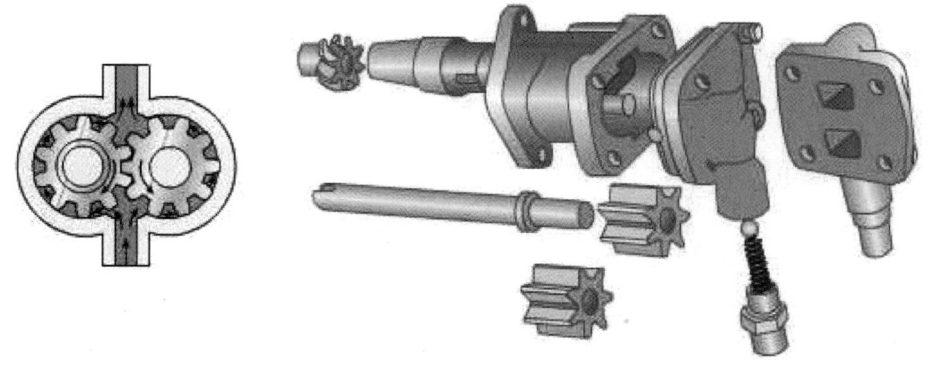

图 4-3　齿轮式机油泵

3. 安全阀

机油泵必须在发动机各种转速下都能供给足够数量的机油,以维持足够的机油压力,保证发动机的润滑。机油泵的供油量与其转速有关,而机油泵的转速又与发动机转速成正比。因此,在设计机油泵时,都是使其在低速时有足够大的供油量。但是,在高速时机油泵的供油量明显偏大,机油压力也显著偏高。另外,在发动机冷启动时,机油黏度大、流动性差,机油压力也会大幅度升高。为了防止油压过高,在润滑油路中设置安全阀或限压阀。一般安全阀装在机油泵或机体的主油道上。当安全阀安装在机油泵上时,如果油压达到规定值,则安全阀开启,多余的机油返回机油泵进口。如果安全阀安装在主油道上，则当油压达到规定值时，多余的机油经过安全阀流回油底壳。

4．机油滤清器

机油滤清器的功用是滤除机油中的金属磨屑、机械杂质和机油氧化物。如果这些杂质随同机油进入润滑系统，将加剧发动机零件的磨损，还可能堵塞油管或油道。

机油滤清的方式有两种：全流式和分流式。全流式机油滤清器串联于机油泵和主油道之间，因此全部机油都经过它滤清。目前在轿车上普遍采用全流式机油滤清器，如图4-4所示。

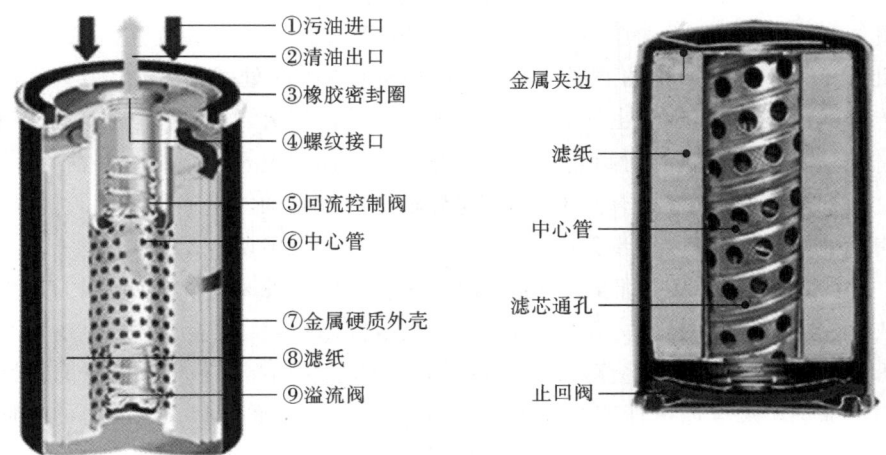

①污油进口
②清油出口
③橡胶密封圈
④螺纹接口
⑤回流控制阀
⑥中心管
⑦金属硬质外壳
⑧滤纸
⑨溢流阀

金属夹边
滤纸
中心管
滤芯通孔
止回阀

图4-4　全流式机油滤清器

5．汽车发动机润滑系统的构造特点

在反复润滑循环的过程中，机件金属表面的细小毛糙体在不断的摩擦过程中会脱落，机油就会混入金属片或者尘埃等杂质，因此就要在油路中安装机油滤清器，将这些"多余分子"拦截下来。为了防止机油滤清器一旦堵塞机油通不过去，还有一个旁通阀做应急，当机油滤清器堵塞造成进出口两端压力差变大时，旁通阀就会开通让机油"免检"通过，以免发动机零件受损。

发动机零件承受的压力不同，润滑的方式也不一样。一般来说，承受的压力大，要求油的黏度大、供油压力大。曲轴主轴承、凸轮轴轴承、连杆轴承、凸轮轴摇臂等负荷较大的部位，要用机油泵所供给的带压力的机油来润滑，这些机油是通过油路输送过来的；而活塞销、活塞、缸壁等负荷较小或者难以实现压力润滑的部位，则利用曲轴连杆转动时飞溅起来的机油进行润滑。

机油飞溅到活塞和缸壁上，使缸壁与活塞之间形成油膜实现润滑，但会使机油上窜到燃烧室内。为了防止机油上窜，活塞头部有一道油环，专门用来刮落气缸壁上的机油，防止机油上窜。

四、故障诊断

1．润滑系统的常见故障及分析

1）润滑系统压力太低

压力过低与许多因素有关，是一个复杂的问题，如润滑系统各部件的工况、运动部件的配合

（曲轴轴承、连杆轴承、凸轮轴轴承）、机油型号是否正确等都与油压有关系。

造成发动机润滑系统压力过低的原因有：机油油量不足；机油黏度太低；限压阀弹簧过软或调整不当；机油滤清器旁通阀弹簧折断或弹簧过软；机油泵齿轮磨损，使供油压力过低；机油滤清器堵塞；曲轴主轴承、连杆轴承或凸轮轴轴承间隙过大；机油压力表传感器失效；汽油泵膜片破裂，使汽油漏入油底壳稀释了机油；气缸体水套裂纹，使冷却液漏入油底壳稀释了机油；润滑系统内、外管路或管接头泄露。

首先拔出机油尺，检查油底壳内的机油量及机油品质，若油量不足，应及时添加；若机油中含有水分或燃油，应拆检并修理渗透部位；若机油黏度过低，应更换合适牌号的机油。

如果机油量充足，检查机油压力传感器的导线是否松脱。如果导线连接良好，在发动机运转时拧松机油压力传感器或主油道螺塞，若机油从连接螺纹孔处喷出有力，则为机油压力表或机油压力传感器故障；若机油喷出无力，则应立即使发动机熄火，并检查机油集滤器、机油泵、限压阀、粗滤器滤芯是否堵塞，旁通阀是否无法打开，各油管、油道及油堵是否漏油等。

若以上检查均正常，则应检查曲轴轴承、连杆轴承或凸轮轴轴承的间隙是否过大（间隙过大会直接影响机油压力）。按以上步骤逐一排查，即可诊断出故障所在。

值得一提的是，如果油压过低，不能通过改用黏度高的机油来消除故障，因为这样做虽然可能暂时有效，但会消耗发动机动力，并掩盖发动机的故障隐患，从而造成更严重的后果。

发动机润滑系统油压过低，会对发动机造成很大的危害，甚至使发动机提前报废。油压过低意味着润滑油量不足或润滑油的黏度过低，因此对采用压力润滑和飞溅润滑的零件就有直接的影响，轻则使传动副之间的摩擦和磨损增大（这是因为出现了半干摩擦，破坏了润滑间隙，使零件运动受阻、清除表面金属磨屑的能力减弱），造成发动机功率损耗增大，并且使用寿命缩短；重则会出现卡滞现象，使发动机不能转动。由于零件之间缺乏润滑，会出现活塞环和气缸壁磨损甚至"拉缸"曲轴轴承、连杆轴承"烧瓦"等故障。

另外，凸轮和挺杆这对摩擦副，由于单位面积上承受的载荷较大，多处于边界润滑状态，如果润滑油间断，在运转期间不断保持润滑油膜，凸轮顶会发生摩擦甚至被磨秃，从而影响配气系统正常工作。

从上面的分析可以看出，为了保持各摩擦副的正常运动，减小这些部件因磨损和摩擦引起的功率损失和摩擦热，各摩擦面之间的充分润滑是非常重要的。

在汽车使用中，应随时观察机油压力表或报警指示灯，若发现机油压力指示过低甚至为零，应立即停车，并使发动机熄火，否则会很快发生"烧瓦""抱轴"等机械故障。

2）润滑系统压力过高

润滑系统压力过高的具体原因有：机油温度低或机油黏度过大；限压阀、减压阀调节压力过高，阀门卡死或油路堵塞；机油滤清器滤芯油路堵塞且旁通阀开启压力过低；主轴承、连杆轴承间隙过小或油路堵塞；机油压力表或传感器失效。

压力过高时，首先检查机油黏度是否过大，限压阀是否调整不当；对于新装发动机，应检查主轴承、连杆轴承尤其是凸轮轴轴承间隙是否过小。

机油压力突然变高应检查机油滤清器滤芯是否堵塞，旁通阀弹簧是否压缩过多或强硬。若上述良好，则一般为润滑油道堵塞。凸轮轴正时齿轮打碎后，其碎屑容易阻塞油道，必须立即清理。

3）润滑系统机油消耗过多

润滑系统机油消耗过多的具体原因有：活塞与气缸壁磨损间隙过大；活塞环磨损过甚或弹力不足；活塞环抱死或对口；大修后扭曲环装反；曲轴封密封不良；凸轮轴后油堵漏油；进气导管

磨损严重;曲轴箱通风不良;润滑系统油底壳或外部接头、接缝密封不严。

当发动机高速运转时,排气管大量排出浓烟,但机油加注口也会冒烟或脉动冒烟,说明活塞、活塞环与气缸壁磨损过甚,使机油窜入燃烧室内继而燃烧,应拆下活塞连杆组进行检查分析,并检查第一道活塞环的端隙、背隙和边隙。

发动机高速运转时,排气管大量冒浓烟,但机油加注口并不冒烟,飞溅到气门室内的机油沿气门导管间隙被吸入燃烧室,说明进气导管磨损严重。当各部分状况良好时,机油仍损耗较大,机油在油底壳衬垫或气门边盖衬垫处出现渗漏,说明曲轴箱通风不良,由曲轴箱内气体压力和机油温度升高所致。

4)润滑油变稀

如活塞环、气缸壁磨损过大,过多的窜气进入曲轴箱,窜气中未燃的汽油溶入润滑油中使其变稀。如发现润滑油使用时间不长就变稀,应做气缸压缩压力检查并予以修复。

5)润滑油油泥过多

发动机使用了一段时间后,在润滑油中会出现一种黑褐色而黏稠的物质——油泥。过多的油泥会产生集滤器滤网和油道堵塞、润滑油流动性变差、活塞环槽结焦而使活塞环粘连等不良影响。油泥产生的原因之一是进入曲轴箱中的水混入润滑油后在高速旋转的曲轴的搅拌下成黏性胶体,再吸附污物(如金属屑、润滑油在高温下生成的各种氧化物等)就形成油泥。如果车辆经常短途行驶,发动机工作温度较低,不能及时清除曲轴箱中的水蒸气,油泥便会增多。

2. 机油泵的检测与维修

发动机润滑系统的油压是靠齿轮泵或转子泵供给的,发现机油压力不足时,要调整主油道的压力调节器和机油泵的限压阀,确实无效,判断为机油泵的故障时应维修或更换机油泵,更换机油泵是快速的维修方法。机油泵维修时应首先拆下机油盘,再拆下机油泵并解体。

1)机油泵的检测与检修

(1)拧下机油滤清器连接管的2个螺栓。

(2)拧下机油泵盖上的4个螺栓。

(3)用铜质锤轻轻敲打泵盖,取下泵盖和限压阀及锁止垫片。

(4)检查齿轮啮合间隙。检查时,将机油泵盖拆下,用厚薄规在互成120°角三个位置处测量机油泵主、从动齿轮的啮合间隙,如图4-5所示。新机油泵齿轮啮合间隙为0.05 mm,磨损极限值为0.20 mm。

(5)检查机油泵主、从动齿轮与机油泵盖接合面的间隙。机油泵主、从动齿轮端面间隙的检查方法如图4-6所示,正常间隙应为0.05 mm,磨损极限值为0.15 mm。

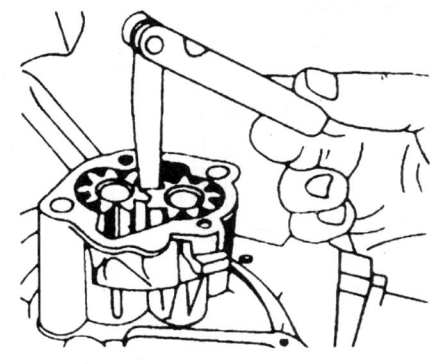 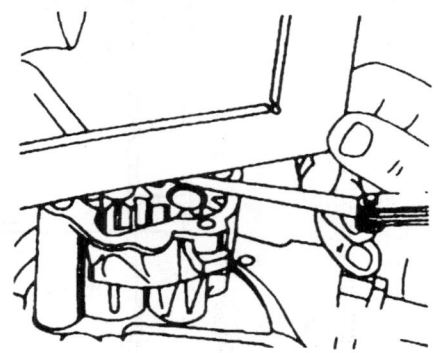

图4-5 检查机油泵主、从动齿轮啮合间隙　　　图4-6 检查机油泵主、从动齿轮端面间隙

（6）检查机油泵主动轴的弯曲度。将机油泵主动轴支承在 V 形架上,用百分表检查弯曲度。如果弯曲度超过 0.03 mm,则应对其进行校正或更换。

（7）检查主动齿轮轴与机油泵壳配合间隙。主动齿轮轴与机油泵壳配合间隙应为 0.03～0.075 mm,磨损极限值为 0.20 mm,否则应对轴孔进行修复。

（8）检查机油泵盖。机油泵盖如有磨损、翘曲和凹陷超过 0.05 mm,应以车磨、研磨等方法进行修复。

（9）检查限压阀。检查限压阀弹簧有无损伤、弹力是否减弱,必要时予以更换。检查限压阀配合是否良好、油道是否堵塞、滑动表面有无损伤,必要时更换限压阀。

（10）按拆卸的相反顺序装配机油泵,4 个泵盖固定螺栓的拧紧力矩均为 20 N·m。

（11）装好限压阀和锁止片,拧紧力矩为 60 N·m。

（12）装上机油集滤器的连接管。

2）机油泵的试验

（1）在试验台上测试机油泵的技术性能,应符合相关要求。

（2）若没有试验台,机油泵装复后灌入机油,用拇指堵住出油口,旋转泵轴应有机油压出且有明显压力。而后将机油泵装回车上检验,当发动机温度正常时,检查机油表指示的压力是否符合标准。如不符合标准,应调整限压阀。

调整限压阀的方法是:机油压力过低时,在限压阀螺塞内孔加调整垫片,以增大弹簧张力,使机油压力增高;机油压力过高时,则减垫片,减弱弹簧的张力,使机油压力降低;由于球阀关闭不严而影响机油压力时,应更换新件;若机油泵和限压阀均无故障,而机油压力仍不能达到规定数值,则应检查机油是否过稀,机油滤清器及油道是否堵塞,机油压力表和传感器是否良好,主轴承和连杆轴承的配合间隙是否过大等。

3. 机油滤清器的结构与维修

机油滤清器采用粗（褶纸滤芯）、细（尼龙滤芯）机油滤清器合为一体的过滤式滤清器,其结构如图 4-7 所示,工作流程如图 4-8 所示。

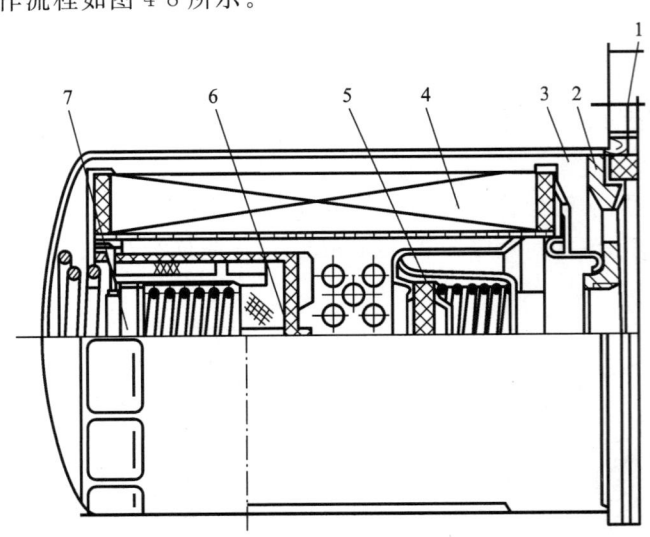

图 4-7　发动机机油滤清器结构

1—密封圈;2—滤清器盖;3—滤清器壳;4—褶纸滤芯;5—止回阀;6—尼龙滤芯;7—旁通阀

粗滤器能滤去直径为 0.05～0.1 mm 的机械杂质,细滤器能滤去直径在 0.001 mm 以上的机械杂质。

机油滤清器装有用吸附能力不同的棉花、毛绒、人造纤维等不同材料制成的褶纸滤芯和尼龙滤芯，两种滤芯串联连接。机油滤清器还装有旁通阀和止回阀，防止滤芯被堵或发动机停止工作时，润滑油道内缺油。

机油滤清器为整体式，更换时应将外壳与滤芯一起更换。机油滤清器的更换步骤如下。

（1）趁热放出发动机机油。

（2）用专用工具拆卸机油滤清器，如图4-9所示。更换时，注意清洗滤清器安装表面。

（3）安装新滤清器时，应在密封圈上涂上干净的机油，如图4-10所示。若不涂机油，安装时密封圈与接合面会发生干摩擦，使密封圈翘曲和损坏，造成密封不良而漏油。

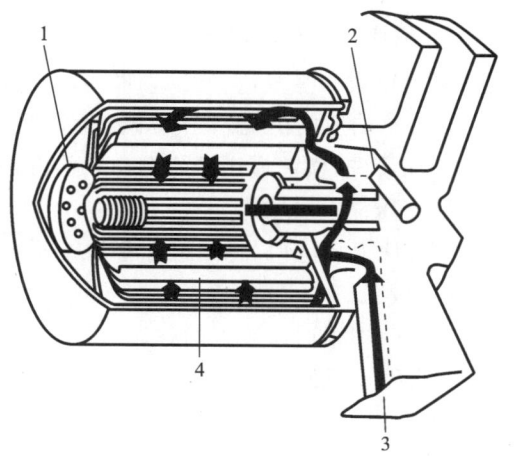

图4-8 发动机机油滤清器工作流程图
1—旁通阀；2—通向发动机的清洁润滑油；
3—从油底壳来的脏油；4—褶纸滤芯

图4-9 拆卸机油滤清器

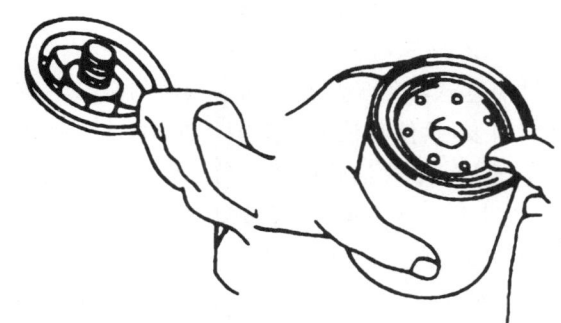

图4-10 在密封圈上涂机油

（4）用手轻轻拧紧机油滤清器，直到感觉有阻力为止，再用专用工具重新拧紧机油滤清器3/4圈。

4. 机油压力传感器检测

丰田卡罗拉机油压传感器电路如图4-11所示。

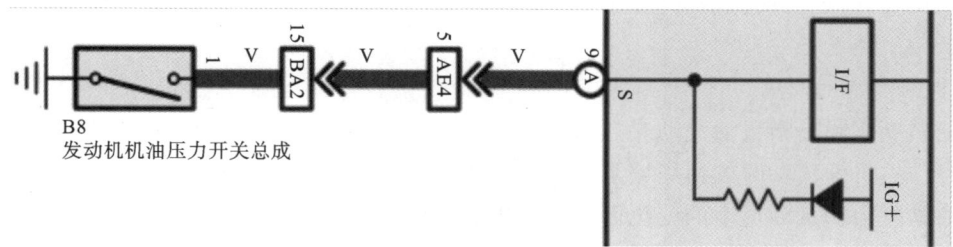

图4-11 丰田卡罗拉机油压传感器电路图

图4-11中，断开机油压力开关总成B8连接器插座，检测B8（1）脚与搭铁间的电阻应小于1Ω，否则应更换机油压力开关总成；点火开关ON，检测BA2连接线的电压应为12V，否则B8与组合仪表（9）端子之间线路断开或者组合仪表本身有故障。B8总成在断电状态下为常闭状态，当发动机启动后，机油压力在0.8bar以上时B8总成由常闭状态转换为断开状态。

5. 疏通发动机润滑油道

发动机大修装复前,必须彻底清洁疏通润滑油道,其方法是:

(1)总油道的清洗。先拆下油道螺塞,用圆毛刷或缠有布条的细长铁杆沾洗油插入总油道来回拉动清洗,横油道用铁丝缠布条沾洗油清洗,并用压缩空气吹净,曲轴内油道以同样的方法清洗后用压缩空气吹净。

(2)油道清洗后,将油道螺塞涂密封胶拧紧在主油道上,并检查各油道管接头处是否有松动、漏油现象。

(3)曲轴箱通风装置的各通风管不得老化、破损,否则应更换。

(4)发动机润滑油道中的限压阀及各零件应清洁、无损,性能良好,限压阀的开启压力应符合要求。

6. 机油压力过低检修

1)油泵磨损

油泵的齿轮工作时必然要发生磨损,当机油内含有机械杂质时会加速其磨损进程。磨损后,其内部泄漏量增大,所以泵油效率随之相应降低。

2)吸入油泵的油量减少

机油集滤器用于过滤机油中较大的机械杂质,黏附在集滤器上的机械杂质会随使用时间的延长而增多,致使吸油的通道截面减小,油泵吸入机油减少,引起润滑系统机油压力下降,甚至不产生压力。如果油管或接头处漏气,或者油底壳的机油严重短缺,油泵的吸油腔真空度会下降,使机油泵吸油不饱满,导致润滑系统机油压力过低。

3)泄漏量大

油泵能够产生压力的基本原理是机油在油道内流动有阻力,如果润滑系统的油道有泄漏,限压阀调定压力过低或关闭不严、曲轴或凸轮轴颈等处因磨损配合而间隙过大,都会造成润滑系统的泄漏量增大,系统内的机油压力会随着泄漏增大而相应降低。

4)机油滤清器或冷却器堵塞

机油滤清器的作用是进一步过滤很小的机械杂质,当使用过久后,被过滤出的机械杂质集存在滤芯上。随着使用时间的延长,滤芯外表面积存的机械杂质量增大,堵塞润滑油流动通道,致使润滑部位机油压力减小。机油冷却器的机油管内壁黏附有机械杂质或胶质,不仅会造成机油散热不良,同时还会使机油的流通截面减小,严重时会出现堵塞现象,从而导致润滑部位机油压力降低。

5)机油黏度的影响

机油黏度实际是指机油流动时的内摩擦阻力的大小。机油流动时的内摩擦阻力小时,其流动性好;反之,机油流动时的内摩擦阻力大时,其流动性差。因此,黏度是机油最主要的衡量指标。机油黏度会随机油温度的变化而变化。机油温度低时黏度大,温度高时黏度小。当机油黏度因温度过高或其他物质的稀释而减小时,会引起润滑系统泄漏量增大而压力减小;反之,当机油黏度增大(流动性差)而堵塞油路时,也会使摩擦部位机油压力降低。

6)限压阀调整不当

由限压阀工作原理可知,限压阀是靠平衡弹簧和球阀(或锥阀)来限制机油压力的,能使机油压力不超过技术文件的规定值。机油压力超过规定值时,便克服弹簧的弹力将阀门推开使系统泄压;机油压力低于弹簧弹力时,阀门在弹簧的作用下关闭。由此看来,润滑系统的机油压力取决于弹簧弹力的大小。如果调整的弹簧弹力过小或弹簧因疲劳而弹力过小,系统内的机油压力会降低。此外,限压阀受机械杂质影响而关闭不严,也会使机油压力下降。

7）机油压力显示装置的影响

机油压力显示装置包括机油压力表和机油压力传感器,是用来反映发动机润滑系统的机油压力值的。如果机油压力表或机油压力传感器发生故障,反映的压力值会失真,导致误认为润滑系统发生了故障。

7. 机油压力过高检修

1）机油黏度过大

机油黏度的大小表明了机油流动时的内摩擦阻力大小。机油黏度的大小与发动机温度有关,发动机温度低时,机油黏度大;反之,发动机温度高时,机油黏度小。机油黏度大时流动性差,但密封性好,泄漏量少。如果机油黏度超过规定值,机油在润滑系统内流动阻力会增大,同时压力升高。由此可知,发动机温度低或机油本身黏度大(因对机油牌号选用不当,即机油牌号不适合环境温度,如冬季选用了夏季黏度大的机油)时,机油压力会升高。

2）压力润滑部位间隙过小或机油细滤器堵塞机油回路

润滑系统机油循环回路的流动阻力等于并联支路机油流动阻力的倒数之和。压力润滑部位的凸轮轴轴颈、连杆轴颈、曲轴轴颈、摇臂轴等的配合间隙过小,细滤清器的滤芯过脏使机油回路堵塞,以及限压阀调整压力过高等,均会使润滑系统油路的流动阻力增大,压力升高。

3）限压阀调整不当

限压阀是靠平衡弹簧和球阀(或锥阀)来限制机油压力的,能使机油压力不超过技术文件的规定值。机油压力超过规定值时,便克服弹簧的弹力将阀门推开使系统泄压;机油压力低于弹簧弹力时,阀门在弹簧的作用下关闭,从而将压力限制在规定的范围内。由此看来,润滑系统的机油压力取决于弹簧弹力的大小,如果调整的弹簧弹力过大,系统内的机油压力会过高。

8. 机油消耗过多

1）进入燃烧室烧掉

主要原因是:活塞上的回油环上有积炭;活塞环磨损、卡死或各环端口重叠;气缸磨损或在气缸壁上有槽痕;进气门杆及其导管磨损松旷;PVC阀卡滞在一个位置,使机油蒸气在高真空的作用下经进气歧管进入燃烧室;机油黏度不够;曲轴箱温度过高;机油加油量过多等。

检查判断方法是:观察排气管尾气的颜色,如呈蓝灰色即可认定。

2）发动机本体外部漏油

主要原因是:油底壳垫损坏或安装不当;油底壳固定螺栓松动或油底壳边缘变形;正时盖安装不当或密封垫损坏;曲轴前、后油封不密封;机油滤清器安装不当或密封垫损坏;曲轴箱强制通风阀阻塞,导致曲轴箱压力增高,使机油从油底壳垫或油封等处漏出。

检查机体外部漏油的方法是:在发动机油底壳正下方的地面上铺放一张干净的纸,然后启动发动机,运转几分钟后,如发现纸上有油滴落下,则可根据纸上漏油的位置,向上找出发动机漏油的部位。

五、故障排除

1. 评分标准

评分标准如表4-1所示。

表 4-1 评分标准

序号	考 核 项 目	配分	扣 分 标 准	得分
1	否决项目		造成人身、设备重大事故、不填写操作工单，或恶意顶撞测试人员、严重扰乱考场秩序，立即终止测试，此任务计 0 分	
2	工具、仪器设备准备	5	未检查工量具设备扣 2 分，工量具准备错误扣 2 分，工量具摆放不整齐扣 1 分/处	
3	车辆状态检查及车辆防护	10	1. 没有检查车辆停放安全状况扣 2 分，没有安放三角木扣 2 分，没有安装尾气抽排管扣 2 分； 2. 没有检查机油油面扣 1 分，没有检查冷却液液位扣 1 分，没有启动车辆扣 1 分，没有检查发动机工作状况扣 1 分； 3. 没有安装翼子板护垫扣 1 分，座位套、踏脚垫、方向盘套、挡位杆套少装扣 0.5 分/处	
4	故障现象判断	15	1. 未检查故障码扣 5 分，不会检查故障码扣 5 分，故障现象判断错误扣 5 分/次，故障诊断思路不明确扣 5 分/项； 2. 故障判断不熟练扣 2 分，不会判断故障现象扣 15 分	
5	故障诊断过程	25	1. 不会查阅维修手册扣 2 分，没有使用维修手册扣 5 分； 2. 没有关闭点火开关拔插连接器扣 2 分/次，不会拔插连接器扣 2 分/次，强行拔插连接器扣 2 分/次，不能正确使用万用表扣 2 分/次； 3. 操作过程不规范扣 2 分/次，工量具及仪器设备没整理扣 2 分； 4. 造成短路扣 10 分/次，烧坏线路此项计 0 分； 5. 部件及总成拆装不熟练扣 2 分/次，造成元器件损坏扣 5 分/次	
6	故障点确认与排除及操作工单填写	25	1. 不能确认故障点扣 15 分，不会排除故障扣 15 分； 2. 未进行故障修复后的检验扣 10 分； 3. 修复后故障重复出现的扣 5 分/次； 4. 操作工单填写不完整扣 5 分/项	
7	安全生产	20	1. 不穿工作服扣 2 分、不穿工作鞋扣 2 分、不戴工作帽扣 2 分； 2. 工量具与零件混放、摆放凌乱、落地，扣 2 分/处； 3. 垃圾未分类回收，每次扣 2 分； 4. 油、水洒落在地面或零部件表面未及时清理，每次扣 2 分/处； 5. 竣工后未清理工量具、场地，扣 1 分/处； 6. 启动车辆或举升时，未请示或未提醒，扣 2 分/次； 7. 不服从测试人员扣 10 分/次	
8	合计	100	—	

2. 操作工单

操作工单如表 4-2 所示。

表 4-2 操作工单

任务名称		日期		评价结果
团队成员				

一、学习过程(学习过程中,学习的课程资源,遇到的困惑,需要教师给予的帮助简要记录)

学习资源情况记录	学习困惑点记录	需要教师指导情况记录

二、场地及设备初步检查(做好诊断前准备工作,将存在的问题填写在是否选项后的空白处)

1.工量具、仪器设备、车辆、技术资料是否准备齐全:　　是□　　否□＿＿＿＿＿＿＿＿＿

2.汽车停放位置与举升机状况是否良好:　　是□　　否□＿＿＿＿＿＿＿＿＿

3.是否放置车轮三角块、连接尾气抽排管:　　是□　　否□＿＿＿＿＿＿＿＿＿

4.是否放置方向盘套、脚垫、汽车翼子板罩:　　是□　　否□＿＿＿＿＿＿＿＿＿

5.发动机机油、冷却液是否正常:　　是□　　否□＿＿＿＿＿＿＿＿＿

6.蓄电池状况检查:＿＿＿＿＿＿＿＿＿＿＿＿＿＿＿＿＿＿＿＿＿＿

三、故障诊断过程

1.实施功能检查,确认故障现象,推断故障范围

(1)描述与客户抱怨相关的检查结果

(2)读取故障码,填写对该故障诊断有用的信息

(3)查阅电路图,绘制控制原理图和故障诊断流程图

控制原理图	故障诊断流程图

2. 根据故障现象、故障码提示结合电路分析判断可能原因

四、测量记录(电路参数、尾气排放、数据流或执行元件驱动测试)

1.数据测试

测试对象
标准描述
测试结果
测试结论

续表

2.波形测试(不用者不填)

测试对象		
标准波形		
测试波形		
测试结论		

五、故障处理(分析测试结果,进行故障修复,并实施验证)

六、学习反思(本次任务的教学、学习流程、感兴趣点、收获等方面进行简要描述)

七、综合评价(评教分数不纳入学生任务得分)

类型	项目	评分		
评教	课堂效果(10分)			
	教学资源(10分)			
	教师风貌(10分)			
评学	项目	个人(20%)	小组(40%)	教师(40%)
	课前学习(30分)			
	任务完成(50分)			
	课后讨论(10分)			
	贡献大小(10分)			
	合计			

3. 完成故障诊断流程图

将故障诊断流程图画在下面空白处。

4. 检修小笔记

填写检修小笔记,如图 4-12 所示。

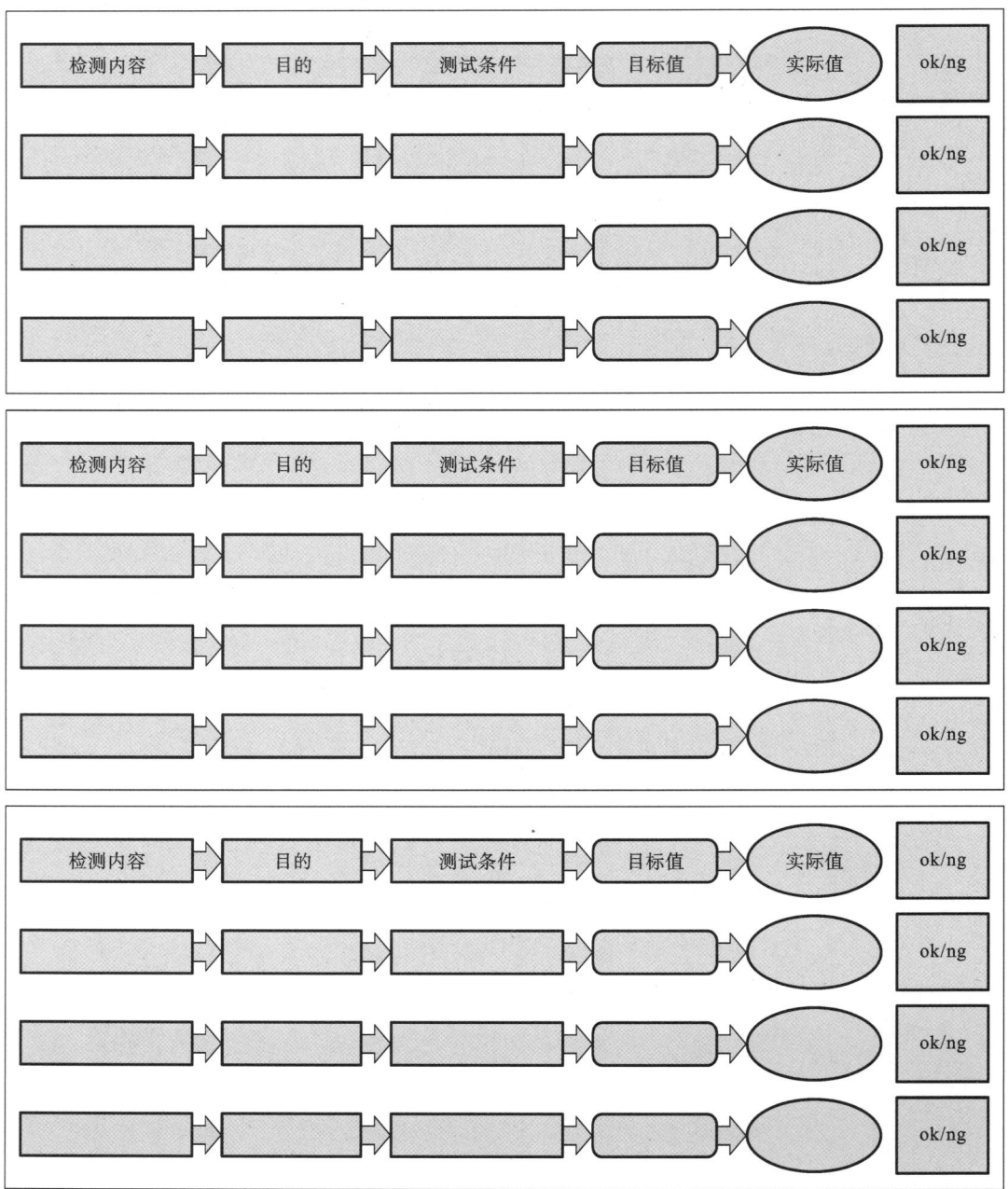

图 4-12　检修小笔记

任务五　发动机异响故障诊断

◀ **知识目标**

（1）了解异响产生的原因。

（2）掌握异响诊断方法。

（3）掌握异响检修方法。

◀ **能力目标**

（1）掌握发动机正时皮带异响的检修方法。

（2）掌握发动机敲缸检修方法。

（3）掌握气门异响检修方法。

一、情境描述

何先生在车辆在行驶时发现发动机部位出现不正常响声。汽车送往维修店后，经维修技师检查判断为发动机电控系统故障，你作为未来的维修人员，现需对相关部件进行检查，根据维修手册相关要求，在规定时间（参照维修资料）内完成故障部位的检查与零部件的更换，完成后，交付班组长验收。

二、常见故障点

发动机异响故障常见故障点为皮带异响、皮带轮轴承异响、气门异响等。

三、相关知识

发动机异响常与发动机的转速、负荷、温度和工作循环有关，通过对异响进行特性分析，可找出其变化规律。

1. 异响与发动机转速的关系

发动机的大多数常见异响的存在取决于发动机的转速状态。

1）异响仅在急速或低速运转时存在

发响的原因有：活塞与气缸壁间隙过大；活塞销装配过紧或连杆轴承装配过紧；挺杆与其导孔间隙过大；配气凸轮轮廓磨损；有时，启动爪松动而使皮带轮发响（在转速改变时明显）。

2）维持在某转速时声响紊乱，急减速时相继发出短暂声响

发响的原因有：凸轮轴正时齿轮破裂或其固定螺母松动；曲轴折断；活塞销衬套松旷；凸轮轴轴向间隙过大或其衬套松旷。

3）异响在发动机急加速时出现，维持高速运转时声响仍存在

发响的原因有：连杆轴承松旷、轴瓦烧熔或尺寸不符而转动；曲轴轴承松旷或轴瓦烧熔；活

塞销折断;曲轴折断。

2. 异响与负荷的关系

发动机上不少异响与其负荷有明显的关系,诊断时可采取逐缸解除负荷的方法进行试验,通常采用单缸或双缸断火法解除一缸或两缸的负荷,以鉴别异响与负荷的关系。

1)某缸断火,异响顿无或减轻

发响的原因有:活塞敲缸;连杆轴承松旷;活塞环漏气;活塞销折断。

2)双缸断火,则声响加重,或原来无响,此时反而出现声响

发响的原因有:活塞销铜套松旷;活塞裙部锥度过大;活塞销窜出;连杆轴承盖固定螺栓松动过甚或连杆轴瓦合金烧熔脱净;飞轮固定螺栓松动过甚。

3)相邻两缸断火,异响减轻或消失

发响的原因为曲轴轴承松旷。

3. 异响与温度的关系

1)低温发响,温度升高后声响减轻,甚至消失

发响的原因有:活塞与缸壁间隙过大;机油压力低而润滑不良。

2)温度升高后有声响,温度降低后声响减轻或消失

发响的原因有:过热引起的早燃;活塞裙部椭圆的长、短轴方向相反;活塞椭圆度小,活塞与缸壁的间隙过小;活塞变形;活塞环各间隙过小。

4. 异响与发动机工作循环的关系

发动机的异响故障往往与发动机的工作循环有明显的关系,尤其是曲柄连杆机构和配气机构的异响都与工作循环有关。就四行程发动机而言,凡由曲柄连杆机构引起的异响,均为发动机做功一次发响两次;凡由配气机构引起的异响,均为发动机做功一次发响一次。

1)由曲柄连杆机构引起的异响

其原因有:活塞敲击缸壁;活塞顶碰缸盖;连杆轴承松旷过甚;活塞环漏气。

2)由配气机构引起的异响

其原因有:气门间隙过大;挺杆与其导孔间隙过大;凸轮轮廓磨损;气门杆与其导管间隙过大;气门弹簧折断;凸轮轴正时齿轮径向破裂;气门座圈松脱;气门卡滞不能关闭。

3)若异响与工作循环无关,则应注意其发响区域

通常,由与工作循环无关的间隙引起的发响多为发动机附件有故障;若是与工作循环无关的机件发出的连续金属摩擦声,则可考虑是某些旋转件有故障。

5. 异响与发动机部位的关系

发动机发生异响时,必然会产生一定程度的振动,根据振动的特点和部位可以辅助诊断发生异响的原因。发动机常见异响所引起的振动部件和区域如表 5-1 所示,可分为四个区域(A-A、B-B、C-C、D-D)和两个部位(正时齿轮盖、机油加注口)。

表 5-1 发动机异响听察区域划分表

区 域	异 响 区 域	辅 助 诊 断 项
A-A	燃烧室、主轴承和气门等部位	活塞顶碰缸盖、气门座圈脱出、曲轴折断和主轴承松旷等
B-B	气门组合件及挺杆等部位	活塞敲缸一类的
C-C	凸轮轴的衬套和正时齿轮	凸轮轴正时齿轮破裂或其固定螺母松动,以及凸轮衬套松旷等
D-D	气缸体及油底壳分开面附近	主轴承发响或曲轴断裂等

此外,在机油加注口处听察还可辅助判明活塞销、连杆轴承发响和活塞环漏气等故障。

发动机在发生某些异响故障时,常常伴随出现其他故障现象。因此,这些伴随现象就成为辅助诊断异响原因的重要依据。

四、故障诊断

1. 异响诊断依据

在判别是否为发动机异响时,可借助下列各种变化和现象做出正确的诊断。

(1)发动机工作循环。

(2)发动机负荷变化。

(3)发动机温度变化。

(4)发动机转速变化。

(5)发动机声响故障与振动的关系。

2. 异响诊断原则

声响在低速运转时显得轻微、单纯,在高速运转时显得轰鸣且平稳均匀,在加速或减速显得圆滑过渡,则为正常声响。

异响原因(伴随现象):

(1)主轴承径向间隙过大或轴瓦合金烧熔脱落,机油压力下降,机体振抖。

(2)连杆轴承松旷过甚,机油压力下降。

(3)进、排气门卡滞不能闭,个别气缸不工作,机体振抖。若排气门卡滞,将造成排气管有喘气声。

(4)活塞与缸壁间隙过大,活塞环对口或抱死,加机油口出现脉动冒烟,排气管冒浓蓝烟,机油消耗多,燃油消耗多但是功率下降。

(5)排气门弹簧折断,个别缸不工作,发动机抖动,不易加速。

(6)点火时间过迟,燃油消耗多,功率降低。

3. 异响诊断方法

人工直观试探法。主要是借助听诊器、断火试验,结合变换节气门开度等,凭耳、眼听察异响的变化情况。在听察过程中,还要及时观察排气管冒出的烟色、烟量的变化和各仪表的工作情况等。

仪器诊断法。因为发动机各类异响和振动的声响、声压、振幅等不同,只要发动机各摩擦副磨损、配合间隙增大或某一部分发生松动,就会产生异响与振动,形成特有的声级、声压和振幅并通过仪器反映出来。

根据异响出现的时机和连贯存在的时间来看,异响一般都分别存在于怠速或低速运转期间和高速运转期间。

当异响出现在怠速或低速运转期间时,可依以下顺序进行诊断:

(1)用单缸断火法检查异响与缸位是否有关联。若某缸断火后异响有明显的变化,说明故障在该缸。

(2)若某缸断火后异响并无明显的变化,说明异响与缸位并无关系。继而应逐缸检查异响与工作循环是否有关联,判定故障出在哪一机构。

（3）进而再逐渐提高发动机转速，听察异响有无变化，根据异响随转速的变化，判断运动机制耗损的程度。

（4）此外，在诊断过程中，还应注意观察发动机温度的变化对异响的影响。

当异响出现在高速运转期间时，可依以下顺序进行诊断：

（1）从低速逐渐提高发动机转速，直至高速运转。在此过程中，注意异响出现的时机。

（2）当异响出现后，使发动机稳定于该转速运转，仔细听察异响，利用单缸断火法查明缸位。

（3）若难以查明缸位，则应听察该异响分布的区域。

（4）若从低速逐渐提高转速的过程中，并不出现异响，却在急加速或急减速时出现异响，则用单缸断火法并配以速度的急剧变化，即可判明异响发生在哪个缸位。

通过上述诊断，基本可查明异响与发动机的负荷、工作循环、转速和温度之间的关系。如果异响与某种异响特性相符合，即可做出诊断。此外，在诊断过程中还应听察异响引起的振动部位及伴随的其他故障现象，注意机油压力、机油加注口和排气管等处的变化，辅以诊断故障，从而得出确诊的结论。

4. 活塞顶与气缸盖的碰撞声

1）声响的特征

碰撞气缸盖的声音是在发动机高速运转时出现在气缸与气缸盖之间的部位，连续不断而又清脆的"当当"的金属敲击声，声响坚实有力，且气缸盖伴有一些振动。

2）故障原因

（1）曲轴轴承连杆滚针轴承或轴承及活塞销孔严重磨损、松动，在活塞上下行程转速的瞬间，活塞顶会碰撞气缸盖。

（2）也可能由于制造质量的原因或使用的配件不配套，使活塞达到上止点时超高而碰撞气缸盖。

3）排除方法

拆下气缸盖，检查碰撞的情况，可根据情况更换合格的产品和配套的零件，也可以加上一个合适的气缸衬垫，使气缸盖升高而不致被碰撞；如果相关件磨损严重，应修理或更换其磨损严重的零部件。

5. 活塞顶与气门的碰撞声

1）声音的特征

这种故障只发生在顶置气门的发动机上，在气缸上部和气缸盖处可听到有节奏、有间隔的"当、当"的金属撞击声响，发动机转速升高时，声响更加严重。

2）故障原因

（1）摇臂上调整螺栓的锁紧螺母未拧紧，在正常工作中受到振动后而变化，致使气门间隙变小而顶住气门杆端，在排气行程活塞到达上止点时碰到气门头部；或者正时链轮装配时未对准标记。

（2）气门杆与气门导管之间尺寸配合不良，在金属受热膨胀后，有止滞现象，或者材料膨胀系数过大。

3）故障判断及排除

（1）首先要判断是哪一个气门碰撞，其方法是：拆下气门盖，用旋具与摇臂接触或者用于捏住摇臂,踏动启动杆。如摇臂轴有明显振动或手感到摇臂碰手,则可判断此气门有碰撞现象,此时应查明原因或重新调整,使其达到规定要求,然后锁紧螺母。

(2) 检查正时链轮与飞轮的装配标记。

(3) 如是其他原因,则应进行修理或更换相关配件。

6. 活塞环的异响

1) 活塞环的金属敲击声

(1) 当活塞环折断或者活塞环与活塞环槽间隙过大时,会引起一定的敲击声。

(2) 气缸上部磨损后,活塞环与气缸上接触不到的地方几乎没有磨损形成台阶,如修理不当使活塞环与气缸台阶相碰,会发出一种纯哑的"噗、噗"的金属碰击声,随着转速的升高,声响也随之增大。

2) 活塞环漏气声响

(1) 原因与特征:活塞环弹力减弱使活塞环与气缸壁密封不严,活塞环的开口间隙过大或开口重叠,气缸壁划伤有沟槽等都会造成活塞环漏气,会出现一种空洞的"喝、喝"或"吱、吱"的声响,严重时有较明显的"噗、噗"的声响。

(2) 故障检查的方法:向气缸内注入一点润滑油,若声音降低或消失,但不久又出现,即说明活塞环漏气。

3) 活塞环积炭过多的异响

(1) 声响的特征:积炭过多时的声响,是一种尖锐的"喋、喋"声,发动机有时还不容易熄火停车。

(2) 产生积炭的原因:活塞环与气缸壁密封不严,开口间隙大,活塞环装反,开口重叠,或者汽油标号不符合要求,混合气过浓,空气滤清器过脏。

7. 气门机构异响

1) 气门漏气

在排气消声器部位,如听到有"唏、唏"声,表明发动机排气门有漏气现象,而在化油器上口空气滤清器处听到有"嘘、嘘"声,则表明发动机进气门有漏气现象。气门漏气的原因有:

(1) 气门与气门座圈工作斜面磨损、烧蚀、产生斑点或凹陷、有积炭。

(2) 气门杆与气门导管之间间隙过大,气门杆晃动或气门杆弯曲,气门头部歪斜,导致气门关闭不严。

(3) 气门弹簧弹力减弱及失去弹性,或弹簧折断,也可造成气门与气门座之间不能严密配合。

(4) 气门间隙小,气门杆受热膨胀后,挺杆与摇臂顶开气门,使气门不能完全关闭而漏气。

排除方法:根据实际情况,检查故障所在,加以修理调整或更换相关的磨损和损坏的配件。

2) 气门杆端面与挺柱调整螺栓的异响

特征:在怠速时出现有节奏的"嗒、嗒"或"哆、哆"的异响声,随着转速的增高,声响也会随之增大并变得杂乱。

原因:气门间隙调整不当。

排除:在发动机启动后,预热 3~5 min,重新检查或调整气门间隙。

8．敲缸声

1）声响的特征

敲缸是指活塞在工作行程开始瞬间，活塞在气缸内摆动，其头部和裙部与气缸壁碰撞时发出的声音。

2）产生故障的原因

（1）冷车启动时，由于活塞冷缩而与气缸壁间隙较大，从而出现轻微的敲击声，随着温度的升高，声响会减弱消失。

（2）在启动发动机时，由于润滑条件不良，润滑油压力低，气缸壁上的润滑油没有形成油膜，活塞与缸体直接相碰而产生敲缸声。

（3）汽油标号不符合要求，混合气不能正常燃烧，产生早燃或爆燃，迫使活塞与气缸壁相撞而敲缸。

（4）当发动机大负荷工作，如爬坡、陷入泥坑、高挡急加油门时，都会产生敲缸。

（5）活塞裙部磨损，圆柱度实际误差过大，在活塞上行时活塞头部撞击气缸壁而敲缸。

（6）发动机长期使用后，活塞与气缸均磨损，相互之间间隙增大，在工作行程开始瞬间，活塞在气缸内摆动，引起裙部碰击气缸壁而敲缸。

（7）连杆弯曲或扭曲，活塞销与活塞孔、连杆轴承与曲柄销配合不当等，也可引起活塞偏斜而敲缸。

3）故障判断分析

（1）如果是"当、当"的声响，好像用锤子敲钢管的声音，一般是由于气缸壁润滑不良引起的，这时可在气缸内加入一点润滑油，再启动发动机，观察声响的变化，若声音减轻或消失，表明故障是润滑不良而引起的。

（2）如果出现"嗒、塔"的声响，或伴有排气管冒蓝烟，则一般是活塞与气缸壁间隙过大造成的。

（3）由于制造方面，活塞与气缸体之间间隙配合不良，活塞在运动时，裙部摆动不稳定，也会引起响声。

4）故障排除

敲缸原因属于（1）、（2）两项时，可启动前多踩几次启动杆，启动后预热 3～5 min，以便使润滑油黏附在运动件上并使发动机稍热一些，形成一定的油膜以减少零件的磨损量；属于第（3）项原因时，应保持发动机在正常温度内工作，清除气缸内积炭，采用符合辛烷值要求的汽油；属于（5）、（6）、（7）项原因引起的，应拆缸检查，并加以修理。

9．曲轴正时齿形皮带、轴承异响

国产新型轿车发动机配气机构大多采用齿形皮带传动。在使用中若不能定期检查，调整其松紧度，也会出现异响。异响特征是：当发动机低速运转时，在发动机上部偏前，有一种类似气门杆响的声音，随着转速的提高，响声减弱或杂乱，冷机、热机时变化不大。通过调整气门间隙，响声仍不消失。当手触摸到正时齿轮室盖时，手指有振动的感觉。

产生正时齿形皮带异响的原因有：正时齿形皮带磨损过甚、变松、变长。使用中若发现正时齿形皮带有异响，应拆下检查。拆开正时齿轮盖，检查齿形皮带耐油合成橡胶有无裂纹、缺口、脱胶、尼龙织物是否起毛。若齿形皮带良好，只需重新调整齿形皮带的松紧度即可排除异响。调整时注意按照要求的松紧度调整，但不要过紧，过紧会加速齿形皮带的磨损，同时又会产生一种蜂鸣声。

五、故障排除

1. 评分标准

评分标准如表 5-2 所示。

表 5-2 评分标准

序号	考核项目	配分	扣分标准	得分
1	否决项目		造成人身、设备重大事故、不填写操作工单,或恶意顶撞测试人员、严重扰乱考场秩序,立即终止测试,此任务计 0 分	
2	工具、仪器设备准备	5	未检查工量具设备扣 2 分,工量具准备错误扣 2 分,工量具摆放不整齐扣 1 分/处	
3	车辆状态检查及车辆防护	10	1. 没有检查车辆停放安全状况扣 2 分,没有安放三角木扣 2 分,没有安装尾气抽排管扣 2 分; 2. 没有检查机油油面扣 1 分,没有检查冷却液液位扣 1 分,没有启动车辆扣 1 分,没有检查发动机工作状况扣 1 分; 3. 没有安装翼子板护垫扣 1 分,座位套、踏脚垫、方向盘套、挡位杆套少装扣 0.5 分/处	
4	故障现象判断	15	1. 未检查故障码扣 5 分,不会检查故障码扣 5 分,故障现象判断错误扣 5 分/次,故障诊断思路不明确扣 5 分/项; 2. 故障判断不熟练扣 2 分,不会判断故障现象扣 15 分	
5	故障诊断过程	25	1. 不会查阅维修手册扣 2 分,没有使用维修手册扣 5 分; 2. 没有关闭点火开关拔插连接器扣 2 分/次,不会拔插连接器扣 2 分/次,强行拔插连接器扣 2 分/次,不能正确使用万用表扣 2 分/次; 3. 操作过程不规范扣 2 分/次,工量具及仪器设备没整理扣 2 分; 4. 造成短路扣 10 分/次,烧坏线路此项计 0 分; 5. 部件及总成拆装不熟练扣 2 分/次,造成元器件损坏扣 5 分/次	
6	故障点确认与排除及操作工单填写	25	1. 不能确认故障点扣 15 分,不会排除故障扣 15 分; 2. 未进行故障修复后的检验扣 10 分; 3. 修复后故障重复出现的扣 5 分/次; 4. 操作工单填写不完整扣 5 分/项	
7	安全生产	20	1. 不穿工作服扣 2 分,不穿工作鞋扣 2 分,不戴工作帽扣 2 分; 2. 工量具与零件混放、摆放凌乱、落地,扣 2 分/处; 3. 垃圾未分类回收,每次扣 2 分; 4. 油、水洒落在地面或零部件表面未及时清理,每次扣 2 分/处; 5. 竣工后未清理工量具、场地,扣 1 分/处; 6. 启动车辆或举升时,未请示或未提醒,扣 2 分/次; 7. 不服从测试人员扣 10 分/次	
8	合计	100	——	

2. 操作工单

操作工单如表 5-3 所示。

表 5-3　操作工单

任务名称		日期		评价结果
团队成员				

一、学习过程(学习过程中,学习的课程资源,遇到的困惑,需要教师给予的帮助简要记录)

学习资源情况记录	学习困惑点记录	需要教师指导情况记录

二、场地及设备初步检查(做好诊断前准备工作,将存在的问题填写在是否选项后的空白处)

1. 工量具、仪器设备、车辆、技术资料是否准备齐全: 是□　否□_____
2. 汽车停放位置与举升机状况是否良好: 是□　否□_____
3. 是否放置车轮三角块、连接尾气抽排管: 是□　否□_____
4. 是否放置方向盘套、脚垫、汽车翼子板罩: 是□　否□_____
5. 发动机机油、冷却液是否正常: 是□　否□_____
6. 蓄电池状况检查:_____

三、故障诊断过程

1. 实施功能检查,确认故障现象,推断故障范围

(1)描述与客户抱怨相关的检查结果

(2)读取故障码,填写对该故障诊断有用的信息

(3)查阅电路图,绘制控制原理图和故障诊断流程图

控制原理图	故障诊断流程图

2. 根据故障现象、故障码提示结合电路分析判断可能原因

四、测量记录(电路参数、尾气排放、数据流或执行元件驱动测试)

1. 数据测试

测试对象
标准描述
测试结果
测试结论

2.波形测试(不用者不填)

测试对象		
标准波形		
测试波形		
测试结论		

五、故障处理(分析测试结果,进行故障修复,并实施验证)

六、学习反思(本次任务的教学、学习流程、感兴趣点、收获等方面进行简要描述)

七、综合评价(评教分数不纳入学生任务得分)

类型	项目	评分		
评教	课堂效果(10分)			
	教学资源(10分)			
	教师风貌(10分)			
评学	项目	个人(20%)	小组(40%)	教师(40%)
	课前学习(30分)			
	任务完成(50分)			
	课后讨论(10分)			
	贡献大小(10分)			
	合计			

3. 完成故障诊断流程图

将故障诊断流程图画在下面空白处。

4. 检修小笔记

填写检修小笔记，如图 5-1 所示。

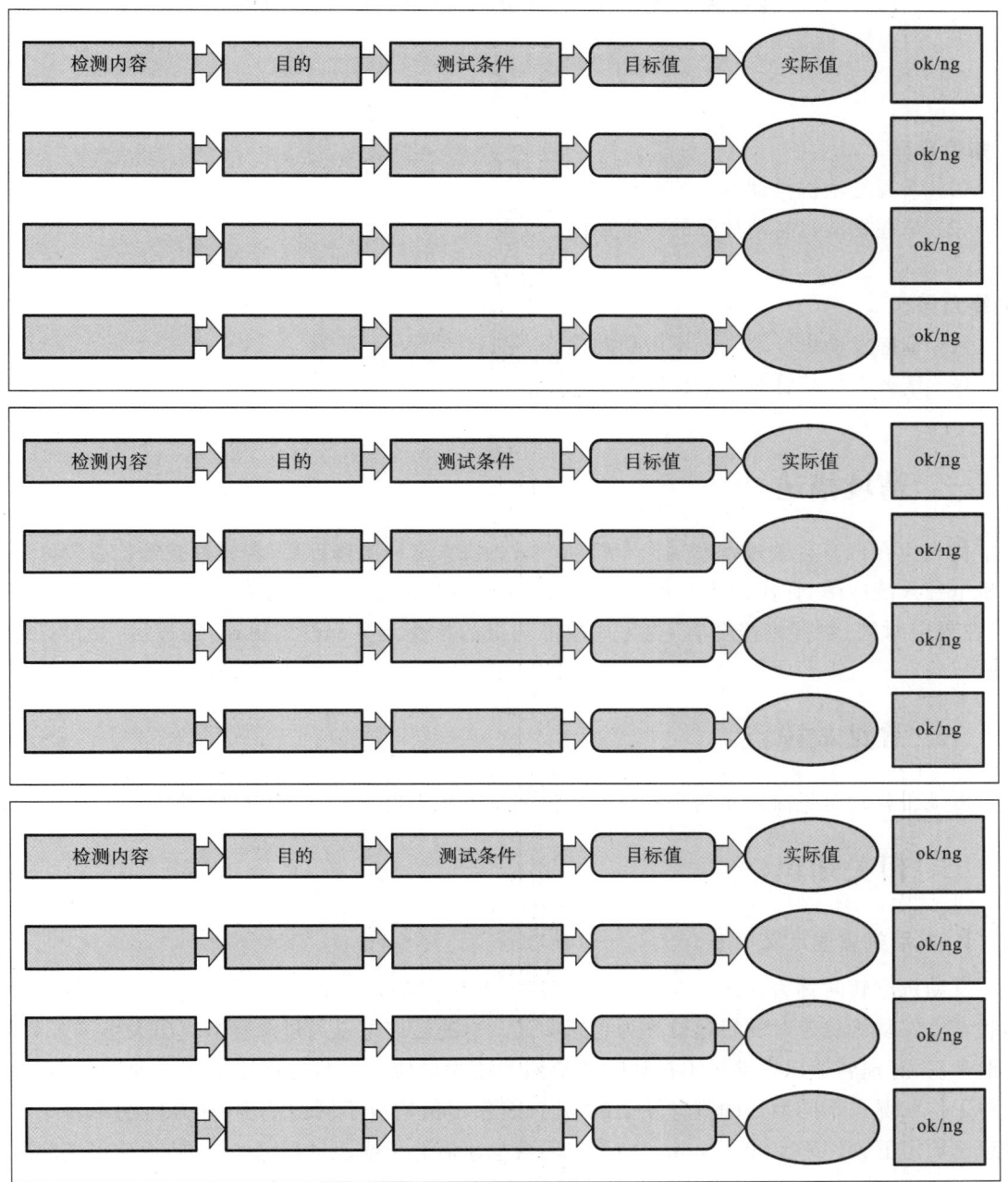

图 5-1　检修小笔记

任务六　发动机抖动故障诊断

◀▶ **知识目标**

(1)掌握发动机抖动故障的分析方法。

(2)掌握发动机抖动故障的产生原因。

◀▶ **能力目标**

(1)掌握发动机个别气缸不做功的检修方法。

(2)掌握进气歧管漏气的检修方法。

一、情境描述

何先生在汽车行驶过程发现汽车抖动严重。汽车送往维修店后,经维修技师检查判断为发动机电控系统故障,你作为未来的维修人员,现需对相关部件进行检查,根据维修手册相关要求,在规定时间(参照维修资料)内完成故障部位的检查与零部件的更换,完成后,交付班组长验收。

二、常见故障点

发动机抖动常见故障点为个别气缸不做功或工作不良、进气歧管漏气、发动机机脚损坏等。

三、相关知识

1. 发动机怠速定义

发动机空转时称为怠速。在发动机运转时,如果完全放松油门踏板,这时发动机就处于怠速状态。发动机怠速时的转速被称为怠速转速。怠速转速可以通过调整节气门大小等来调整。一般来讲,怠速转速以发动机不抖动时的最低转速为最佳。汽车的怠速不是一种速度,而是指一种工作状况。不同型号的汽车发动机,其怠速额定值均有不同的范围,如桑塔纳牌轿车发动机怠速额定值为(850±50)r/min。如果发动机怠速值低于或超过规定的范围,就会出现阶段熄火、转速不稳等现象。怠速不稳是发动机维修中遇到最多的故障。出现这些现象时,应及时判断、检查和排除故障。如果诊断思路不正确,会延长修理时间、降低工作效率,甚至使车主等待不及而转到另一家汽修厂。气缸内气体作用力的变化(一个气缸气体作用力变化或几个气缸气体作用力变化),会引起各气缸功率不平衡,导致各活塞在做功行程时的水平方向分力不一致,出现对发动机横向摇倒的力矩不平衡,从而产生发动机抖动。也可以说,凡是引起发动机气缸内气体作用力变化的故障都有可能导致发动机怠速抖动。如何观察怠速不稳:

(1)观察发动机缸体抖动程度,也可以观看机油尺把晃动的程度,平稳的油尺把很清晰,抖动的油尺把看起来是双的;

（2）从发动机转速表或读数据块观察,转速以怠速期望值为中心抖动,或在期望值一侧剧烈抖动,程序中的怠速期望值包括标准怠速值、负荷怠速值、空调怠速值、暖车怠速值;

（3）原地启动发动机,坐在座椅上感觉车身剧烈抖动。

2. 怠速不稳的分类

1）按出现规律分类

（1）冷车(冷却液温度低于 50 ℃)有节奏的不稳。

（2）热车(冷却液温度高于 50 ℃)有节奏的不稳。

（3）无规律的剧烈抖动一两下。

2）按抖动程度分类

（1）正常,以怠速期望值±10 r/min 抖动。

（2）一般不稳,以怠速期望值±20 r/min 抖动。

（3）严重不稳,超过怠速期望值±20 r/min 抖动。

（4）在怠速期望值的一侧剧烈抖动。

3）按原因关联分类

（1）直接原因:机械零件脏污、磨损、安装不正确等,导致个别气缸功率发生变化,从而造成各气缸功率不平衡,致使发动机出现怠速不稳。

（2）间接原因:发动机电控系统不正常,由于传感器信号不正确或者电脑本身的故障,对执行元件发出的指令是错误的,干预了执行元件,导致发动机不正常工作,从而引起怠速不稳。

4）按故障系统分类

（1）进气系统。

（2）燃油系统。

（3）点火系统。

（4）发动机机械系统。

（5）发动机电控系统(见图 6-1)。

3. 进气系统引起发动机抖动

进气系统由空气滤清器、空气流量计、进气压力传感器、节气门体、附加空气阀、怠速控制阀、谐振腔、动力腔、进气歧管等组成。发动机工作时,驾驶员通过加速踏板操纵节气门的开度,以此来改变进气量,控制发动机的运转。进入发动机的空气经空气滤清器滤去尘埃等杂质后,流经空气流量计,沿节气门通道进入动力腔,再经进气歧管分配到各个气缸中;发动机冷车怠速运转时,部分空气经附加空气阀或怠速控制阀绕过节气门进入气缸。发动机进气系统结构如图 6-2 所示。

1）进气歧管或各种阀泄漏

当不该进入的空气、汽油蒸气、燃烧废气进入到进气歧管时,会造成混合气过浓或过稀,使发动机燃烧不正常。当漏气位置只影响个别气缸时,发动机会出现较剧烈的抖动,对冷车怠速影响更大。常见原因有:进气总管卡子松动或胶管破裂;进气歧管衬垫漏气;进气歧管破损或其他机件将进气歧管磨出孔洞;喷油器 O 形密封圈漏气;真空管插头脱落、破裂;曲轴箱强制通风(PCV)阀开度大;活性碳罐阀常开;废气再循环(EGR)阀关闭不严等。

2）节气门和进气道积垢过多

节气门和周围进气道的积炭、污垢过多,导致空气通道截面积发生变化,使得控制单元无法

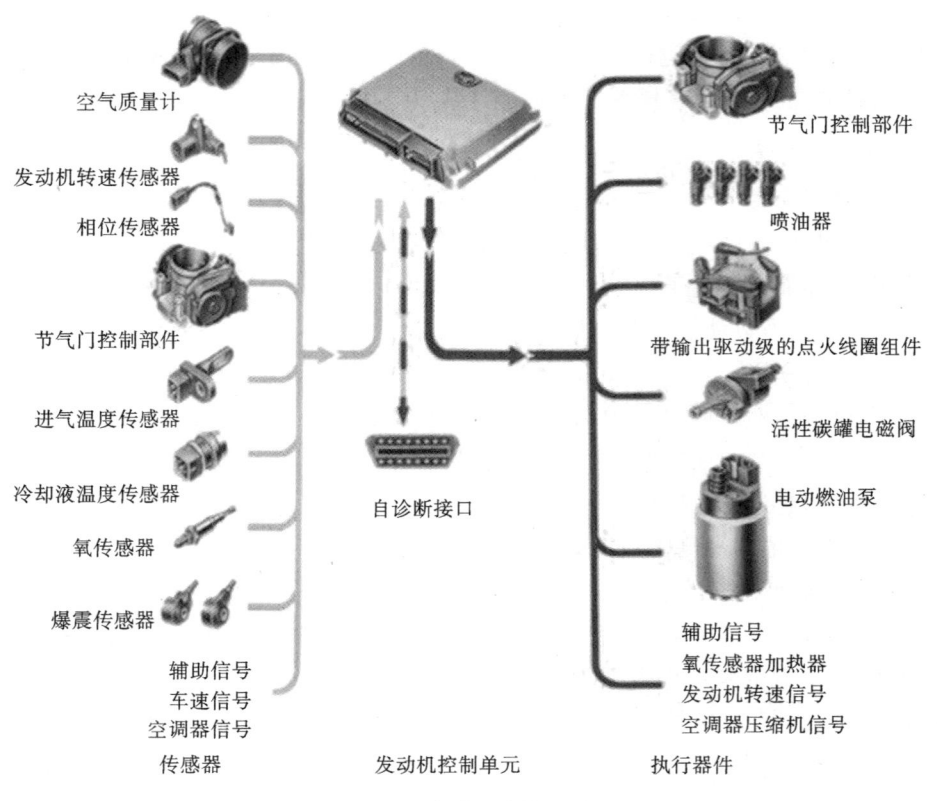

图 6-1　发动机电控系统

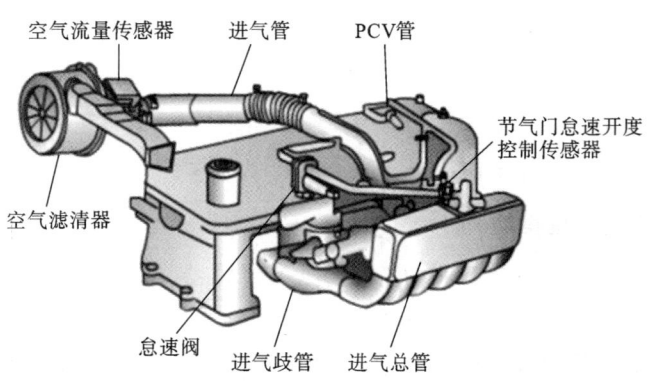

图 6-2　发动机进气系统结构

精确控制怠速进气量,造成混合气过浓或过稀,使燃烧不正常。常见原因有:节气门有油污或积炭;节气门周围的进气道有油污、积炭。

3)怠速空气执行元件故障

怠速空气执行元件故障导致怠速空气控制不准确。常见原因有:节气门电机损坏或发卡。

4)进气量失准

怠速进气量的失准属于间接原因,由于各种传感器,如氧传感器、霍尔信号传感器等有故障,信号不正常,ECU 接收到错误的信号以后发出不正常指令,会错误地干预节气门的开度,使怠速失准,燃烧不正常。常见原因有:节气门位置传感器、节气门怠速开关故障;进气温度传感器、冷却温度传感器故障;ECU 故障。

4. 燃油系统引起发动机抖动

汽车燃油系统由油箱、油泵、燃油滤清器、油轨、燃油压力调节器、喷油器、ECU 单元等组成,如图 6-3 所示。

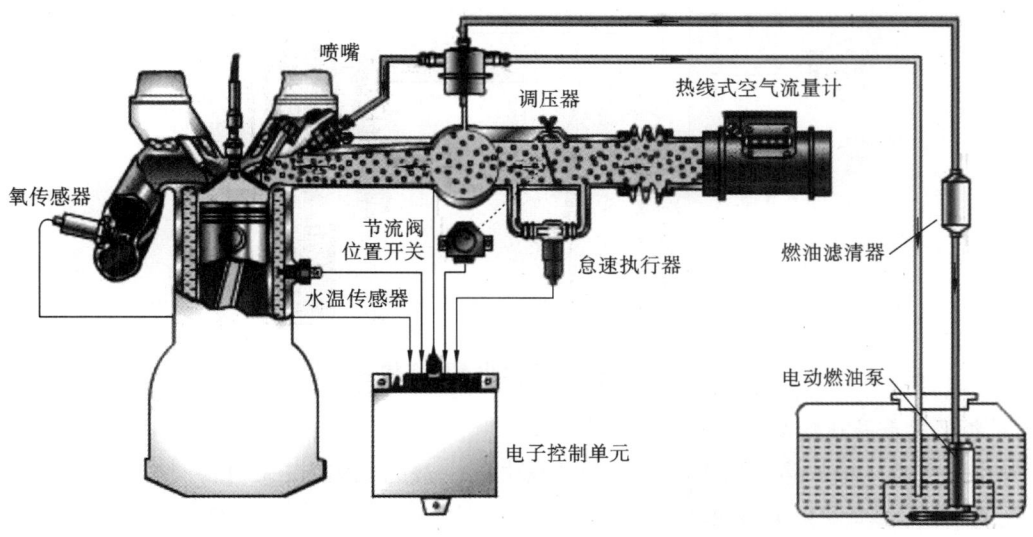

图 6-3 汽车燃油系统

1）喷油器故障

喷油器的喷油量不均、雾化状态不好,造成各气缸发出的功率不平衡。常见原因有:喷油器堵塞、密封不良,喷出的燃油成线状等。

2）燃油压力故障

油压过低,从喷油器喷出的燃油雾化状态不良或者喷出的燃油成线状,严重时只喷出油滴,喷油量减少,使混合气过稀;油压过高,实际喷油量增加,使混合气过浓。常见原因有:燃油滤清器、燃油泵滤网堵塞;燃油泵泵油能力不足;油泵安全阀弹簧弹力不足,使得燃油压力过低;进油管变形;油压调节器故障;油管压瘪导致堵塞,使得油压过高。

3）喷油量失准

各传感器或线路故障,导致控制单元发出错误指令,使喷油量不正确,造成混合气过浓或过稀,属于怠速不稳的间接原因。具体原因有:空气流量计(或进气歧管压力传感器)故障;节气门位置传感器故障;节气门怠速开关故障;冷却液温度传感器故障;进气温度传感器故障;氧传感器失效;以上传感器的线路有断路、短路、接地故障;发动机控制单元插头因进水而接触不良或电脑内部故障。

5. 点火系统引起发动机抖动

在汽油机中,气缸内的可燃混合气是靠电火花点燃的,为此在汽油机的气缸盖上装有火花塞,火花塞头部伸入燃烧室内。能够按时在火花塞电极间产生电火花的全部设备称为点火系统,点火系统通常由蓄电池、发电机、分电器、点火线圈和火花塞等组成,如图 6-4 所示。

1）点火模块与点火线圈故障

近些年各车型多将点火模块与点火线圈制成一体,点火模块或点火线圈有故障主要表现为高压火花弱或火花塞不点火。常见原因有:点火触发信号缺失;点火模块有故障;点火模块供电或接地线的连接松动、接触不良;初级线圈或次级线圈有故障等。

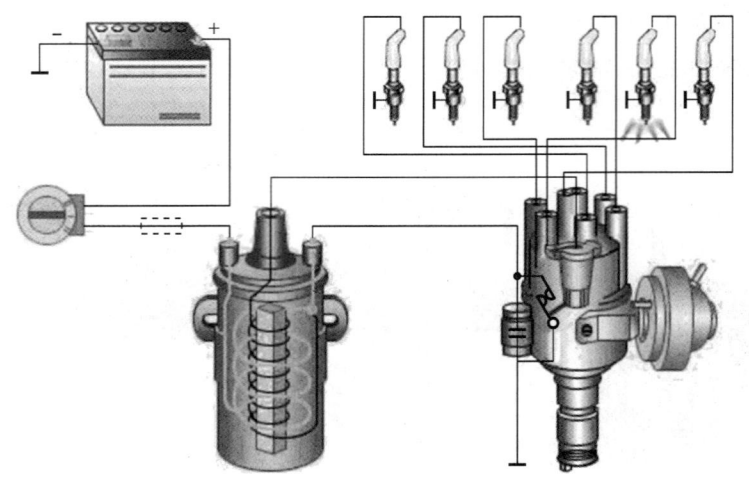

图6-4 汽车点火系统结构

2）火花塞与高压线故障

火花塞与高压线故障导致火花能量下降或失火。常见原因有：火花塞间隙不正确；火花塞电极烧蚀或损坏；火花塞电极有积炭；火花塞磁绝缘体有裂纹；高压线电阻过大；高压线绝缘外皮或插头漏电；分火头电极烧蚀或绝缘不良。

3）点火提前角失准

常见原因有：空气流量计或进气压力信号故障；霍尔传感器故障；冷却液温度传感器故障；进气温度传感器故障；爆震传感器故障；以上传感器的线路有断路、短路、接地故障；发动机控制单元插头因进水而接触不良或内部电路损坏。

4）其他原因

三元净化催化器堵塞引起怠速不稳，这种故障在高速行驶时最易发现。自动变速器、空调、转向助力器有故障会增加怠速负荷，引起怠速不稳。发动机控制单元与空调、自动变速器控制单元之间的怠速提升信号中断，安装CAN-BUS的车辆存在总线系统故障。随着新技术、新结构的增加，引起怠速不稳的因素会更多，诊断时必须全面考虑问题。

6. 机械结构引起发动抖动

1）配气机构

配气机构的作用是按发动机各缸工作顺序和工作循环的要求，定时开启和关闭气门。配气机构故障导致个别气缸的功率下降过多，从而使各气缸功率不平衡。常见原因有：正时皮带安装位置错误，使各缸气门的开闭时间发生变化，导致配气相位失准，各气缸燃烧不正常；气门工作面与气门座圈积炭过多，气门密封不严，使各气缸压缩压力不一致；凸轮轴的凸轮磨损，各缸凸轮的磨损不一致导致各气缸进入的空气量不一致；气门相关件有故障，如气门推杆磨损或弯曲，摇臂磨损，气门卡住或漏气，气门弹簧折断等。

另外，装有液压挺杆的发动机，在通往气缸盖的机油道上安装有一个泄压阀，当压力高于300 kPa时，打开该阀。如果该阀堵塞，由于压力过高会使液压挺杆伸长过多，导致气门关闭不严。发动机配气机构如图6-5所示。

2）发动机活塞连杆机构

该故障会使个别气缸功率下降过多，从而使各气缸功率不平衡。常见原因有：气缸衬垫烧蚀或损坏,造成单缸漏气或两缸之间漏气;活塞环端隙过大、对口或断裂,活塞环失去弹性;活塞环槽内积炭过多;活塞与气缸磨损,气缸圆度、圆柱度超差;因气缸进水后导致的连杆弯曲会改变压缩比;燃烧室积炭会改变压缩比,积炭严重导致怠速不稳。发动机活塞连杆机构如图6-6所示。

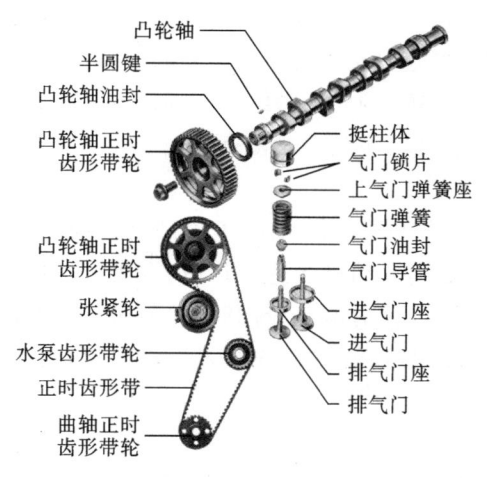

图 6-5 发动机配气机构

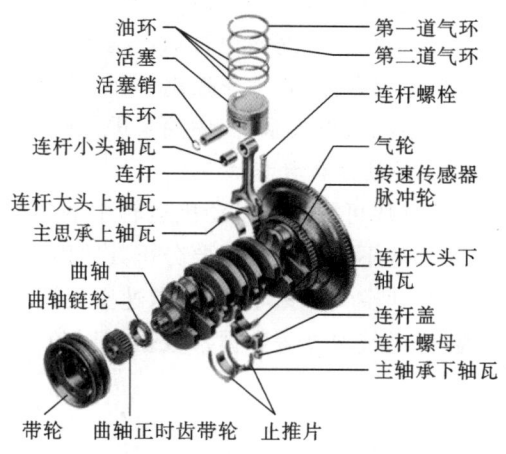

图 6-6 发动机活塞连杆机构

3)其他原因

曲轴、飞轮、曲轴皮带轮等转动部件动平衡不合格,发动机支脚垫断裂损坏,发动机底护板因变形与油底壳相撞击等,这些原因只会造成发动机振动而不会影响转速。

四、故障诊断

1. 故障诊断方法

从以上方面可以看出,进气系统、燃油系统、点火系统以及发动机机械结构的故障都会产生怠速不稳,因此诊断产生发动机怠速不稳现象的原因是一项涉及面较广、难度较大的工作,轻易换件的方法是不可取的。怠速不稳故障的原因有百般变化,应根据检测结果、理论分析、维修经验做出正确判断,所以说诊断工作是有规律可循的。

1)询问车主

接车后应向车主了解:

(1)最早出现怠速不稳的时间;

(2)怠速不稳时的发动机温度;

(3)该车行驶里程;

(4)车主经常驾驶的道路和习惯;

(5)该车保养情况;

(6)该车维修历史;

(7)该车是否加装设备。

通过以上了解,可对怠速不稳有初步判断,缩短检查时间,避免在检修时做无用功。

2)外观检查

打开发动机罩检查:观察发动机运转情况、抖动程度,同时观察发动机转速表指针的摆动幅度,是否偏离怠速期望值;观察是正常怠速抖动,还是负荷怠速抖动;发动机外部件是否有异常;

真空管有无脱落、破损；电线插接器有无松脱；是否存在漏油、漏水、漏气、漏电的四漏现象；排气管是否"突、突"(说明燃烧不好)、冒黑烟、有生汽油味等不正常现象；节气门拉线是否调整合适。

3）查询分析故障码

读码(永久性、偶发性故障码都要记录)→清码→运行(此时要再现故障发生的条件)→再读码。阅读维修手册中的故障码列表，查阅故障码发生的原因、影响、排除方法。对偶发性故障码不能忽视，往往怠速不稳时刻正是偶发故障码出现之时。经过分析确定下一步检修工作。如果没有故障码存储，要考虑控制单元不监视的元件可能存在故障，例如桑塔纳2000时代超人的控制单元不能对点火系统、燃油泵进行监控，对这两个部件应采用测量方法检查。

4）阅读分析数据块

数据块可以提供发动机运转中的实时数据，能否正确分析数据块反映了诊断者的技术水平，对那些不正确的数据要分析其原因。对于怠速不稳，要读发动机转速、节气门开度、发动机工况、怠速空气流量学习值、怠速空气调节值、吸入空气量、点火提前角、传感器信号电压、冷却液温度、进气温度等数据。数据实时值、学习值和调整值以实际值或百分率表示，工况以文字表示。

5）检测

根据故障现象、故障码内容、数据块数值确定检测内容。根据检测对象选择万用表、二极管测试笔、尾气检测仪、燃油压力表、真空表、气缸压力表、示波器、模拟信号发生器、喷油器检测清洗仪等，选择哪一种仪器应视具体情况来定，出发点是能迅速、准确判断故障。尾气检测和波形分析很重要，也可以用断缸法迅速找到输出功率小的气缸，使用真空表可以分析影响真空度的具体原因。检测的原则是从电到机、从简到繁。可以按电控系统、点火系统、进气系统、燃油系统、发动机机械部分的顺序进行。

6）故障排除

诊断者根据上述检查结果和维修手册中的故障排除指南，制订适合本车的排除方法。排除方法一般有：清洗节气门与进气道，清洗检查喷油嘴，更换电气元件，检查线束的故障点，清洁接地点，修理发动机机械结构等。

2. 进气系统故障诊断

进气系统由空气滤清器、空气流量计、进气压力传感器、节气门体、附加空气阀、怠速控制阀、谐振腔、动力腔、进气歧管等组成。空气经空气滤清器过滤掉杂质后，流过空气流量计，经由进气道进入进气歧管，与喷油嘴喷出的汽油混合后形成适当比例的油气，由进气门送入气缸内点火燃烧，产生动力。

1）进气系统或真空系统漏气

检查进气系统的管路接头、真空软管有无漏气。

2）节气门和进气道积垢过多，出现堵塞

清洗节气门和进气道油污和积炭，积炭的清除其实就是把日积月累附着沉积在气门、发动机气缸内的胶质与积炭清洗掉，使发动机"返老还童"。主要有两种清除方法——"免拆"和"解体"。在发动机工作时，燃油添加清洗剂被燃油泵随同燃油一起吸入供油管路内。随着燃油的流动，它不仅能清洗掉油箱内、燃油泵滤网上的胶质和喷油嘴上的胶质与积炭，还可以在发动机正常工作时，自动清洗掉气门上和发动机气缸内的积炭，使发动机"返老还童"，重新焕发出澎湃动力。由于从油箱、燃油泵滤网以及燃油管道内清洁下来的胶质会沉积在燃油滤清器内，所以免拆清洗后，必须及时更换燃油滤清器。由于清洗剂中的化学清洗成分对橡胶供油管路有一定的腐蚀作用,使用该方法时,一定要注意使用周期与间隔时间,不然会加快燃油橡胶供油管路的老化和腐蚀。免拆清洗简单省力,只需按正确的方法使用即可。但对于积炭严重的发动机,这种方法就显得力不从心,无法达到完全清洗洁净的目的。免拆清洗后,若发动机工作性能仍旧恶劣,而技师告诉您问题就是气门和缸内积炭太多引起时,那就不得不采用拆解发动机的方法来解决了。气门积炭的清洗较为简单,在拆下进气歧管后,用手工或采用清洁药物浸泡即可清除。至于发动机缸内积炭的清洁,则必须"大动干戈",要拆下气缸盖、正时皮带等才可以清洗。由于发动机拆卸重新装配后,其动力、密封性能会逊色于原厂,所以一般情况下,清洁发动气缸内的积炭不宜经常进行。万不得已时,也必须到正规的维修厂进行,否则发动机性能将大打折扣。

3)空气滤清器过脏、潮湿等

清洗空气滤芯,这是个纸质、柱状物体,把上边的固定螺栓和挡板拆掉,向上拽挡板,即可拿起空气滤清器了,一般空气滤清器都是上半个干净,下半个脏,因为进气口在下面,清理它可以用吸尘器从外侧吸,或者用高压空气泵由内向外吹(注意,如果用压缩空气吹,必须从内外吹,一定不能反了),整理完毕,按原位都装回。

4)空气流量计或 MAP 传感器故障

检测空气流量计或 MAP 传感器信号,如有故障,则更换一个同类型号的传感器,并将火花塞清洗干净,装配好。

5)怠速控制阀工作不良

首先检查怠速控制阀的供电电压。拔出怠速控制阀的插头,打开点火开关,用万用表测量线束插头上的电压。对于 3 线制怠速控制阀而言,只有 1 根线有 12 V 电压;对于 4 线制怠速控制阀而言,有 2 根线有 12 V 电压;对于 6 线制怠速控制阀而言,也有 2 根线有 12 V 电压。如不符合上述情况,则说明怠速控制阀的供电有问题,则应检查 EFI 继电器、保险丝或线路。然后检查怠速控制阀的电阻。拔出怠速控制阀的插头,用万用表测量怠速控制阀的线圈电阻,应该符合厂家规定。3 线制怠速控制阀有 2 组线圈,4 线制怠速控制阀也有 2 组线圈,6 线制怠速控制阀有 4 组线圈。每组线圈之间的电阻值是差不多相等的。最后做怠速控制阀的动作试验。将点火钥匙拧至"ON"挡,但不要启动发动机,应能听到怠速控制阀动作的声音。

6)怠速调整不当

电控燃油喷射式发动机的怠速控制系统比化油器式发动机的怠速控制系统要复杂得多,它的怠速调整分为机械调整和电脑自动控制两部分。由维修人员对怠速系统进行的机械调整是基础,在此基础上再由电脑根据各种传感器提供的信息进行运算,选择最佳的控制目标,指令执行机构完成,使怠速转速接近目标值。由维修人员进行的怠速调整是基本怠速调整,此时已排除电脑参与控制的作用。对于有怠速调整螺钉的机型,应先调整该螺钉,一般是旋入螺钉转速下降,旋出螺钉转速提高。如果没有怠速调整螺钉,则需调整节气门限位螺钉,此时只有旋入限位螺钉使转速提高到基本怠速值。如果节气门未动,转速已高于基本怠速值,应检查进气道是否漏气,可采用断堵每根真空管路来试验,最后检测喷油器与进气歧管间密封胶圈是否老化漏气。

3. 燃油系统故障诊断

燃油系统由燃油箱、电动燃油泵、燃油滤清器、输油管、回油管、油压调节器、喷油器等组成,有些车型还装有油压缓冲器。燃油系统的作用是提供燃油喷射所需的压力燃油,并在电脑的控制下将燃油喷入进气歧管。

1)喷油器雾化不良

当喷油压力过低,喷孔磨损有积炭,弹簧端面磨损或弹力下降时,都会致使喷油器提前开启,延迟关闭,并形成喷油雾化不良的现象。此时应将喷油器拆开清洗,检修,重新调试。

2）喷油器滴油

当喷油器工作时,针阀体的密封锥面会受到针阀频繁的强力冲击,再加上高压油流不断地从该处喷射出去,锥面会逐渐出现刻痕或斑点,从而丧失密封性,造成喷油器滴油。这时可拆开喷油器,在针阀头部沾少许氧化铬细研磨膏(注意不可沾在针阀孔内)对锥面进行研磨,然后用柴油洗净,装入喷油器试验。若仍不合格,则需更换针阀偶件。

3）燃油压力故障

一般怠速时的燃油压力为 250 kPa 左右,如果过高,检查油压调节器;如果太低,则要检查油压调节器、燃油泵、油箱、燃油滤清器等。

4）燃油泵故障

(1)燃油系统静态油压的测量。用一根短导线将电动燃油泵的两个检测插孔(一般电控车上都有,如找不到,可直接给电动燃油泵供电)短接。打开点火开关(但不要启动发动机),让电动燃油泵运转。测量燃油压力,其正常油压应为 300 kPa 左右。若油压过高,应检查油压调节器;若油压过低,应检查电动燃油泵、燃油滤清器和油压调节器。关闭点火开关,拔掉电动燃油泵检测插孔的短接线。

(2)燃油系统保持压力的测量。测量静态油压结束 5 min 后,观察油压表的示数,此时的压力称为燃油系统保持压力,其正常值应不小于 147 kPa。若油压过低,应检查电动燃油泵保持压力、油压调节器保持压力及喷油器有无泄漏。

(3)发动机运转时燃油压力的测量。启动发动机,让发动机怠速运转,测量此时的燃油压力。缓慢开大节气门(踩下加速踏板),测量在节气门接近全开时的燃油压力。拔下油压调节器上的真空软管,并用手堵住,让发动机怠速运转,测量此时的燃油压力,该压力应和节气门全开时的燃油压力基本相等。若测得的油压过高,应检查油压调节器及其真空软管;若测得的油压过低,则应检查电动燃油泵、燃油滤清器及油压调节器。

(4)电动燃油泵最大压力和保持压力的测量。将燃油系统卸压,拆下蓄电池负极搭铁线,将油压表接在燃油管路上,并将出油口塞住。接上蓄电池负极搭铁线,用一根导线将电动燃油泵的两个检测插孔短接。打开点火开关,持续 10 s 左右(不要启动发动机)。使电动燃油泵工作,同时读出油压表的压力,该压力称为电动燃油泵的最大压力,其正常值应比发动机运转时的燃油压力高 200~300 kPa,通常可达 490~640 kPa。如不符合标准值,应更换电动燃油泵。关闭点火开关,5 min 后观察油压表的压力,此时的压力称为电动燃油泵的保持压力,其正常值应大于 340 kPa。如不符合标准值,应更换电动燃油泵。

4. 点火系统故障诊断

燃油发动机气缸内的混合气是采用高压电火花点燃的,因此必须装置一套专门的点火系统,点火系统的作用是将电源(蓄电池或发电机)供给的低压电变成高压电,并根据发动机的工作顺序和点火时间要求,适时、准确地点燃各缸的可燃混合气。主要由点火信号发生器、点火器、点火线圈、分电器和火花塞等组成。

1）火花弱

首先取下高压分火线,距离火花塞约 5 mm,察看跳火情况。如火花跳距短而细,声音小而发红,有时还有断火现象,即为高压火花弱故障。检查跳火时,应注意高压分火线和火花塞的距离必须由远而近或由近而远地比较进行,防止因距离远造成不跳火或因距离近造成跳火弱而引起误判。如果中心高压线火弱,不是蓝色的较粗的火,而是黄色的较细的火,应拆下电容器再试。拆下电容器后，火花不变，故障则在电容器；拆下电容器后，火花更弱，故障则在点火线圈。然后根据具体故障修理或更换电容器或点火线圈。

2）点火正时失准

最佳点火时刻是随发动机工况的变化而变化的，为了使发动机在各种工况都能获得最佳点火提前角，分电器内装有离心式点火调节器和真空点火调节装置，初始点火提前角检查调整（点火正时）需人工进行。将发动机运转至正常温度，在车速为 25～30 km/h（试验转速因车型而不同）时突然急加速，若能听到短促而轻微的爆燃声（随即消失），表明点火正时正确；若无爆燃声，为点火过迟；若爆燃声严重，为点火过早。点火过迟或点火过早均应进行调整。松开分电器固定板，逆着分火头旋转方向转动分电器外壳（增大点火提前角）或顺着分火头旋转方向转动分电器外壳（减小点火提前角）。重复上述过程，点火提前角达到正常后将分电器固定。

3）火花塞不工作

断缸法：顾名思义就是在发动机怠速工作时，通过人工控制，使发动机的任意一个气缸停止工作，通过观察发动机的工作状态有无改变来分析该缸的工作性能是否正常。在中断该缸工作后，如果发动机的转速和平稳度有较大变化，说明该缸各零件工作正常；若没有变化或者变化不大，可以断定该缸相关的零件工作有问题。

互换法：当断定是哪个缸工作不正常后，可以用正常工作气缸的相关零件来互换，用以测定问题的具体所在。这个方法在实际的故障诊断维修中非常实用且容易掌握，基本上不要什么维修工具即可找到问题所在。先拔下一个缸的点火高压线（拔点火高压线时要注意避免被泄漏的高压电击伤），用断缸法分辨出是哪个缸不正常。然后拆下该缸火花塞，用一个好的火花塞或者用其他正常工作气缸的火花塞互换来测试，再用断缸法检查。在换上正常的火花塞后，原来有问题的气缸工作变为正常，就可断定该缸原来的火花塞损坏，换个新的火花塞就可排除故障。这个方法同样适用于检查喷油嘴等零件的性能。

5. 配气机构检修

配气机构的作用是按发动机各缸工作顺序和工作循环的要求，定时开启和关闭气门。主要由气门组和气门传动组两部分组成，其中气门组零件包括气门、气门座圈、气门导管、气门弹簧、气门弹簧座和气门夹锁等，气门传动组零件则包括凸轮轴、挺柱、推杆、摇臂、摇臂轴、摇臂轴座和气门间隙调整螺钉等。主要故障为气缸压力不足。

当发动机运转至正常工作温度时，拆除全部火花塞或喷油器（柴油机），把节气门和阻风门置于全开位置，把气缸压力表的锥形橡胶接头压紧在被测缸的火花塞孔内，或把螺纹管接头拧在火花塞孔上，用发动机带动曲轴旋转 3～5 s，指针稳定后读取读数，然后按下单向阀使指针回零，依次测量各个气缸（每个缸的测量次数应不少于 2 次）。检测结果分析：

（1）有的气缸在 2～3 次测量中，压力读数时高时低，相差较大，说明气门有时关闭不严。

（2）相邻两缸压力读数偏低或很低，而其他缸正常，是相邻两缸气缸衬垫漏气或缸盖螺栓未拧紧所致。

（3）一缸或数缸压力读数偏低，可以将 20～30 mL 清洁而黏度较大的机油，注入压力读数偏低的气缸再测量气缸压力，若压力读数上升，说明气缸与活塞组零件磨损过大；如读数基本无变化，说明气门关闭不严。

（4）一缸或数缸压力偏高，汽车行驶中又出现过热或爆燃，则属于积炭过多或经几次大修因缸径加大而改变了压缩比。

6. 发动机曲柄连杆机构检修

曲柄连杆机构是内燃机实现工作循环，完成能量转换的传动机构，用来传递力和改变运动方式。工作中,曲柄连杆机构在做功行程中把活塞的往复运动转变成曲轴的旋转运动,对外输出动力,而在其他三个行程中,即进气、压缩、排气行程中又把曲轴的旋转运动转变成活塞的往复直线运动。总的来说,曲柄连杆机构是发动机借以产生并传递动力的机构。通过它把燃料燃烧后发出的热能转变为机械能。曲柄连杆机构主要由机体组、活塞连杆组和曲轴飞轮组组成,主要故障为活塞环磨损。

在正常工作时,活塞环的径向磨损和轴向磨损是不可避免的。径向磨损使活塞环搭口间隙增大;轴向磨损使其与环槽轴向间隙增大。磨损后,活塞环的弹力会下降,且外圆周面与缸套内壁会接触不良。这些都使其密封、传热性能严重恶化,还会引起活塞环的过热、黏着甚至断裂。所以应在缸套磨损最大的地方检查旧活塞环的搭口间隙,在工作环槽中检查其轴向间隙。同时还应进行必要的弹力检查和漏光检查。对检查后不合格的活塞环应及时更换。

五、故障排除

1. 评分标准

评分标准如表 6-1 所示。

表 6-1 评分标准

序号	考核项目	配分	扣分标准	得分
1	否决项目		造成人身、设备重大事故、不填写操作工单,或恶意顶撞测试人员、严重扰乱考场秩序,立即终止测试,此任务计 0 分	
2	工具、仪器设备准备	5	未检查工量具设备扣 2 分,工量具准备错误扣 2 分,工量具摆放不整齐扣 1 分/处	
3	车辆状态检查及车辆防护	10	1. 没有检查车辆停放安全状况扣 2 分,没有安放三角木扣 2 分,没有安装尾气抽排管扣 2 分; 2. 没有检查机油油面扣 1 分,没有检查冷却液液位扣 1 分,没有启动车辆扣 1 分,没有检查发动机工作状况扣 1 分; 3. 没有安装翼子板护垫扣 1 分,座位套、踏脚垫、方向盘套、挡位杆套少装扣 0.5 分/处	
4	故障现象判断	15	1. 未检查故障码扣 5 分,不会检查故障码扣 5 分,故障现象判断错误扣 5 分/次,故障诊断思路不明确扣 5 分/项; 2. 故障判断不熟练扣 2 分,不会判断故障现象扣 15 分	
5	故障诊断过程	25	1. 不会查阅维修手册扣 2 分,没有使用维修手册扣 5 分; 2. 没有关闭点火开关拔插连接器扣 2 分/次,不会拔插连接器扣 2 分/次,强行拔插连接器扣 2 分/次,不能正确使用万用表扣 2 分/次; 3. 操作过程不规范扣 2 分/次,工量具及仪器设备没整理扣 2 分; 4. 造成短路扣 10 分/次,烧坏线路此项计 0 分; 5. 部件及总成拆装不熟练扣 2 分/次,造成元器件损坏扣 5 分/次	
6	故障点确认与排除及操作工单填写	25	1. 不能确认故障点扣 15 分,不会排除故障扣 15 分; 2. 未进行故障修复后的检验扣 10 分; 3. 修复后故障重复出现的扣 5 分/次; 4. 操作工单填写不完整扣 5 分/项	

续表

序号	考核项目	配分	扣 分 标 准	得分
7	安全生产	20	1.不穿工作服扣2分、不穿工作鞋扣2分、不戴工作帽扣2分； 2.工量具与零件混放、摆放凌乱、落地,扣2分/处； 3.垃圾未分类回收,每次扣2分； 4.油、水洒落在地面或零部件表面未及时清理,每次扣2分/处； 5.竣工后未清理工量具、场地,扣1分/处； 6.启动车辆或举升时,未请示或未提醒,扣2分/次； 7.不服从测试人员扣10分/次	
8	合计	100	—	

2. 操作工单

操作工单如表6-2所示。

表6-2　操作工单

任务名称		日期		评价结果
团队成员				

一、学习过程(学习过程中,学习的课程资源,遇到的困惑,需要教师给予的帮助简要记录)

学习资源情况记录	学习困惑点记录	需要教师指导情况记录

二、场地及设备初步检查(做好诊断前准备工作,将存在的问题填写在是否选项后的空白处)

1.工量具、仪器设备、车辆、技术资料是否准备齐全：　　是□　　否□＿＿＿＿＿＿＿＿

2.汽车停放位置与举升机状况是否良好：　　是□　　否□＿＿＿＿＿＿＿＿

3.是否放置车轮三角块、连接尾气抽排管：　　是□　　否□＿＿＿＿＿＿＿＿

4.是否放置方向盘套、脚垫、汽车翼子板罩：　　是□　　否□＿＿＿＿＿＿＿＿

5.发动机机油、冷却液是否正常：　　是□　　否□＿＿＿＿＿＿＿＿

6.蓄电池状况检查：＿＿＿＿＿＿＿＿＿＿＿＿＿＿＿＿＿＿＿＿＿

三、故障诊断过程＿＿＿＿＿＿＿＿＿＿＿＿＿＿＿＿＿＿＿＿＿＿＿＿

1.实施功能检查,确认故障现象,推断故障范围

(1)描述与客户抱怨相关的检查结果

(2)读取故障码,填写对该故障诊断有用的信息

(3)查阅电路图,绘制控制原理图和故障诊断流程图

控制原理图	故障诊断流程图

2. 根据故障现象、故障码提示结合电路分析判断可能原因

四、测量记录(电路参数、尾气排放、数据流或执行元件驱动测试)

1. 数据测试

测试对象	
标准描述	
测试结果	
测试结论	

2. 波形测试(不用者不填)

测试对象		
标准波形		
测试波形		
测试结论		

五、故障处理(分析测试结果,进行故障修复,并实施验证)

六、学习反思(本次任务的教学、学习流程、感兴趣点、收获等方面进行简要描述)

七、综合评价(评教分数不纳入学生任务得分)

类型	项目	评分		
评教	课堂效果(10分)			
	教学资源(10分)			
	教师风貌(10分)			
评学	项目	个人(20%)	小组(40%)	教师(40%)
	课前学习(30分)			
	任务完成(50分)			
	课后讨论(10分)			
	贡献大小(10分)			
	合计			

3. 完成故障诊断流程图

将故障诊断流程图画在下面空白处。

4. 检修小笔记

填写检修小笔记,如图 6-7 所示。

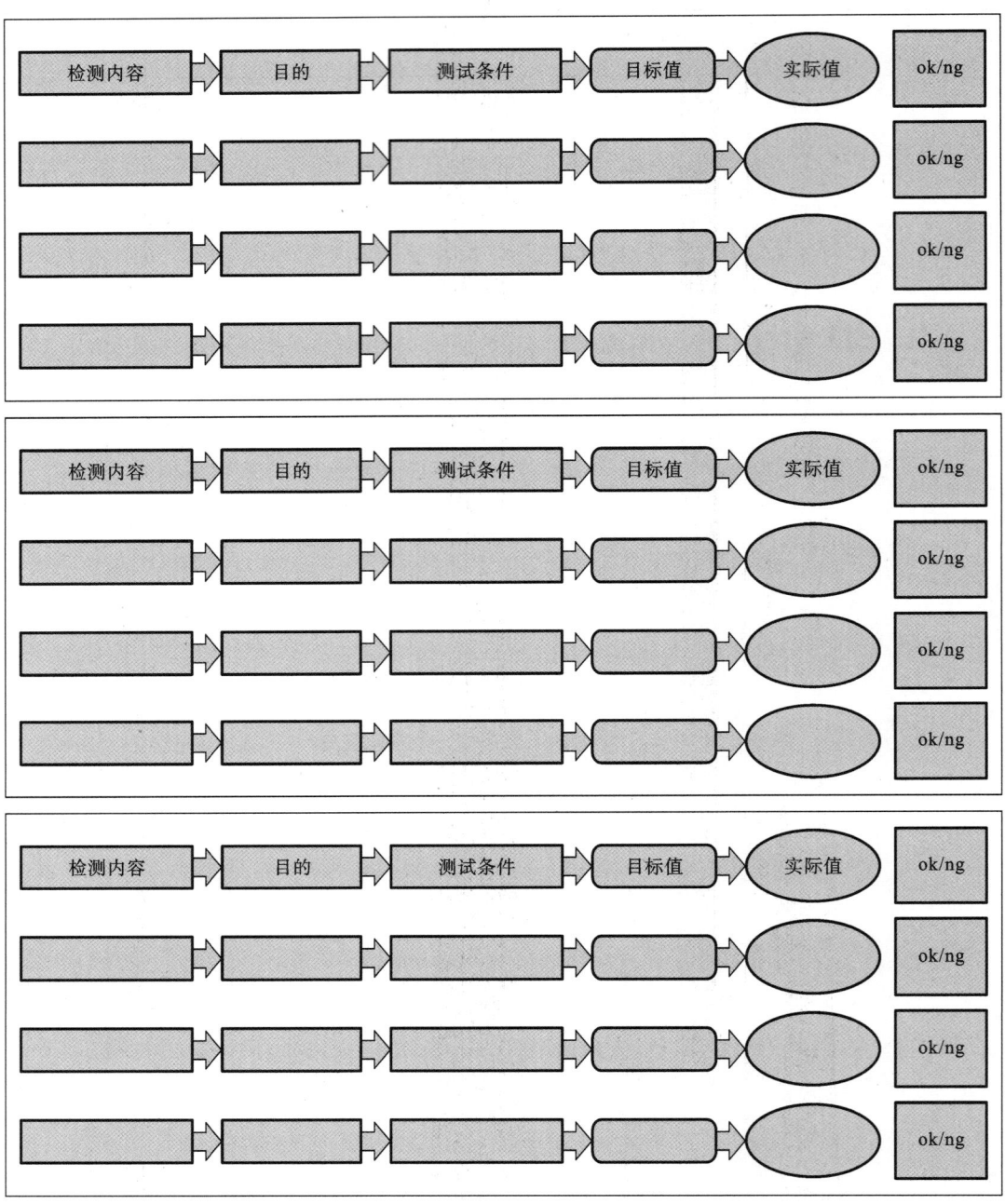

图 6-7 检修小笔记

任务七　发动机亮故障灯故障诊断

◀ **知识目标**

（1）掌握汽车各传感器、执行器的故障现象。

（2）掌握汽车各传感器、执行器的故障分析及原因。

（3）掌握汽车各传感器、执行器的故障排除方法。

◀ **能力目标**

（1）具有汽车各传感器的故障排除能力。

（2）具有汽车各执行器的故障排除能力。

一、情境描述

何先生在汽车行驶过程中发现发动机故障灯点亮，汽车并未熄火，可以正常行驶。汽车送往维修店后，经维修技师检查判断为发动机电控系统故障，你作为未来的维修人员，现需对相关部件进行检查，根据维修手册相关要求，在规定时间（参照维修资料）内完成故障部位的检查与零部件的更换，完成后，交付班组长验收。

二、常见故障点

发动机故障灯亮的故障点为传感器故障、执行器故障、线路故障等。

三、相关知识

1. 汽车传感器

汽车传感器作为汽车电子控制系统的信息源，是汽车电子控制系统的关键部件，也是汽车电子技术领域研究的核心内容之一。目前，一辆普通家用轿车上安装有几十到近百只传感器，而豪华轿车上的传感器数量可多达两百余只。汽车传感器在汽车上主要用于发动机控制系统、底盘控制系统、车身控制系统和导航系统中。

发动机控制系统用传感器是整个汽车传感器的核心，种类很多，包括温度传感器、压力传感器、位置和转速传感器、流量传感器、气体浓度传感器及爆震传感器等。电控发动机各单元示意图如图7-1所示。

这些传感器向发动机的电子控制单元（ECU）提供发动机的工作状况信息，供ECU对发动机工作状况进行精确控制，以提高发动机的动力性、降低油耗、减少废气排放和进行故障检测。

2. 进气温度传感器的检测

1）结构和电路

进气温度传感器通常安装在空气滤清器之后的进气歧管或空气流量计上，还有的在空气流

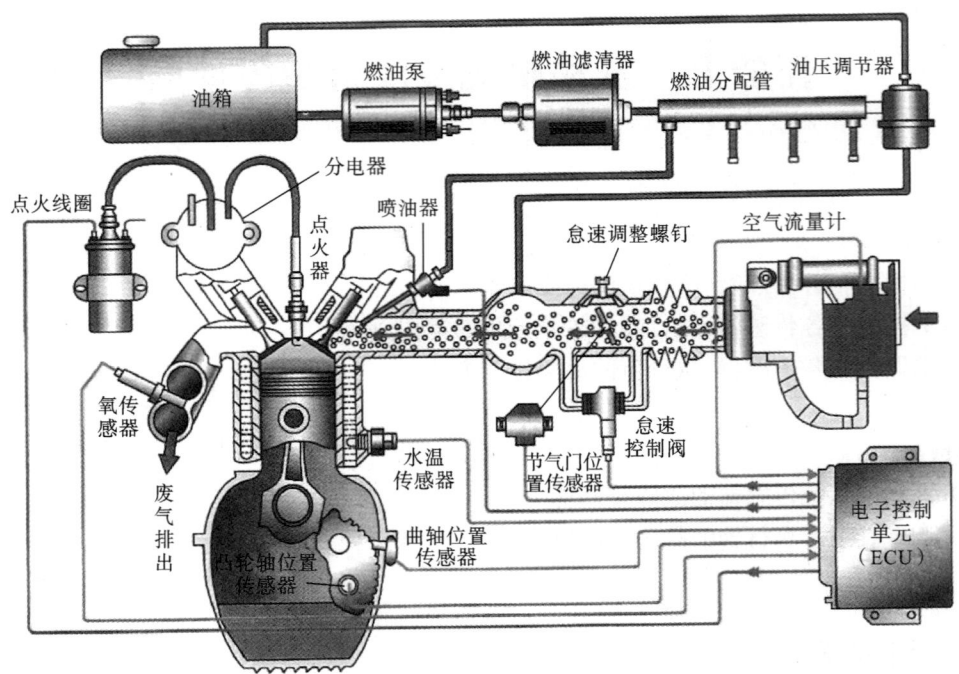

图 7-1　电控发动机各单元示意图

量计和谐振腔上各装一个,以提高喷油量的控制精度。如图 7-2 所示,进气温度传感器内部也是一个具有负温度电阻系数的热敏电阻,外部用环氧树脂密封。它和 ECU 的连接方式与水温传感器相同。

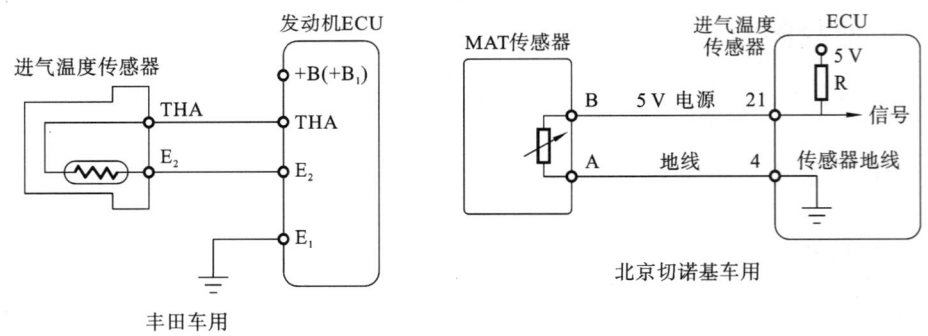

图 7-2　进气温度传感器电路图

2)进气温度传感器的电阻检测

进气温度传感器的电阻检测方法和要求与冷却水温度传感器基本相同。单件检查时,点火开关置于"OFF"位,拔下进气温度传感器导线连接器,并将传感器拆下;用电热吹风器、红外线灯或热水加热进气温度传感器;用万用表电阻挡测量在不同温度下两端子间的电阻值,将测得的电阻值与标准数值进行比较。如果与标准值不符,则应更换。进气温度传感器电阻检测如图7-3 所示。

3)进气温度传感器的输出信号电压值检测

当点火开关置于"ON"位时,进气温度传感器连接器的 THA 端子与 E2 端子间的电压值在20 ℃时应为 0.5～3.4 V。

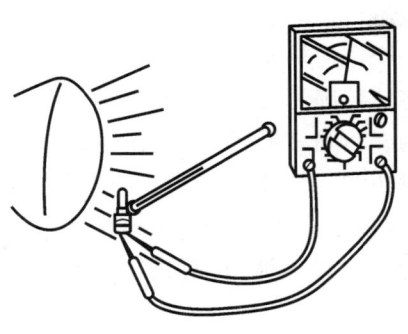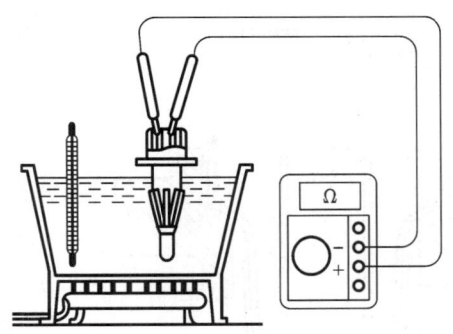

图 7-3 进气温度传感器电阻检测

3. 氧传感器的检测

1）结构和工作原理

在使用三效催化转化器降低排放污染的发动机上，氧传感器是必不可少的。三效催化转化器安装在排气管的中段，它能净化排气中 CO、HC 和 NO$_x$ 三种主要的有害成分，但只在混合气的空燃比处于接近理论空燃比的一个窄小范围内，三效催化转化器才能有效地起到净化作用，故在排气管中插入氧传感器，借检测废气中的氧浓度测定空燃比，并将其转换成电压信号或电阻信号，反馈给 ECU。ECU 控制空燃比收敛于理论值。

目前使用的氧传感器有氧化锆式和氧化钛式两种，其中应用较多的是氧化锆式氧传感器。

2）氧化锆式氧传感器

氧化锆式氧传感器的基本元件是氧化锆陶瓷管（固体电解质），亦称锆管，如图 7-4 所示。

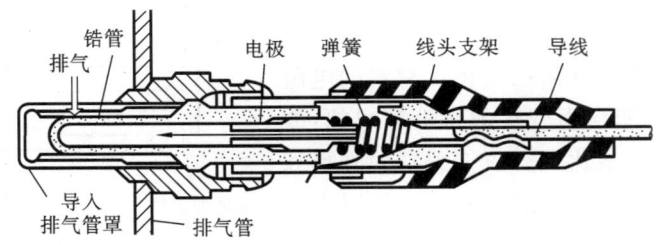

图 7-4 氧化锆式氧传感器

锆管固定在带有安装螺纹的固定套中，内外表面均覆盖着一层多孔性的铅膜，其内表面与大气接触，外表面与废气接触。氧传感器的接线端有一个金属护套，其上开有一个用于锆管内腔与大气相通的孔；电线将锆管内表面铂极经绝缘套从此接线端引出。

氧化锆在温度超过 300 ℃后，才能进行正常工作。早期使用的氧传感器靠排气加热，这种传感器必须在发动机启动运转数分钟后才能开始工作，它只有一根接线与 ECU 相连，如图 7-5 所示。

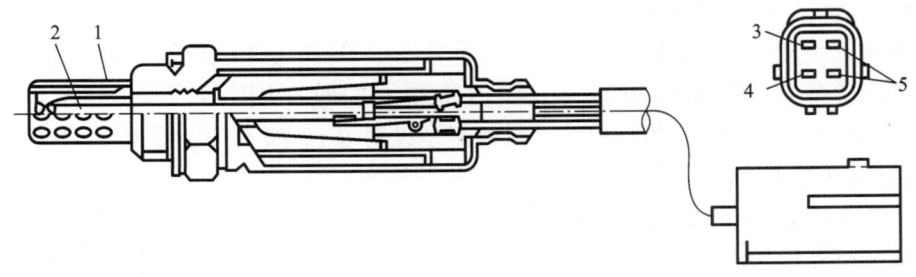

图 7-5 氧化锆式氧传感器连接图

1—保护套管；2—加热器；3—地线；4—信号线；5—加热接线端

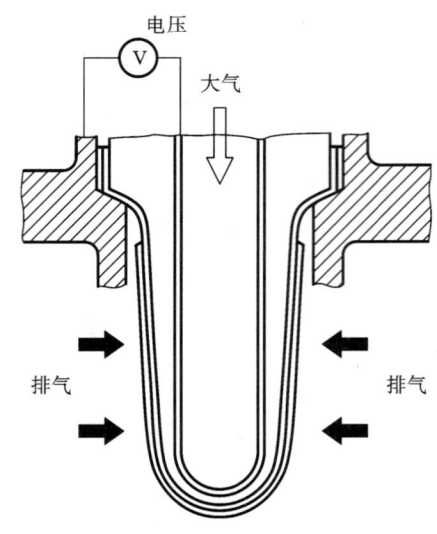

图 7-6　氧化锆式氧传感器工作原理

现在,大部分汽车使用带加热器的氧传感器,这种传感器内有一个电加热元件,可在发动机启动后的 20～30 s 内迅速将氧传感器加热至工作温度。

锆管的陶瓷体是多孔的,渗入其中的氧气,在温度较高时会发生电离。由于锆管内、外侧氧含量不一致,存在浓度差,因而氧离子从大气侧向排气一侧扩散,从而使锆管成为一个微电池,在两铂极间产生电压,如图 7-6 所示。

当混合气的实际空燃比小于理论空燃比,即发动机以较浓的混合气运转时,排气中氧含量少,但 CO、HC、H_2 等较多。这些气体在锆管外表面的铅催化作用下与氧发生反应,将耗尽排气中残余的氧,使锆管外表面氧气浓度变为零,这就使得锆管内、外侧氧的浓度差加大,两铂极间电压陡增。因此,氧化锆式氧传感器产生的电压将在理论空燃比时发生突变:稀混合气时,输出电压几乎为零;浓混合气时,输出电压接近 1 V。

要准确地保持混合气浓度为理论空燃比是不可能的。实际的反馈控制只能使混合气在理论空燃比附近一个狭小的范围内波动,故氧传感器的输出电压在 0.1～0.8 V 之间不断变化(通常每 10 s 内变化 8 次以上)。如果氧传感器输出电压变化过缓(每 10 s 少于 8 次)或电压保持不变(不论是保持在高电位还是保持在低电位),则表明氧传感器有故障,需检修。

3)氧化钛式氧传感器

氧化钛式氧传感器是利用二氧化钛材料的电阻值随排气中氧含量的变化而变化的特性制成的,故又称电阻型氧传感器。氧化钛式氧传感器的外形和氧化锆式氧传感器相似,在传感器前端的护罩内是一个二氧化钛厚膜元件,如图 7-7 所示。

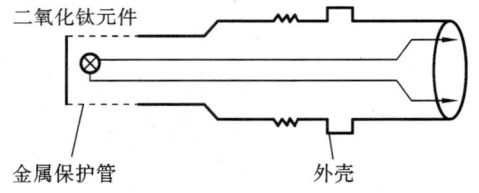

图 7-7　氧化钛式氧传感器

纯二氧化钛在常温下是一种高电阻的半导体,但表面一旦缺氧,其品格便出现缺陷,电阻随之减小。由于二氧化钛的电阻也随温度不同而变化,因此,在二氧化钛式氧传感器内部也有一个电加热器,以保持氧化钛式氧传感器在发动机工作过程中的温度恒定不变。

4)氧传感器的检测

氧传感器控制电路图如图 7-8 所示。

(1)氧传感器加热器电阻的检测。

点火开关置于"OFF"位,拔下氧传感器的导线连接器,用万用表电阻挡测量氧传感器接线端中加热器端子与自搭铁端子(图 7-8 的端子 1 和端子 2)间的电阻,如图 7-9 所示,其电阻值应符合标准(一般为 4～40 Ω,具体数值参见具体车型说明书)。如不符合标准,应更换氧传感器。测量后,接好氧传感器线束连接器,以便做进一步的检测。

(2)氧传感器反馈电压的检测。

测量氧传感器反馈电压时,应先拔下氧传感器线束连接器插头,对照被测车型的电路图,从氧传感器反馈电压输出端引出一条细导线,然后插好连接器,在发动机运转时从引出线上测量反馈电压。在对氧传感器的反馈电压进行检测时,最好使用指针型的电压表,以便直观地反映

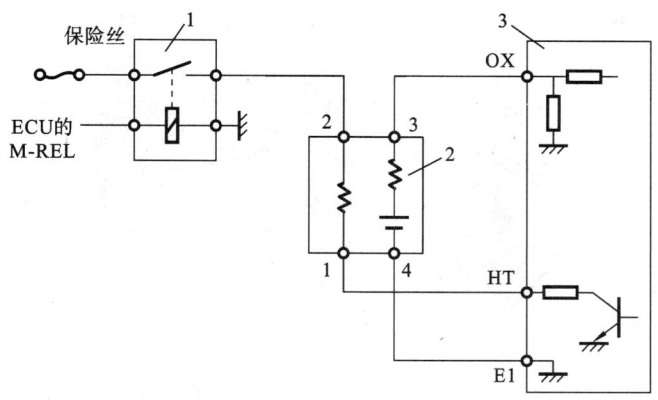

图 7-8 氧传感器控制电路图
1—主继电器;2—氧传感器;3—发动机 ECU

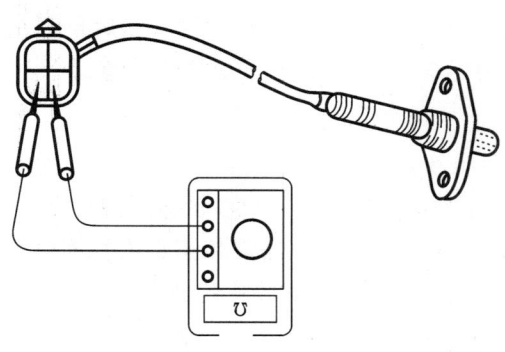

图 7-9 氧传感器电阻检测

出反馈电压的变化情况。此外,电压表应是低量程(通常为 2 V)和高阻抗(阻抗太低会损坏氧传感器)的。丰田 V 形六缸发动机氧传感器反馈电压的检测步骤如下。

① 将发动机热车至正常工作温度(或启动后以 2500 r/min 的转速连续运转 2 min)。

② 把电压表的负极测笔接蓄电池负极,正极测笔接氧传感器线束插头上的引出线。

③ 让发动机以 2500 r/min 左右的转速保持运转,同时检查电压表指针能否在 0~1 V 之间来回摆动,记下 10 s 内电压表指针摆动次数。在正常情况下,随着反馈控制的进行,氧传感器的反馈电压将在 0.4 V 上下不断变化,10 s 内反馈电压的变化次数应不少于 8 次。

④ 若电压表指针在 10 s 内的摆动次数等于或多于 8 次,则说明氧传感器及反馈控制系统工作正常;若电压表指针在 10 s 内的摆动次数少于 8 次,则说明氧传感器或反馈控制系统工作不正常,可能是氧传感器表面有积炭而使灵敏度降低,此时应让发动机以 2500 r/min 的转速运转约 2 min,以清除氧传感器表面的积炭;若电压表指针变化依旧缓慢,则为氧传感器损坏或 ECU 反馈控制电路有故障。

氧传感器是否损坏,可按下述方法检查:拔下氧传感器的线束插头,使氧传感器不再与 ECU 连接,将电压表的正极测笔直接与氧传感器反馈电压输出端连接,如图 7-10 所示。

然后,发动机正常运转时脱开接在进气管上的曲轴箱通风管或其他真空软管,人为地形成稀混合气,此时电压表读数应下降到 0.1~0.3 V;接上脱开的曲轴箱通风管或真空软管,再拔下水温传感器接头,且用一个 4~8 kΩ 的电阻代替水温传感器(或堵住空气滤清器的进气口),人为地形成浓混合气,此时,电压表读数应上升到 0.8~1.0 V。也可以用突然踩下或松开油门踏板的方法来改变混合气浓度。突然踩下油门踏板时,混合气变浓,反馈电压应上升;突然松开

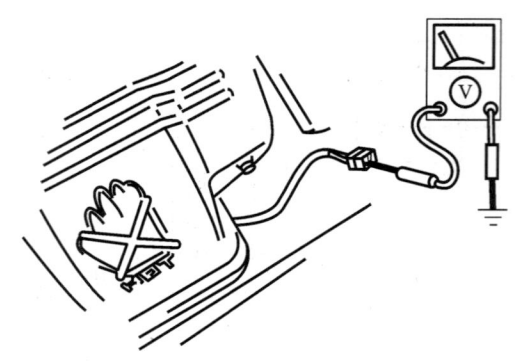

图 7-10　氧传感器电压检测

油门踏板时,混合气变稀,反馈电压应下降。

　　如果在混合气浓度变化时,氧传感器输出电压不能相应地改变,说明氧传感器有故障。此时可使发动机高速运转,以清除氧传感器上的铅或积炭,然后再测试。如果氧传感器反馈电压能按上述规律变化,说明氧传感器良好。否则,须更换氧传感器。

4. 爆震传感器的检测

　　1）爆震传感器的结构和工作原理

　　爆震传感器是发动机电子控制系统中必不可少的重要部件,它的功用是检测发动机有无爆震现象,并将信号送入发动机 ECU。常见的爆震传感器有两种:一种是磁致伸缩式爆震传感器,另一种是压电式爆震传感器。磁致伸缩式爆震传感器的外形与结构如图 7-11 所示。

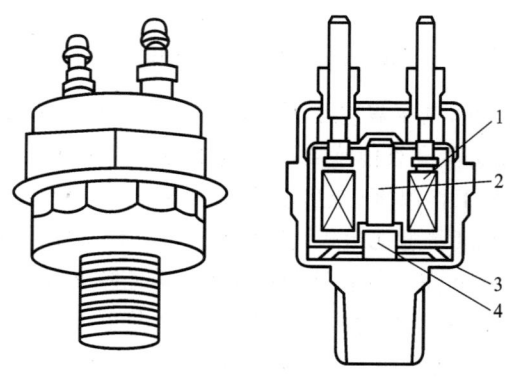

图 7-11　磁致伸缩式爆震传感器
1—绕组;2—铁芯;3—外壳;4—永久磁铁

　　其内部有永久磁铁、靠永久磁铁激磁的强磁性铁芯以及铁芯周围的线圈。其工作原理是:当发动机的气缸体出现振动时,该传感器在 7 kHz 左右处与发动机产生共振,强磁性材料铁芯的磁导率发生变化,致使永久磁铁穿过铁芯的磁通密度也变化,从而在铁芯周围的绕组中产生感应电动势,并将这一电信号输入 ECU。

　　2）爆震传感器检测

　　爆震传感器与 ECU 的连接电路如图 7-12 所示。

　　（1）爆震传感器电阻的检测。

　　点火开关置于"OFF"位,拔开爆震传感器导线接头,用万用表电阻挡检测爆震传感器的接线端子与外壳间的电阻,应为无穷大(不导通);若为 0(导通),则应更换爆震传感器。

　　对于磁致伸缩式爆震传感器,还可以用万用表电阻挡检测线圈的电阻,其阻值应符合规定

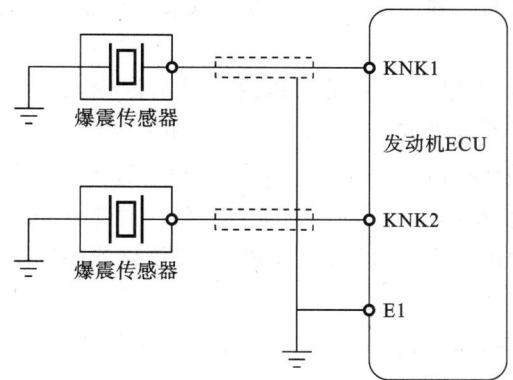

图 7-12　爆震传感器与 ECU 的连接电路

值(具体数据见具体车型维修手册),否则应更换爆震传感器。

(2)爆震传感器输出信号的检测。

拔开爆震传感器的连接插头,在发动机怠速时用万用表电压挡检测爆震传感器的接线端子与搭铁间的电压,应有脉冲电压输出。如没有,应更换爆震传感器。

四、故障诊断

1. 故障分类

发动机故障灯亮可能的原因较多,大概分为以下三类。

1)假故障

报出故障代码,但工作正常,可能是某一次的操作超出电脑的控制范围,电脑反馈的故障代码,可以先行消除,之后再看是否还跳故障码。

2)小故障

发动机没有特别明显的故障,根据电脑检测信息以及进一步检查发现真的存在某种故障,不影响正常驾驶或者影响很小,需要及时发现解决。

3)大故障

此类故障通过肉眼和驾驶感受即可感觉到,并且严重影响发动机的正常工作,需要立即进行维修。

2. 燃油供给系统检修

燃油供给系统主要包括油箱、油泵、管路、燃油滤清器、碳罐、碳罐电磁阀、燃油压力调节器、喷油器等。

(1)油质差是导致发动机故障灯亮的首要因素,汽油的抗爆性是用辛烷值来表示的,辛烷值越高,抗爆性越好,比如 97 号车用汽油,其辛烷值不小于 97(研究法),含铅汽油会导致氧传感器铅中毒,因而油质差是导致发动机燃烧不足的主要原因,从而也是导致故障灯亮的原因之一。

(2)油泵的供油压力达不到一定的压力,会导致喷油器雾化程度不好,从而影响发动机的正常工作。正常情况下油泵压力在 2.5～3.5 bar 之间,如果油泵压力大于 3.5 bar,喷嘴工作后,喷嘴弹簧很难克服油压,导致继续喷油,引发尾气过浓。

(3)喷油器由电磁阀线圈、针阀、磁铁、弹簧、喷孔等组成,当通电时,电磁线圈产生吸力,针阀吸起,打开喷油孔,燃油经喷油孔呈雾状喷出,正常情况下电磁线圈阻值为 15 Ω 左右。因而喷油器的好坏直接影响发动机的工况;雾化程度好,燃烧完全,发动机工作平稳、有力,反之发动机发抖,尾气过浓。更严重的是喷油器滴油,直接导致发动机排气管冒黑烟,从而使氧传感器报警,点亮发动机故障灯。

(4)碳罐电磁阀工作异常也是点亮发动机故障灯的原因之一。碳罐电磁阀由管接头、阀门、铁芯、回位弹簧、电磁线圈等组成,它是一种 NF 常闭电磁阀。发动机电脑 ECU 以占空比的形式控制电磁阀开启以释放油粒,从而使燃油蒸气被吸入进气管。根据发动机运行工况,电磁阀接受 ECU 指令来控制进气量,如果电磁阀阀门被卡住,使电磁阀常开,从而使进入进气管的气体变浓,最终将导致发动机混合气过浓、尾气超标,氧传感器反馈信号给 ECU,点亮发动机故障灯。

因此从燃油供给系统看,油质差、油泵的工作压力不正常、喷油器和碳罐电磁阀工作异常等是造成发动机故障灯亮的主要原因。

3. 点火系统检修

在现代电喷汽车中,基本上已经取消了分电器,每两个缸配一个点火线圈和一个点火器,或者每个缸分别配一个点火线圈和一个点火器。点火系统由分缸线、点火线圈、火花塞等组成。

(1)分缸线的导电性能与发动机的燃烧程度密切相关,而分缸线的通断、阻值的大小是导电性能的关键,所以应根据不同车辆选择不同阻值的分缸线。

(2)点火线圈的跳火强度、火花塞跳火强弱是影响发动机工作的关键因素。点火线圈的主级绕阻与次级绕阻直接与点火线圈的跳火能力密切相关,点火线圈低压端的电阻值一般为 $0.6\sim0.8\ \Omega$(初级),次级绕阻(高压端)电阻为 $9.5\sim14\ k\Omega$,点火线圈损坏将导致发动机故障灯亮。

(3)火花塞的间隙、套管与绝缘体是否开裂,也是影响火花塞跳火强弱的关键。当然不同的车型应选择不同的火花塞。对于大功率、高压缩比和高转速的发动机来说,由于燃烧室温度高,容易发生炽热点火,故应当采用"冷型"火花塞,反之应选用"热型"火花塞。"冷型"火花塞裙部尺寸短、壳体下部孔径小、散热面积小、路径短,在高转速发动机中应用较广。

综上所述,点火系统中分缸线、点火线圈、火花塞中任何一个零件工作不良都有可能导致发动机燃烧不足、尾气过浓,从而点亮发动机故障灯。

4. 进气系统检修

进气系统包括空气滤清器、进气压力传感器(空气流量计)、节气门体、进气歧管、进排气门等。

(1)空气滤清器过脏、灰尘过多,会导致发动机进气量不足,进入的空气灰尘含量大,会加大气门和缸壁磨损,从而缩短发动机寿命,同时使发动机工作不稳定。

(2)进气压力传感器是根据大气压力与进气歧管压力差给发动机电脑提供"负荷"位置,与进气温度传感器一起(在现代汽车中,进气温度传感器与进气压力传感器融为一个传感器)间接测量进气量。压力传感器的核心元件是压电元件,进气管的压力进入传感器中,使压电元件产生相应的电压信息,反馈给发动机电脑 ECU。

(3)发动机电脑根据发动机转速和进气管的压力确定基本喷油量,因此压力传感器(空气流量计)是给发动机提供最佳的混合气的保证,它的好坏、灵敏程度是直接影响发动机是否燃烧充分的关键。在装有空气流量计的车辆中,如果在流量计后端有空气进入进气歧管中,会导致发动机所测得的进气量不准确,也会点亮故障灯。

(4)节气门体上装配有节气门位置传感器,节气门位置传感器主要是给发动机电脑 ECU提供一个节气门轴角度位置及角速度值的电信号,实际上是一个可变电阻,由 ECU 供给 5 V 电压,如节气门位置传感器电位计出现问题,就不能获知发动机所改变的进气量,导致发动机工作不良,点亮故障灯。在现代汽车当中,取消了油门拉线,由油门踏板位置传感器与电动节气门共同起作用,当ECU检测到二者信号不一致时,也会点亮故障灯。所谓二者信号不一致是指油门踏板位置传感器反馈给ECU的电位计信号与电动节气门所打开的开度不符。

(5)随着汽车使用年限越来越长,进气门上的积炭和活塞顶部的积炭越来越多,喷油器喷入的汽油会被积炭吸收掉一部分,也会导致发动机工作不良、无力,主要表现在冷车启动时,发动机发抖,故障灯也可能会点亮。这种情况出现后可用以下方法消除:多跑高速,在汽油箱里面加燃油添加剂,尽量将积炭排至发动机外。

5. 排气系统检修

排气系统包括排气歧管、三元催化器、氧传感器、消声器等。

(1)安装在三元催化器之前的氧传感器称为前氧传感器,安装在三元催化器之后的为后氧传感器,它通过检测发动机废气中氧的含量向ECU提供混合气浓度的电压信号。氧传感器主要元件为二氧化锆,其表面有一层白金,白金外面是陶瓷。二氧化锆的内侧通大气,外侧通发动机废气。当氧传感器开始工作时,气体渗透陶瓷体分别与空气和废气相接触,在白金电极两端不一致时,会产生电动势,形成电信号输给ECU。氧传感器工作温度为300 ℃并装有加热电阻,电压值在$0.1\sim0.9$ V之间变化,数值越低,混合气越稀,反之混合气越浓。

(2)前氧传感器损坏后,它会给ECU一个错误信号,导致喷油量过多或过少,因而影响发动机工作。汽油中含铅量超标会导致氧传感器铅中毒,导致发动机故障灯亮。如果ECU得到氧传感器一个恒定不变值或在$0.45\sim0.5$ V之间变化,则发动机ECU会认为氧传感器损坏,发动机故障灯点亮。

(3)后氧传感器只监测三元催化器的好坏,不起任何作用(一般在$0.6\sim0.7$ V之间变化),如果电压值不在范围内,则表明三元催化器损坏,发动机故障灯点亮。

(4)三元催化器是安装在汽车排气系统中最重要的机外净化装置,它可以将尾气中的CO、HC和NO_x等通过氧化和还原作用转化为二氧化碳、水和氮气。如果发动机燃烧不全,三元催化器过度使用会造成脱落,有可能堵塞排气管,从而造成发动机排气不畅、无力,严重时还可能使车辆熄火、发抖,也会点亮发动机故障灯。

6. 发动机电脑ECU检修

发动机电脑ECU是整个电喷汽车发动机各传感器信号的接收装置,又是使各传感器执行动作指令的装置。因而如果发动机电脑ECU出现问题,各传感器会不正常执行指令,扰乱发动机正常工作,也会点亮发动机故障灯。

1)ECU检修要点

(1)认真检查外电路,排除外电路故障,确认外电路正常之后方可对ECU进行检修。

(2)检查ECU外部是否有损伤痕迹,固定是否牢固,焊锡(胶黏)是否密封可靠。

(3)检查线插接通情况,特别是电源线和搭铁是否正常。

(4)确认系统采用的ECU型号。

2)电源电路故障

其故障原因是:调节器脏污、受潮,导致充电电压过高;电源极性接反;在充电的同时接通启动机;发动机在运转过程中,蓄电池接头松脱致使发电机直接向ECU供电;工作过程中的油污、水、灰尘引起电源线路连接部位漏电搭铁等。

3）输入/输出电路故障

常见的故障是放大电路元件烧坏,有时也会伴随着电路板上覆钢线条烧断等情况发生。这类故障极易发生在工程机械长时间大负荷工作、发动机散热不良、表面烤漆和焊接维修作业、电路发生过电流和过电压等情况下。其机理有两方面:一是温度过高导致零件材料和绝缘破损;二是过电流和过电压引起元件烧蚀。所以 ECU 的工作温度不能超过 85 ℃,较高温度作业时要注意散热冷却,温度正常后才能启动发动机,并且在运行过程中不得切断 ECU 的任何连接线路。

4）存储器故障

常用的存储器有 4 种。对于可消除可编程存储器(EPROM 或 EEPROM),若出现故障,可通过复制处理。方法为:将良好的具有程序内容的存储器芯片通过烧录器读出程序,写入到已备的空白芯片,便可复制出新的芯片,再将新的芯片装入 ECU 使用。MOTOROLA 等 ECU 最多只能复制 3～7 次。少数 ECU 被加密,芯片不能被复制。对于 BOSCH ECU,不仅可用空白芯片复制,也可用原厂仪器 1551 或元征公司研制的 1553 仪器对电脑进行程序更换。

5）特殊故障

对于工程车辆,特殊的工作环境,以及水、雨、雪、泥、灰尘、油污等的侵蚀,大负荷工作时间长和工作时剧烈的冲击振动,会造成 ECU 变形、开裂,元件引脚断路、短路、粘连或元件损坏等故障。

6）ECU 的检测方法

ECU 检修作业的关键,在于故障原因和故障部位的诊断,至于维修作业,主要是通过更换和电路焊接来处理。下面探讨几种故障诊断方法。

(1)直观检查法。

直观检查法是通过视觉去观察电路、元器件等的工作状态,从中发现异常,直接查找故障的部位和原因。这是所有检查法的基础步骤。通过仔细观察,了解 ECU 的基本信息(型号、引脚、应用车型等),并掌握故障可能的外部表现迹象,如密封不良、进水、外部断路、外部短路、严重烧蚀等。该方法的特点是简单、方便,但收效低,在使用时应和其他检查方法紧密结合。

(2)接触检查法。

接触检查法是在 ECU 工作状态下,检查人员通过直接接触去寻找故障点。在对待查元件接触的过程中,通过触觉感知温度,通过嗅觉感知气味,确认是否有异常表征。该方法方便、简单、实用、针对性强,能够直接发现故障部位,但必须要有丰富的检查经验,才能获得准确的检查结果。为了避免引发新的故障,在检查过程中,ECU 要放置平稳,注意使线路板或电子元件与其他部分(尤其是车身底盘部分)保持安全距离,以免线路搭铁,造成不可修复的故障。

(3)故障再生法。

故障再生法是有意识地让故障重复发生,并力图使故障的发生、发展、转化过程变得比较缓慢,以便提供充足的观察机会、次数、时间和过程,在观察过程中发现影响故障的因素,从而查出故障部位和原因。

对于 ECU 来说,间歇性故障几乎都是在一些特定的环境下出现的,因此,为了让故障再现,就需要采取一些必要的措施,模拟故障显现环境。结合汽车和工程机械的使用条件,通常采用的方法有四种。一是振动法,通过轻轻地振动、拍打、敲击 ECU,拉动 ECU 连接线束,再现振动条件下发生的间歇性故障。二是水淋法,用水浇淋风挡玻璃或发动机罩,再现 ECU 因受潮而发生的间歇性故障。注意绝对不能将水直接浇到 ECU 上。三是加热法,可以用电吹风或热风枪对 ECU 或分析部位进行加热,再现因温度过高而发生的间歇性故障。这个操作要注意,温度不能超过 85 ℃,风口与 ECU 电路板要保持 20 cm 以上的安全距离。四是电气全接通法,不要将 ECU 从车上拆下,接通汽车全部用电设备,再现 ECU 因电路电流过大而发生的间歇性故障,故障重现后及时诊断排除故障。此方法主要适用于间歇出现的故障,即 ECU 时好时坏的情况,对于一直处于不良状态的情况,则不宜采用。

（4）参照检查法。

参照检查法是一种利用比较手段来寻找故障部位的检查方法。通常用一个性能良好的 ECU,测量其关键部位的参数,包括电压、电阻等。运用移植、比较、借鉴、引申、参照等手段,查出不同之处,以便诊断故障部位和原因。大部分故障都可以采用此方法检测出来,因为有一个 ECU 作为参照物对比检测,就能发现故障 ECU 的不同之处,从而查明故障部位和原因。参照分为实物参照和图纸参照两种。实物参照即需要用两辆同型号的车辆,对其两块 ECU 进行性能和检测参数对比;图纸参照操作起来比较容易,但大部分 ECU 的电路图查找起来比较困难。当通过参照检查法已经将故障范围缩小到局部的集成电路时,可按 ECU 的型号查找技术资料,了解其主要电路、各引脚功能等。通常各种型号 ECU 的主要应用电路是相同的或相近的,这样就可以参考典型电路来指导维修。

（5）替代检查法。

替代检查法的基本思路是用一个性能可靠的元器件去替代一个待查的元器件(或电路),如果替代后工作正常,说明待查元器件出现故障;如果替代后故障现象不变,则可排除待查元器件的故障可能性,进一步缩小故障范围。替代检查法适用于各种故障诊断,但在采用时要有针对性,这样会节省诊断时间,提高诊断的成功率。在运用替代检查法检查的过程中,还应注意以下几点。

① 在特殊情况下,一个故障是由两个或两个以上故障点造成的,此时若只替代了其中一个元件,则故障现象仍然不变,必须同时替代两个或多个待查元件直到故障现象消除,然后逐一尝试替换为原元件,结合伴随的现象来判断故障部位。

② 替代检查法对仅有一两个元件存在故障的情况较为实用,通常是在其他方法诊断出具体的方向和范围之后采用。盲目替换往往会对线路板、元器件造成二次损坏。

③ 对于集成电路这样的多引脚元件,采用替代检查法更要慎重,通常是在有明确的结论后才进行替代检查。同时,在替代操作过程中,若有焊接作业,必须在断电的情况下进行。

（6）电压检查法。

电压检查法主要是对 ECU 内关键点的电压进行实时测量,以找出故障部位。这些关键点主要是各集成电路的供电电源、线路中连接蓄电池的主电源、受点火开关或电源开关控制的电源、内部经过集成稳压器或调整三极管输出的稳压电源。电路中的数字电路、微处理器等基本上都工作在 5 V 或更低的工作电压下,12 V 的蓄电池电压是无法直接加到这些元件的电源引脚上的,必须由稳压电路为其提供合适的工作电压。稳压电路在降低电压的同时可滤掉脉冲类干扰信号,以避免对数字电路的工作带来影响。

这些关键电路的电源电压,工作期间是固定不变的,但为了提高测量的可靠性,测量应确定在点火开关或电源开关接通而发动机不启动的状态下进行。采用数字万用表对 ECU 的集成电路的电压进行检测,能掌握各电路及元器件的工作状况。

（7）电阻检查法。

电阻检查法是利用万用表,通过对线路通断、阻值大小以及元器件的检测,来判别故障原因和故障部位。此种方法主要适用于元器件和铜箔线路的检测。

① 对于元器件的检测,除了常规的电阻、二极管、三极管外,一些集成电路也可以采用此种方法进行检测。对于集成电路,如引脚功能结构相同、外电路结构相似,其对地电阻应十分接近,因此可以采用万用表对其进行正反向的测量,然后比较测量值,找出故障点。这种测量方法对于找不到芯片资料而元件外部连线结构形式相同的集成电路来说,是一种有效的测量方法。

② 铜箔线路经常发生开裂和断路故障。开裂主要是因车辆的冲击、振动而造成的;而ECU进水受潮是造成铜箔腐蚀断路的主要原因。很多车辆的 ECU/ECM/PCM 安装于驾驶室地板下或侧面踢脚板的旁边,在雨天、洗车和潮湿的条件下,ECU/ECM/PCM 很容易进水,如不及时处理,铜箔在水汽的作用下渐渐腐蚀,故障的可能性就越来越大。在实际操作时,必须查清铜箔线路走向,这可通过检测线路两端的电阻来判别。

五、故障排除

1. 评分标准

评分标准如表 7-1 所示。

表 7-1　评分标准

序号	考核项目	配分	扣分标准	得分
1	否决项目		造成人身、设备重大事故,不填写操作工单,或恶意顶撞测试人员、严重扰乱考场秩序,立即终止测试,此任务计 0 分	
2	工具、仪器设备准备	5	未检查工量具设备扣 2 分,工量具准备错误扣 2 分,工量具摆放不整齐扣 1 分/处	
3	车辆状态检查及车辆防护	10	1.没有检查车辆停放安全状况扣 2 分,没有安放三角木扣 2 分,没有安装尾气抽排管扣 2 分; 2.没有检查机油油面扣 1 分,没有检查冷却液液位扣 1 分,没有启动车辆扣 1 分,没有检查发动机工作状况扣 1 分; 3.没有安装翼子板护垫扣 1 分,座位套、踏脚垫、方向盘套、挡位杆套少装扣 0.5 分/处	
4	故障现象判断	15	1.未检查故障码扣 5 分,不会检查故障码扣 5 分,故障现象判断错误扣 5 分/次,故障诊断思路不明确扣 5 分/项; 2.故障判断不熟练扣 2 分,不会判断故障现象扣 15 分	
5	故障诊断过程	25	1.不会查阅维修手册扣 2 分,没有使用维修手册扣 5 分; 2.没有关闭点火开关拔插连接器扣 2 分/次,不会拔插连接器扣 2 分/次,强行拔插连接器扣 2 分/次,不能正确使用万用表扣 2 分/次; 3.操作过程不规范扣 2 分/次,工量具及仪器设备没整理扣 2 分; 4.造成短路扣 10 分/次,烧坏线路此项计 0 分; 5.部件及总成拆装不熟练扣 2 分/次,造成元器件损坏扣 5 分/次	
6	故障点确认与排除及操作工单填写	25	1.不能确认故障点扣 15 分,不会排除故障扣 15 分; 2.未进行故障修复后的检验扣 10 分; 3.修复后故障重复出现的扣 5 分/次; 4.操作工单填写不完整扣 5 分/项	

序号	考核项目	配分	扣分标准	得分
7	安全生产	20	1.不穿工作服扣2分、不穿工作鞋扣2分、不戴工作帽扣2分； 2.工量具与零件混放、摆放凌乱、落地,扣2分/处； 3.垃圾未分类回收,每次扣2分； 4.油、水洒落在地面或零部件表面未及时清理,每次扣2分/处； 5.竣工后未清理工量具、场地,扣1分/处； 6.启动车辆或举升时,未请示或未提醒,扣2分/次； 7.不服从测试人员扣10分/次	
8	合计	100	—	

2. 操作工单

操作工单如表7-2所示。

表7-2 操作工单

任务名称		日期		评价结果	
团队成员					

一、学习过程(学习过程中,学习的课程资源,遇到的困惑,需要教师给予的帮助简要记录)

学习资源情况记录	学习困惑点记录	需要教师指导情况记录

二、场地及设备初步检查(做好诊断前准备工作,将存在的问题填写在是否选项后的空白处)

1.工量具、仪器设备、车辆、技术资料是否准备齐全： 是□ 否□_____

2.汽车停放位置与举升机状况是否良好： 是□ 否□_____

3.是否放置车轮三角块、连接尾气抽排管： 是□ 否□_____

4.是否放置方向盘套、脚垫、汽车翼子板罩： 是□ 否□_____

5.发动机机油、冷却液是否正常： 是□ 否□_____

6.蓄电池状况检查：_____

三、故障诊断过程

1.实施功能检查,确认故障现象,推断故障范围

(1)描述与客户抱怨相关的检查结果

(2)读取故障码,填写对该故障诊断有用的信息

(3)查阅电路图,绘制控制原理图和故障诊断流程图

控制原理图	故障诊断流程图

2. 根据故障现象、故障码提示结合电路分析判断可能原因

四、测量记录(电路参数、尾气排放、数据流或执行元件驱动测试)

1. 数据测试

测试对象	
标准描述	
测试结果	
测试结论	

2. 波形测试(不用者不填)

测试对象		
标准波形		
测试波形		
测试结论		

五、故障处理(分析测试结果,进行故障修复,并实施验证)

六、学习反思(本次任务的教学、学习流程、感兴趣点、收获等方面进行简要描述)

七、综合评价(评教分数不纳入学生任务得分)

类型	项目	评分		
评教	课堂效果(10分)			
	教学资源(10分)			
	教师风貌(10分)			
评学	项目	个人(20%)	小组(40%)	教师(40%)
	课前学习(30分)			
	任务完成(50分)			
	课后讨论(10分)			
	贡献大小(10分)			
	合计			

3. 完成故障诊断流程图

将故障诊断流程图画在下面空白处。

4. 检修小笔记

填写检修小笔记，如图 7-13 所示。

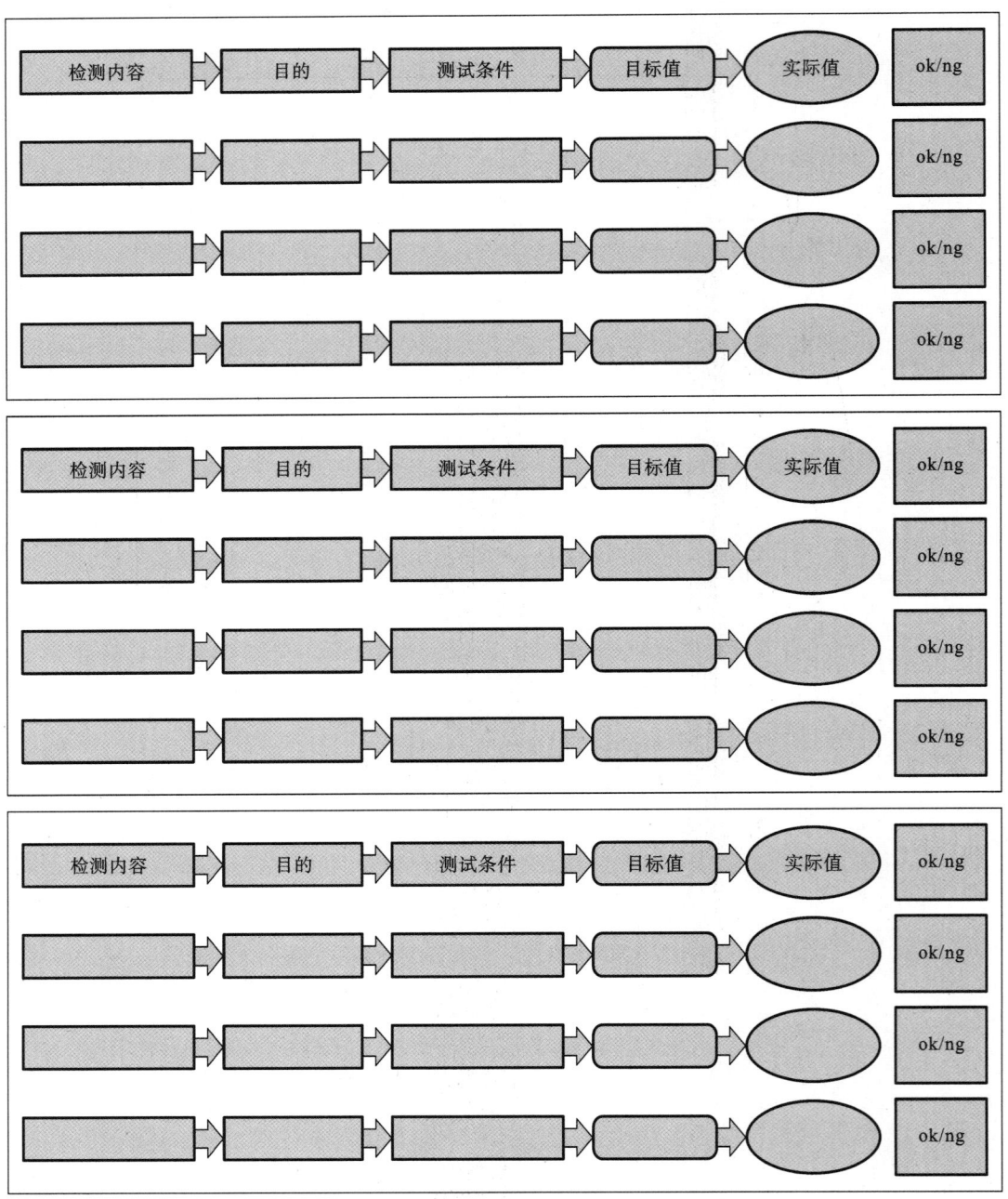

图 7-13　检修小笔记

模块二

汽车底盘部分故障诊断

任务八　转向系统故障诊断

◀ **知识目标**

（1）掌握汽车转向系统的故障现象。

（2）掌握汽车转向系统的故障分析及原因。

（3）掌握汽车转向系统的故障排除方法。

◀ **能力目标**

（1）具有汽车转向系统的故障排除能力。

（2）具有汽车转向系统各部件检修能力。

一、情境描述

何先生在汽车行驶中,向左、右转动转向盘时,感到沉重费力,无回正感;汽车高速转弯行驶和掉头时,转动转向盘感到非常沉重,甚至打不动。汽车送往维修店后,经维修技师检查判断为汽车转向系统故障,你作为未来的维修人员,现需对相关部件进行检查,根据维修手册相关要求,在规定时间(参照维修资料)内完成故障部位的检查与零部件的更换,完成后,交付班组长验收。

二、常见故障点

汽车转向系统常见故障点有转向时有异响、转向盘抖动、转向盘自由行程过大、左右转向轻重不同、行驶中动力转向泵内有异响,以及前轮摆振、转向沉重等。

三、相关知识

1. 基本组成

转向系统主要由转向盘、转向轴、转向轴万向节、转向器(转向蜗杆箱、转向齿轮和齿条等)以及转向横拉杆等零部件组成(见图 8-1)。转向盘、转向轴和转向轴万向节构成转向系统的转向操纵机构。由于转向器在车体上横向布置,转向齿条两端直接与左、右横拉杆相连,使转向齿条实际上成为横拉杆的一部分,因此其转向传动机构简单,且操纵轻便、转向灵活,具有良好的操纵稳定性。

1）机械液压助力

机械液压助力是我们最常见的一种助力方式,它诞生于 1902 年,由英国人 Frederick W. Lanchester 发明,而最早的商业化应用则推迟到了半个世纪之后,1951 年克莱斯勒把成熟的液压转向助力系统应用在了 Imperial 车系上。由于技术成熟可靠,而且成本低廉,得以被广泛普及。

机械液压助力系统的主要组成部分有液压泵、油管、压力流体控制阀、V 形传动皮带、储油罐等。这种助力方式是将一部分发动机动力输出转化成液压泵压力,对转向系统施加辅助作用力,从而使轮胎转向。如图 8-2 所示。

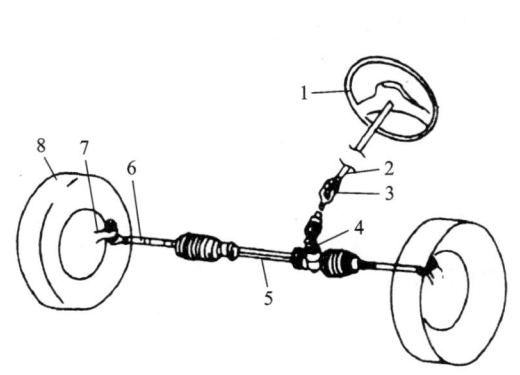

图 8-1 转向系统的组成

1—转向盘;2—转向轴;3—转向轴万向节;4—转向齿轮;
5—转向器壳体;6—横拉杆;7—转向节;8—车轮

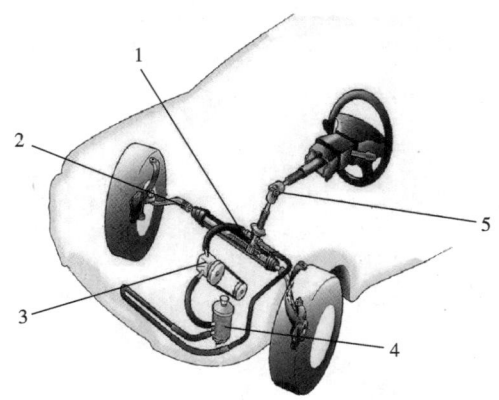

图 8-2 液压转向助力系统

1—齿轮齿条结构;2—前横拉杆;
3—转向助力泵;4—储油罐;5—万向节

2)电动液压助力

由于机械液压助力需要大幅消耗发动机动力,所以人们在机械液压助力的基础上进行改进,开发出了更节省能耗的电动液压助力转向系统。这套系统的转向油泵不再由发动机直接驱动,而是由电动机来驱动,并且在之前的基础上加装了电控系统,使得转向辅助力的大小不光与转向角度有关,还与车速相关。机械结构上增加了液压反应装置和液流分配阀,新增的电控系统包括车速传感器、电磁阀、转向 ECU 等,如图 8-3 所示。

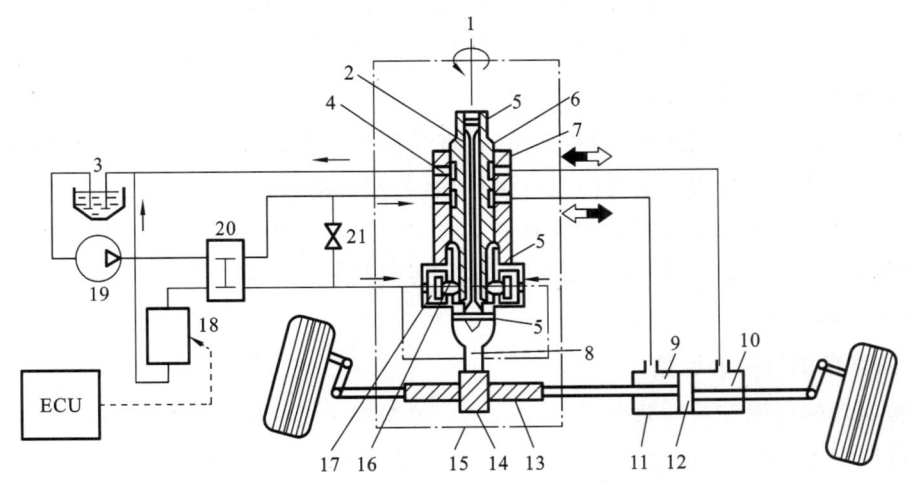

图 8-3 电子液压助力系统

1—转向盘;2—扭杆;3—储油箱;4—接口;5—销钉;6—控制阀轴;7—回转阀;
8—小齿轮轴;9—左室;10—右室;11—动力油缸;12—活塞;13—齿条;14—小齿轮;
15—转向齿轮箱;16—柱塞;17—油压反力室;18—电磁阀;19—液压泵;20—分流阀;21—小节流孔

3)电动助力

EPS 就是英文 Electric Power Steering 的缩写,即电动助力转向系统。电动助力转向系统是汽车转向系统的发展方向。该系统由电动助力机直接提供转向助力,省去了液压动力转向系统所必需的动力转向油泵、软管、液压油、传送带和装于发动机上的皮带轮,既节省能量,又保护了环境。另外，它还具有调整简单、装配灵活以及在多种状况下都能提供转向助力的特点。正是有了这些优点，电动助力转向系统作为一种新的转向技术，将挑战大家都非常熟知的、已具有50多年历史的液压转向系统。

根据助力电机的安装位置不同，EPS系统又可以分为转向轴助力式、齿轮助力式、齿条助力式三种，如图8-4所示。

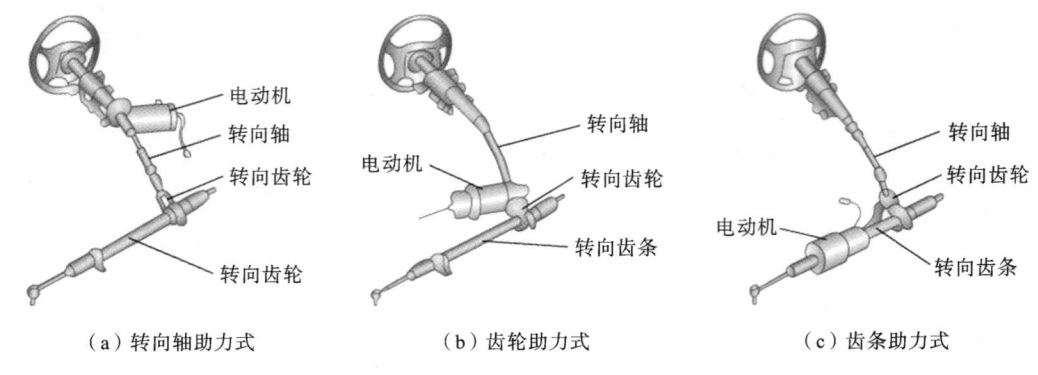

（a）转向轴助力式　　　　　　（b）齿轮助力式　　　　　　（c）齿条助力式

图8-4　电动助力系统

转向轴助力式EPS的电动机固定在转向轴一侧，通过减速机构与转向轴相连，直接驱动转向轴助力转向。齿轮助力式EPS的电动机和减速机构与小齿轮相连，直接驱动齿轮助力转向。齿条助力式EPS的电动机和减速机构则直接驱动齿条提供助力。

驾驶员在操纵方向盘进行转向时，转矩传感器检测到转向盘的转向以及转矩的大小，将电压信号输送到电子控制单元，电子控制单元根据转矩传感器检测到的转矩电压信号、转动方向和车速信号等，向电动机控制器发出指令，使电动机输出相应大小和方向的转向助力转矩，从而产生辅助动力。汽车不转向时，电子控制单元不向电动机控制器发出指令，电动机不工作。

2. 转向盘自由行程的检查

转向盘的自由行程是指转向车轮（前轮）在直线行驶位置时，转向盘的空转行程或角度。车辆每行驶10 000 km应检查一次转向盘自由行程，若测得的转向盘自由行程超过规定值，应对转向系统进行调整。转向盘自由行程的检查如图8-5所示。使汽车在地面上保持直线前行的状态下，将转向盘由直线位置轻轻向左右转动，在转向盘外缘上测得的游动距离即为转向盘自由行程，其规定值为10～30 mm。

3. 转向盘自由行程的调整

拆下转向器转向蜗杆箱的防尘罩（见图8-6），用扳手向内拧动调整螺母，直到转向盘自由行程达到规定值为止，调整完毕后，重新罩上防尘罩。若调整后仍无法恢复转向盘的自由行程，则应检查转向系统的转向传动轴、万向节、齿条接头、转向横拉杆、球头等传动件是否松动或存在较大的间隙。若存在间隙应进行紧固，必要时应更换磨损或损坏的机件。

若转向盘自由行程超过规定值，应进行下述检查。若发现不良，应更换新件。

（1）横拉杆接头的球节螺栓是否磨损（以20 N·m的力矩转动球节螺栓，应转动自如）。

（2）下球节是否磨损。

（3）转向轴万向节是否磨损。

（4）转向齿轮或齿条是否磨损、折断。

（5）各部件是否连接松动。

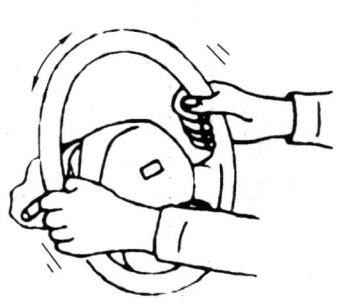

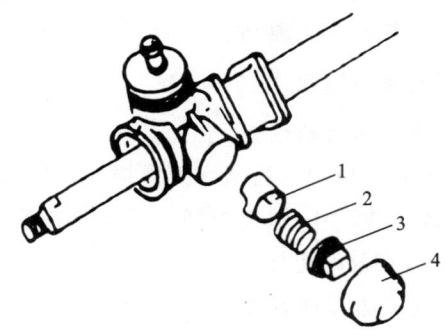

图 8-5 转向盘自由行程的检查

图 8-6 转向盘自由行程的调整

1—齿条支承;2—预紧弹簧;3—调整螺母;4—防尘罩

4. 转向柱与转向管柱的检查

1)转向柱与转向管柱变形与损坏情况的检查

不允许补焊或矫正,若变形或损坏严重,必须更换。检查转向柱轴承的磨损与烧蚀情况,严重时应更换。

2)转向传动轴万向节的检查

如图 8-7 所示,用手检查万向节在十字轴 1 的两个方向的径向间隙,若发现有间隙,应更换万向节的轴承 3。拆卸万向节时,先将轴承 3 拆下,再拆下十字轴 1(拆前做好万向节 2 与传动轴 4 的对正标记)。装配时,应先将万向节 2 与传动轴 4 的对正标记对准,先装上十字轴 1,然后用台钳压入轴承 3。

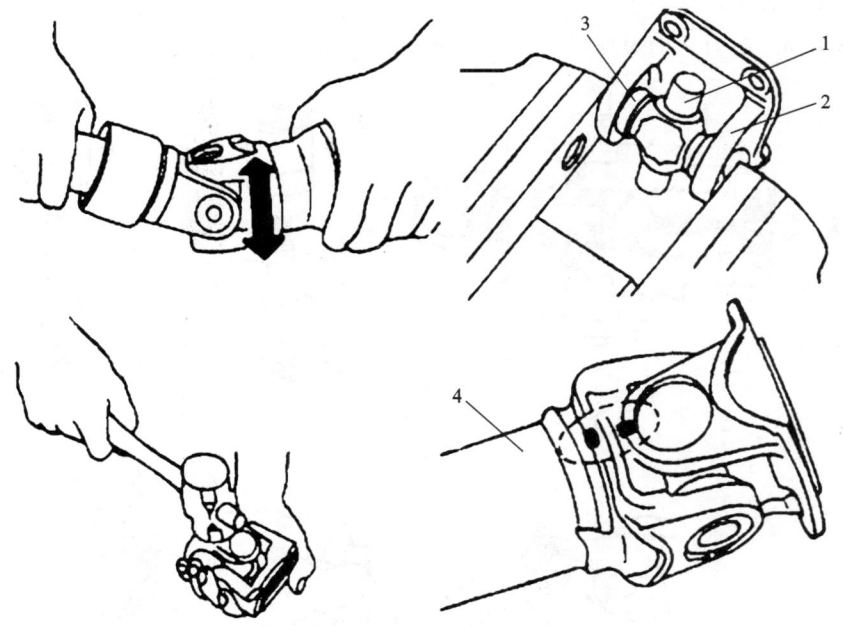

图 8-7 转向传动轴万向节的检查

1—十字轴;2—万向节;3—轴承;4—传动轴

3)转向柱支承环的检查

检查转向柱上支承环的磨损与损坏情况,严重时应更换。

4)安全柱销及橡胶支承套的检查

检查转向柱上的安全销是否损坏,橡胶衬套及聚乙烯套管是否损坏。检查橡胶支承环是否老化、损坏。检查弹簧是否损坏或弹力减弱。

5. 转向器的检查

1）机械转向器的检查

检查转向小齿轮与齿条有无磨损与损坏,转向器壳体上是否有裂纹,并注意转向器上的零件不允许焊接或矫正,只能更换。还要检查轴承及衬套的磨损与损坏,以及油封、防尘套的磨损与老化情况,并及时更换之。

2）转向减振器的检查

检查转向减振器是否漏油,规定油量为 86 mL。

检查转向减振器的行程。工作行程 L 应为最大长度(L_{max})556 mm 与最小长度(L_{min})344.5 mm 之差,即 211.5 mm。行程不足时应更换。

检查转向减振器的阻尼力。最大阻尼力为 560 N,最小阻尼力为 180 N(在试验台上进行)。

检查转向减振器的支承是否开裂。

检查转向减振器端部的橡胶衬套是否损坏、老化。

3）动力转向器的检查

检查所有漏油处,更换全部 O 形圈及密封垫。若液压分配阀有问题,必须整体更换或更换分配阀上的密封环。检查小齿轮、齿条是否损坏。检查轴承、油封是否损坏。检查防尘罩是否损坏、老化。检查转向器外壳是否有裂纹和漏油处。

6. 动力转向油泵的检查

1）动力转向油泵机械检查

如图 8-8 所示,动力转向泵所有金属元件的清洗只能使用酒精。检查流量控制阀,保证其

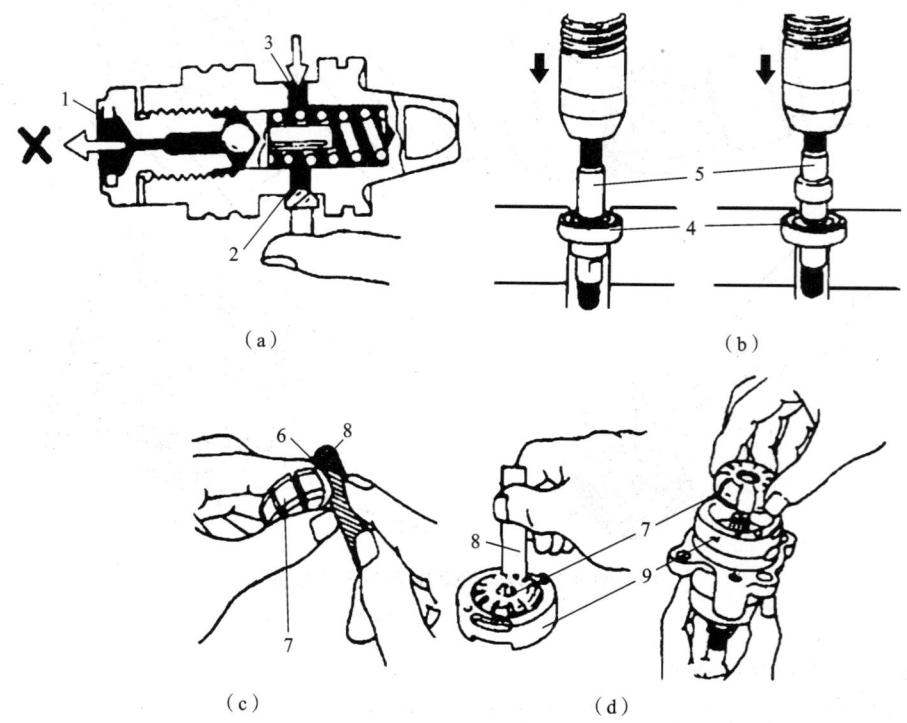

（a）　　　　　　　　　　　　　（b）

（c）　　　　　　　　　　　　　（d）

图 8-8　动力转向油泵的检查

1—阀口(进入口);2—阀孔;3—阀孔;4—轴承;5—泵轴;6—叶片;7—转子;8—塞尺;9—定子

能在泵壳、泵体孔滑动自如,若卡住,检查控制阀的泵壳、泵体孔是否存在杂质、刮痕和毛刺。毛刺可用细砂布去掉,若阀或泵壳、泵体有损坏而不能修复,则对损坏件进行更换。

流量控制阀只能作为一总成来维修,不能对它解体。从阀的进入口 1 加液压时,应能顺利进入。当堵住一个阀孔 2,从阀孔 3 朝阀内反方向加压时(400~490 kPa),空气不应从阀口 1 流出。

检查前压力板和后压力板表面是否与泵环接触良好。安装时要保证其与泵环(定子)平行,检查所有零件是否有裂纹和擦伤,更换损坏的零件。前压力板、后压力板及泵环(定子)上抛光度高的表面总是存在正常的摩擦痕迹,不要把这些看成是擦伤。

检查泵轴轴套、轴承,若损坏则更换。将轴承 4 从泵轴 5 上压出,再压入新轴承。

检查所有转子叶片在转子槽中是否运动自如。叶片 6 与转子 7 槽侧隙的使用极限为0.028 mm,超过时,应更换叶片 6。

检查泵轴花键是否磨损,泵轴是否有裂纹和其他损坏,更换所有过度磨损和损坏的零件,更换一新泵轴卡环。

检查泵壳是否有磨损、裂纹、铸造砂眼和损坏,有所列任一情况,则更换泵壳。

检查压力软管和控制阀塞子,若损坏则更换。

检查端盖卡环,若损坏则更换。若卡环发生扭曲或变形,不能再用。若不能判断卡环好坏,则予以更换。

检查转子与定子的径向间隙,用塞尺 8 检查转子 7 与定子 9 的径向间隙。使用极限为 0.06 mm,超过时应优先更换定子 9(与转子有相同的标记的)。

2)转向油泵压力检查

将量程为 15 MPa 的压力表和节流阀串接到转向油泵和转向阀之间的管路中,启动发动机,如有需要,向储油罐中补充 ATF 油。启动发动机,使发动机怠速运转,转动转向盘数次。急速关闭节流阀(不超过 5~10 s),并读出压力数,额定值应为 6.8~8.2 MPa(桑塔纳 2000)。若压力足够,说明转向油泵正常;如果没有达到额定值,就应检查压力和流量限制阀是否正常,如果不正常,就应更换溢流阀、安全阀或更换转向油泵。

3)系统压力检查

接好压力表和节流阀,将节流阀打开,启动发动机并以怠速运转,使转向盘向左、右旋转到极限位置,同时读出压力表上的压力,额定值为 6.8~8.2 MPa。如果向左、右的额定值达不到要求,就要修理转向器或更换总成。

7. 转向横拉杆的检查

1)检查横拉杆是否弯曲

必要时校正。检查调整螺栓的螺纹有无乱纹现象。

2)转向横拉杆球头的检查

如图 8-9 所示,检查转向横拉杆内、外球接头(球头销)的转动力矩和摆动力,用弹簧秤 3 检查内、外球头销 2 和 1 的摆动力,应分别为 5.9~51 N 和 6.9~64.7 N。用扭力扳手 4 检查转向横拉杆外球头销 1 的轴向间隙,应为 0,转动力矩应为 0.3~4.0 N·m,若达不到要求,则应更换球头销。

3)连接支架的检查

检查连接支架、连接件和减振器支架有无断裂和变形现象,检查转向横拉杆内衬套是否损坏、老化。

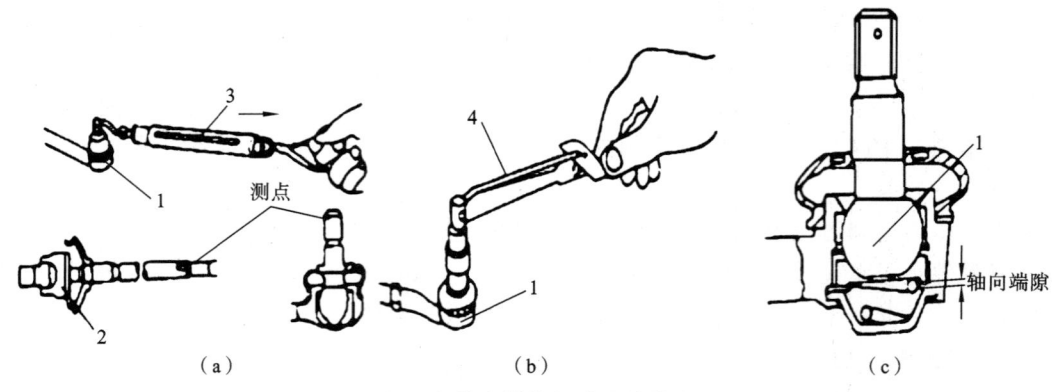

图 8-9　转向横拉杆球头的检查

1—外球头销；2—内球头销；3—弹簧秤；4—扭力扳手

8. 液压动力转向系统的维护

1）转向液压油液面高度的检查

检查时要求车辆停在平地上，使车轮处于直行位置。启动发动机，待发动机达到正常工作温度后再进行检查。使发动机怠速运转大约 2 min，左、右打几次转向盘，使油温达到 50～80 ℃，关闭发动机。观察液面，应处于 Max(上限)与 Min(下限)之间，当油液液面高度低于上述液位时，则需添加液压油，注意所加液压油必须与原液压油规格相同。

2）动力转向液压油的更换

（1）因为液压动力转向系统的油液是在高温高压下工作的，容易变质，所以即使油液看起来比较干净，也要定期更换，一般每行驶 40 000 km 应更换油液，尽量避免人工换油，多采用机器换油。

（2）换油时，若转向系统混入空气，需要将空气排出。排气的方法是：先将油液注到油管规定的液面高度，然后启动发动机，将前轴顶起，发动机以怠速运转，卸下转向器下部的放油螺塞，左、右打方向盘至极限位置数次，反复几次，并不断往油罐补充油液，同时松开系统中的放气螺栓，直到油液充满整个系统、放气口没有气泡冒出、油罐内液面不再下降为止，然后拧紧放气螺栓。

3）动力转向系统密封性的检查

转向系统密封性的检查应在热车时进行，将转向盘快速向左、右两侧转向极限位置（注意在极限位置停留不得超过 5 s），目测检查转向控制阀、齿条密封（松开波纹管软管夹箍，再将波纹管推至一旁）、叶轮泵、油管接头是否有漏油现象，如有渗漏，应更换密封件。同时观察各管路接头处是否漏油，管道是否有扭曲、破损、裂纹、凹瘪等现象。如有上述现象，应更换管道。

4）转向油泵皮带张紧力的检查

一种快速方法：将汽车停在干燥的路面上，运转发动机使油液上升到正常温度，左右转动转向盘，此时驱动皮袋负荷最大，如果皮带打滑，说明皮带紧度不够或油泵内有机械损伤。另一种方法：关闭发动机，用手以约 100 N 的力从皮带的中间位置按下，皮带应有约 10 mm 挠度为合适，否则必须调整。汽车每行驶 15 000 km，应检查皮带的张紧力，必要时更换。皮带张紧力的调整方法如下。

（1）松开转向油泵支架上的固定螺栓。

（2）松开特别螺栓的螺母。

（3）通过张紧螺栓把皮带绷紧，当用以 100 N 的力从皮带的中间位置按下时，皮带应有约 10 mm 挠度为合适。

（4）拧紧特别螺栓的螺母，拧紧转向油泵支架上的固定螺栓。

9. 动力转向系统转向盘转矩的检查

转向盘转矩检查的前提条件：储液罐的液面高度正常、无气泡，皮带的张力正常，汽车停在平坦干燥的路面上。让车辆怠速运转，向左右止端打几次转向盘，然后停到直线行驶的位置，用弹簧秤沿切线方向拉动转向盘，转向轮刚开始转动时的拉力应小于或等于 30 N，否则应检查转向油泵的压力是否正常。

10. 电动动力转向系统电控元件的原理与故障检修

1）转矩传感器

转矩传感器用于测定方向盘与转向器输出轴之间传递的转矩，并且将其转矩大小转化为电压值信号传送给 ECU，是控制转向助力大小的一个重要决定因素，因此其输出信号的正确与否将直接影响车辆的操纵安全，特别是高速行驶中的车辆。

转矩传感器相当于一个电位计，如图 8-10 所示。转矩传感器的两个输入端通过线路连接电控单元（ECU）的 VCC 和 GND 端口，转矩传感器的两个输出端，即主扭 IN^+ 和副扭 IN^-，通过线路分别连接 ECU。转矩传感器输出特性如图 8-11 所示。当转向盘处于中间位置时，转矩传感器的主扭和副扭的输出电压均为 2.5 V；当转向盘向右旋转时，主扭（IN^+）端口的电压大于 2.5 V，副扭（IN^-）端口的电压小于 2.5 V；当转向盘向左旋转时正好相反。这里设计了双回路输出，其中 IN^- 信号用于与控制转向助力的 IN^+ 信号进行比较，对 IN^+ 信号异常与否进行判别，因为仅对 IN^+ 信号是否超过规定值的异常判别是远远不够的。

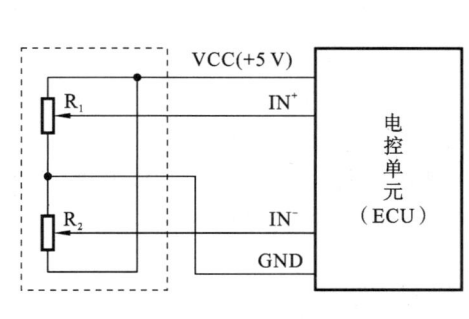

图 8-10　电位计原理图

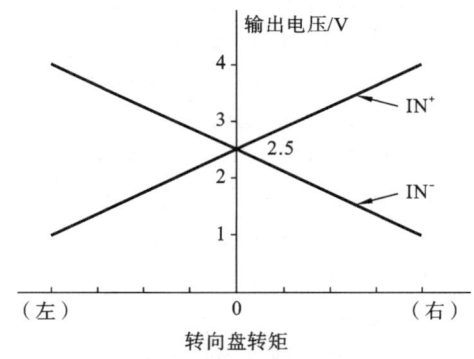

图 8-11　转矩传感器输出特性

转矩传感器在长期的往复工作中，其机械零件间的相互磨损对信号输出会产生一定的影响，但目前成熟的转矩传感器的往复超过 200 万次的可靠性试验表明，这种磨损的影响在其使用寿命期内可以忽略。

2）直流电动机

电动机是 EPS 助力转向的主要执行部件，也是决定车辆行驶安全的重要部件之一，因此要求必须具有高的可靠性、高功率输出、低噪声和振动、转矩损失少、尺寸小、重量轻以及具有良好的动态特性。其功用主要是根据 ECU 的指令产生相应的转矩输出，其中 ECU 是利用 PWM 技术控制电动机 H 桥式驱动电路的场效应晶体管 MOSFET 的通/断（即控制其占空比），来控制电动机两端的电压，实现控制电机电流的变化的。

基于上述分析，结合工作过程中可能出现的一些机械损伤和线路的断路或短路，电动机可能出现如下一些问题：

（1）电机与 ECU 间的接线出现断路或短路；

（2）电刷与换向器接触不良；

（3）电枢与定子磁极卡死，转子转不动；

（4）电枢绕组开路；

（5）电枢绕组受潮发热，而且散热不好；

（6）电动机长时间过载运行，引起电动机壳体发热，以致烧坏；

（7）电枢绕组有部分线圈元件短路。

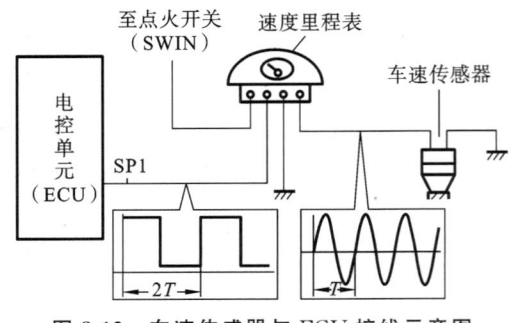

图 8-12　车速传感器与 ECU 接线示意图

3）车速和发动机转速信号

车速信号是决定助力大小的另一个重要因素，转向助力随着车速的提高应该有所下降，以保证有适当的路感。特别在高速行驶时，路感信息对驾驶员尤为重要。常用的车速传感器有电磁感应式、光电式和霍尔式。在 EPS 中，车速传感器与 ECU 接线示意图如图 8-12 所示。车速传感器测得的车速脉冲信号通过速度里程表送给电控单元 ECU，车速里程表将这些信号转换成相应的车速指针读数，同时也将其转换成双倍周期的 ON/OFF 信号 SP1。车辆行驶中，当速度里程表读数正常时，速度信号的异常主要由 ECU 与速度里程表之间的接线不当引起。

4）电磁离合器

电磁离合器通过电流流过电磁线圈产生的吸力实现转矩的传递，因此可以通过控制电磁线圈的电流实现转向助力传递。此外，由于其主要作用是传递助力转矩，在工作过程中其接合与分离正确与否将直接影响车辆行驶的安全性，即需要对离合器的工作状态进行实时监测，一旦出现异常，系统要能通过其他方式保证助力的切断。

电磁离合器的工作情况比较简单，使用中可能出现的故障主要是离合器与 ECU 间的接线的断路或短路。试验证明，在不转向时，只需要提供 0.3 A 的电流就可以保证离合器正常结合；传递最大助力转矩时，需要 0.82 A 的电流。而在线路出现短路或断路时，离合器线路电流将远远超过 0.82 A 或接近 0。因此可以通过实时监测离合器线路的电流来判断其是否正常。

5）微控制器

ECU 主要由硬件电路和软件程序组成，在电源、电机等其他外围部件正常工作时，其本身的可靠性比较高，硬件本身不易出现故障。但是某些外围部件的短路将会对 ECU 造成致命的损伤，这里主要考虑驱动 CPU 的稳压电源短路和电动机过流等故障，如：CPU 稳压电源的 12 V 电源输入端与其输出端（直接连接 CPU）出现短接，将烧坏 CPU；不小心或接线盒不良导致电动机的正负极出现了短接，突然转向时将引起 MOSFET 管击穿直通或相关电路损坏。这些损伤都具有瞬间性和致命性，因此，为了优先保护 ECU 不受损害，必须要对稳压电源和电动机电流设立监测电路。此外，蓄电池及其线路可能出现接触不良、与地短接、电池亏电，或者电源电压过高、持续偏高等异常现象，可以通过检测蓄电池两端的电压来判断，一般正常电压为10～16 V。

四、故障诊断

1. 液压动力转向系统故障的主要现象及检修

1）怠速时原地转动转向盘，转向盘抖动，或停车的瞬间转向盘抖动

该故障主要是工作油压过低造成的，而油压过低的故障原因有下列几种。

（1）油液液面过低。

（2）油液内存有空气，储液罐内有气泡。

（3）液泵皮带过松或沾有油液（快速转向时有较大的皮带尖叫声，转向盘阻力陡增）。

（4）溢流阀卡滞。溢流阀应在泵体内滑动自如，如阀卡滞，应用1200目金相砂纸沿周围方向打磨。还要注意检查溢流阀端部的防松螺栓是否有松动，弹簧是否过软。

（5）安全阀失效（弹簧损坏或阀球被粘在开放状态）。

（6）滑阀磨损，更换控制阀总成。

（7）泵压不足或转向机构外部泄漏。

检查动力转向机构外部泄漏点时，擦干净动力转向系统外部的油迹，检查并拧紧所有软管的接头，启动发动机，并使其快怠速运转，支起前桥将转向盘以一个止端打到另一个止端，打到止端时停留时间不要超过5 s。随着油压的升高就能较快地查到漏油部位。

2）转向盘自由行程过大

当转向器的小齿轮与齿条间隙过大，造成转向自由行程过大时，排除方法是调整转向器小齿轮的预紧力；当转向器的轴承磨损，造成转向自由行程过大时，排除方法是更换轴承；当转向器安装螺栓松动，造成转向自由行程过大时，排除方法是紧固转向器安装螺栓；当转向横拉杆球头销磨损，造成转向器自由行程过大时，排除方法是更换球头销；当转向万向节磨损，造成转向自由行程过大时，排除方法是更换传动轴的万向节或万向节的轴承；当转向柱、传动轴和转向器之间的连接螺栓松动，造成自由行程过大时，排除方法是紧固连接螺栓；当电动汽车方向盘与转向柱连接松动，一方面可能是键松动，另一面可能是紧固螺母松动，造成转向自由行程过大时，排除方法是更换方向盘或转向柱，并紧固螺母。

3）左右转向轻重不同

（1）滑阀偏离中间位置，滑阀两端预留缝隙不等（应各预留1 mm）或滑阀台肩不等。

（2）助力缸活塞一侧有空气。

（3）滑阀通往助力缸侧的油管堵塞或高压油管接头有漏损。

4）行驶中动力转向泵内有异响及前轮摆振

（1）液压泵内有空气或形成真空。油液液面过低，油中有气泡等，都会造成泵内有空气。若油滤器堵塞，中高速时供油不足，在泵内会形成真空。

（2）皮带打滑，过松或沾有油污，快速转向时会发出尖叫声。汽车行驶中，前轮发摆是一种常见故障，分低速摆振和高速摆振两种。低速摆振大多是由转向系统机件磨损松旷及调整间隙过大引起；高速摆振除包括低速摆振的原因之外，主要是车轮不平衡、前轮定位失准、前轮变形及钢板弹簧发生位移等原因造成的。

（3）前束过大，使前轮平面不平行度过大，导致车轮行驶时极难稳定，出现振动和摇摆，使之转向不稳，应重新按规范调整前束。

（4）前轮毂轴承紧固不到位（或损坏），使前轮轴向及径向间隙增大，导致车轮跳动及摆振加剧，造成车轮不稳定，此时应调整轮毂轴承预紧度或更换轴承。

（5）万向盘游动间隙过大（自由转角超过30°）时，车辆行驶中会感到"方向发飘"，此时应首先检查方向盘、紧固螺栓及配合花键有无松动现象，必要时拆检转向器内部机件，查明其故障原因。

（6）前轴弯曲变形，横直扭杆球头销与球头座磨损松旷及紧固螺钉松脱，转向节主销（立轴）与衬套磨损松旷，超过使用极限，配合间隙过大，也会引起前轮摆振，需按规范予以检修调整。

（7）前钢板弹簧左右高低不一，左右弹性不均，骑马螺栓松动，前钢板弹簧销松旷，减振器失效等，均使前轮振动无法迅速衰减，导致前轮振动加剧、转向不稳，应逐项检修，必要时更换损坏部件。

（8）车轮总成不平衡、前轮胎内侧增加了胎垫或轮辋（钢圈）加过焊,均使车轮产生离心力。此离心力的方向随车轮的转动而变化,导致车轮上下跳动和左右摇摆,继而通过转向机构传至方向盘使其抖动。车速越高,此现象越明显。此时应重新对转向前轮进行动平衡试验,合格后才能装车使用。

（9）转向器啮合传动副过度磨损,使啮合间隙加大,转向前轮的约束力下降,导致车轮摇摆使汽车转向不稳;转向器固定螺栓松动,使转向器晃动,车轮所受约束力下降,致使车轮跳动、摇摆加剧。此时,应紧固转向器固定螺栓,或更换过度磨损的机件。

5）转向沉重的判断与排除

汽车转弯行驶时,转动转向盘很吃力;汽车转向时,转向盘不能自动回位。

（1）检查汽车是否超载或前部装载过多,前轮胎气压是否过低,若轮胎气压偏低,应充气使之达到规定值。

（2）支起前桥,用手转动转向盘试验。

① 若感到转向盘轻便,说明前轴或车架变形,前轮定位失准等,应检查校准。

② 若转向仍感沉重,说明故障在转向器或转向传动机构,与前桥和车桥无关。

（3）拆下转向摇臂,转动转向盘试验。

① 若感觉转向轻便,说明故障在转向传动机构;用手左右扳动前轮试验,检查转向节主销与衬套的配合情况,若扳动车轮比较费力,说明转向节主销润滑不良或配合间隙过小,应加注润滑脂或调整配合间隙。

② 检查转向节止推轴承,若轴承缺油或损坏,应更换。

③ 检查转向拉杆各球头的润滑和松紧度情况,若拉杆球头过紧,应加注润滑脂或调整拉杆球头的松紧度,若转向仍然沉重,说明故障在转向器,应检查转向器内润滑油油量和质量。若润滑油液面过低,说明转向器内缺少润滑油,应添加至规定位置;若润滑油变质,应更换润滑油。检查转向器自由行程,若自由行程过小,说明转向器啮合转动副啮合间隙过小,应调整。转动转向盘,听察转向轴与套管有无碰擦声,若有碰擦声,说明转向轴或套管变形,应校直。

④ 检查转向传动轴万向节,若万向节缺油,应加注润滑脂,若万向节十字轴轴承损坏,应更换。

⑤ 检查转向器蜗杆上下轴承的预紧度,若预紧度过大,应调整。

⑥ 经上述检查均正常,应拆检转向器,检查转向器内部的轴承、衬套、啮合副齿等有无损坏或严重磨损等,根据检视情况,更换相应零部件。

2. 本田飞度 EPS 的维修

1）故障码的读取

（1）确认方向盘处于中间位置。

（2）把本田 PGM 测试器连接到数据链路连接器（16P）上进行 SCS 短路。

（3）IG 开关设置在"ON"位(不启动发动机)。

（4）记录 EPS 警报灯的闪亮次数。EPS 警报灯的点亮次数即为故障码。故障码没有记录时,处于亮灯状态,故障码是从小处开始显示,并非按照故障发生顺序显示,到 IG 开关"OFF"为止,反复显示故障码。故障码记录在 EEPROM(不挥发存储器)中,因此切断电源并不能清除故障码,需通过指定方式清除。

（5）作业结束后,清除故障码。

2）故障码的清除

（1）确认方向盘处于中间位置。

（2）把本田 PGM 测试器连接到数据链路连接器（16P）上进行 SCS 短路。

（3）把方向盘设置在离前进位置偏左45°的位置。

（4）把IG开关设置在"ON"位,使EPS警报灯亮灯(不启动发动机)。

（5）EPS警报灯熄灭后,把方向盘返回至中间位置,松开手。

（6）EPS警报灯重新亮灯后,重新把方向盘设置在偏左45°的位置。

（7）重新熄灭EPS警报灯,重新把方向盘返回至中间位置,松开手。

（8）当EPS警报灯熄灭4 s后,确认有无2次闪亮。

（9）确认了EPS警报灯闪亮后,马上把IG开关转为"OFF"。4 s后,进入记录扭力传感器中点值模式时,3次闪亮后,把方向盘设置在偏左45°的位置,IG开关"OFF"。注意,IG开关"OFF"时,故障码会被清除。一边旋转方向盘一边把IG开关转为"OFF"时,故障码会清除,而且不记录扭力传感器中点值。

（10）输出故障码,确认故障码已经被清除。从数据链路连接器(16P)上取下本田PGM测试器。

五、故障排除

1. 评分标准

评分标准如表8-1所示。

表 8-1 评分标准

序号	考核项目	配分	扣 分 标 准	得分
1	否决项目		造成人身、设备重大事故、不填写操作工单,或恶意顶撞测试人员、严重扰乱考场秩序,立即终止测试,此任务计0分	
2	工具、仪器设备准备	5	未检查工量具设备扣2分,工量具准备错误扣2分,工量具摆放不整齐扣1分/处	
3	车辆状态检查及车辆防护	10	1. 没有检查车辆停放安全状况扣2分,没有安放三角木扣2分,没有安装尾气抽排管扣2分; 2. 没有检查机油油面扣1分,没有检查冷却液液位扣1分,没有启动车辆扣1分,没有检查发动机工作状况扣1分; 3. 没有安装翼子板护垫扣1分,座位套、踏脚垫、方向盘套、挡位杆套少装扣0.5分/处	
4	故障现象判断	15	1. 未检查故障码扣5分,不会检查故障码扣5分,故障现象判断错误扣5分/次,故障诊断思路不明确扣5分/项; 2. 故障判断不熟练扣2分,不会判断故障现象扣15分	
5	故障诊断过程	25	1. 不会查阅维修手册扣2分,没有使用维修手册扣5分; 2. 没有关闭点火开关拔插连接器扣2分/次,不会拔插连接器扣2分/次,强行拔插连接器扣2分/次,不能正确使用万用表扣2分/次; 3. 操作过程不规范扣2分/次,工量具及仪器设备没整理扣2分; 4. 造成短路扣10分/次,烧坏线路此项计0分; 5. 部件及总成拆装不熟练扣2分/次,造成元器件损坏扣5分/次	
6	故障点确认与排除及操作工单填写	25	1. 不能确认故障点扣15分,不会排除故障扣15分; 2. 未进行故障修复后的检验扣10分; 3. 修复后故障重复出现的扣5分/次; 4. 操作工单填写不完整扣5分/项	

续表

序号	考核项目	配分	扣 分 标 准	得分
7	安全生产	20	1.不穿工作服扣2分、不穿工作鞋扣2分、不戴工作帽扣2分； 2.工量具与零件混放、摆放凌乱、落地，扣2分/处； 3.垃圾未分类回收，每次扣2分； 4.油、水洒落在地面或零部件表面未及时清理，每次扣2分/处； 5.竣工后未清理工量具、场地，扣1分/处； 6.启动车辆或举升时，未请示或未提醒，扣2分/次； 7.不服从测试人员扣10分/次	
8	合计	100	—	

2. 操作工单

操作工单如表 8-2 所示。

表 8-2　操作工单

任务名称		日期		评价结果
团队成员				

一、学习过程（学习过程中，学习的课程资源，遇到的困惑，需要教师给予的帮助简要记录）

学习资源情况记录	学习困惑点记录	需要教师指导情况记录

二、场地及设备初步检查（做好诊断前准备工作，将存在的问题填写在是否选项后的空白处）

1.工量具、仪器设备、车辆、技术资料是否准备齐全：　　是□　　否□＿＿＿＿＿＿＿

2.汽车停放位置与举升机状况是否良好：　　是□　　否□＿＿＿＿＿＿＿

3.是否放置车轮三角块、连接尾气抽排管：　　是□　　否□＿＿＿＿＿＿＿

4.是否放置方向盘套、脚垫、汽车翼子板罩：　　是□　　否□＿＿＿＿＿＿＿

5.发动机机油、冷却液是否正常：　　是□　　否□＿＿＿＿＿＿＿

6.蓄电池状况检查：＿＿＿＿＿＿＿＿＿＿＿＿＿＿＿＿＿

三、故障诊断过程

1.实施功能检查，确认故障现象，推断故障范围

(1)描述与客户抱怨相关的检查结果

(2)读取故障码，填写对该故障诊断有用的信息

(3)查阅电路图，绘制控制原理图和故障诊断流程图

控制原理图	故障诊断流程图

2. 根据故障现象、故障码提示结合电路分析判断可能原因

四、测量记录(电路参数、尾气排放、数据流或执行元件驱动测试)

1. 数据测试

测试对象	
标准描述	
测试结果	
测试结论	

2. 波形测试(不用者不填)

测试对象		
标准波形		
测试波形		
测试结论		

五、故障处理(分析测试结果,进行故障修复,并实施验证)

六、学习反思(本次任务的教学、学习流程、感兴趣点、收获等方面进行简要描述)

七、综合评价(评教分数不纳入学生任务得分)

类型	项目	评分		
评教	课堂效果(10分)			
	教学资源(10分)			
	教师风貌(10分)			
评学	项目	个人(20%)	小组(40%)	教师(40%)
	课前学习(30分)			
	任务完成(50分)			
	课后讨论(10分)			
	贡献大小(10分)			
	合计			

3. 完成故障诊断流程图

将故障诊断流程图画在下面空白处。

4. 检修小笔记

填写检修小笔记,如图 8-13 所示。

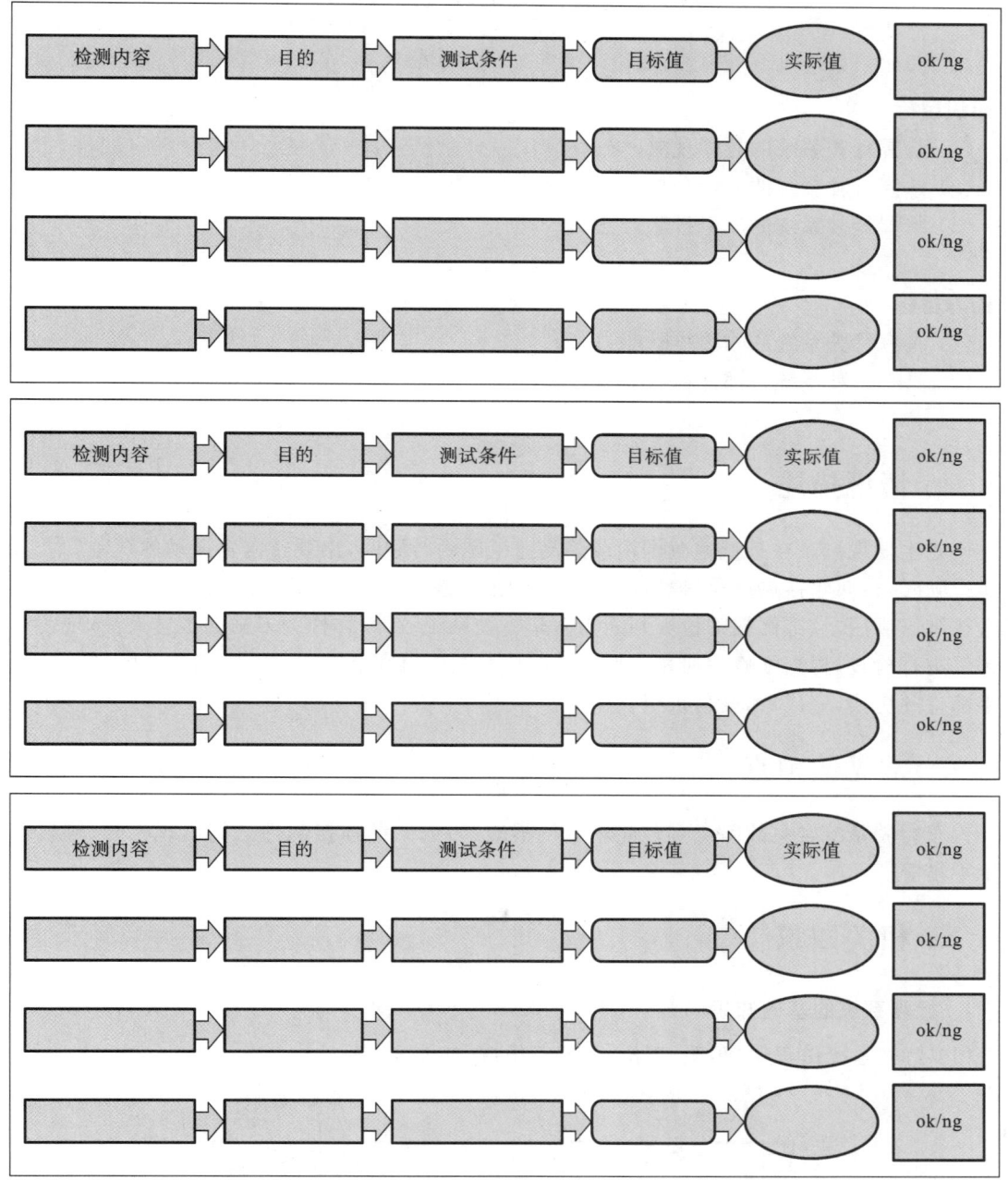

图 8-13　检修小笔记

任务九 行驶系统故障诊断

◀ **知识目标**

(1)掌握行驶系统的故障现象。

(2)掌握行驶系统的故障分析及原因。

(3)掌握行驶系统的故障排除方法。

◀ **能力目标**

(1)具有行驶系统的故障排除能力。

(2)具有行驶系统各部件检修能力。

一、情境描述

何先生发现汽车在某低速范围内或某高速范围内行驶时,出现转向轮振动的现象。尤其是高速行驶时,转向轮摆振严重,握转向盘的手有麻木感,甚至在驾驶室可看到汽车车头晃动。汽车送往维修店后,经维修技师检查判断为汽车行驶系统故障,你作为未来的维修人员,现需对相关部件进行检查,根据维修手册相关要求,在规定时间(参照维修资料)内完成故障部位的检查与零部件的更换,完成后,交付班组长验收。

二、常见故障点

汽车行驶系统常见故障点有转向轮定位不准、转向系统连接部件之间出现松旷、旋转部件动不平衡等。

三、相关知识

1. 行驶系统的基础知识

(1)行驶系统由车轮、车架、车桥、悬架等组成,如图 9-1 所示。

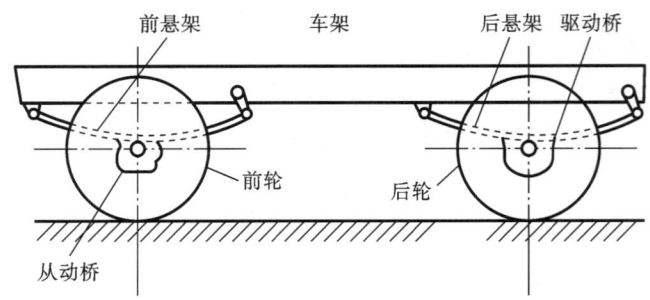

图 9-1 行驶系统的组成

(2)根据悬架的不同,可将车桥分为整体式车桥和断开式车桥。

根据车桥上车轮的作用,可将车桥分为转向桥、驱动桥、转向驱动桥、支撑桥四种类型。

(3)转向车轮、转向节和前轴三者与车架的安装应保持一定的相对位置,这种具有一定位置的安装称为转向轮的定位,也叫前轮定位。

转向轮的定位参数有主销后倾、主销内倾、前轮外倾、前轮前束,如图 9-2 所示。

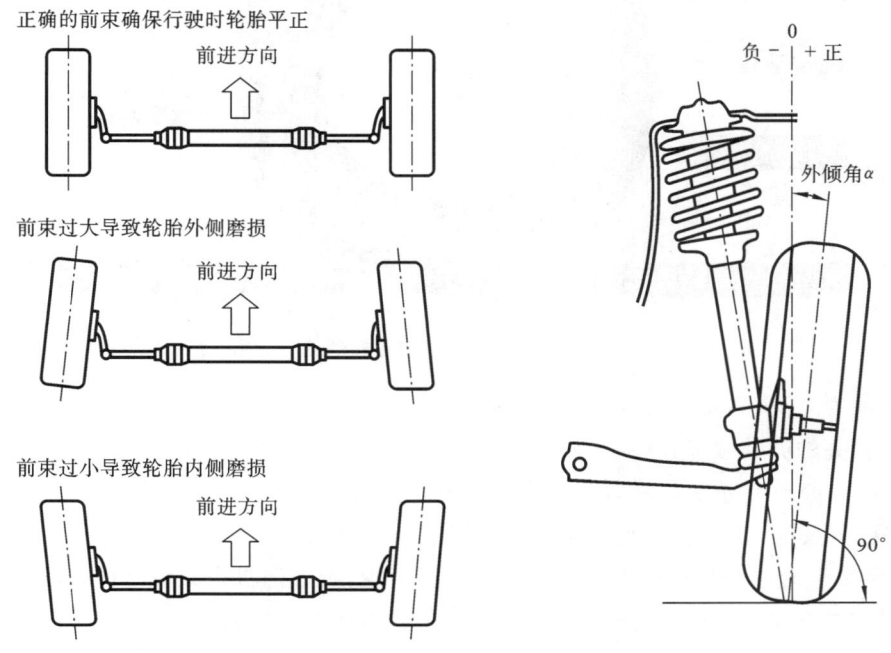

图 9-2　前轮定位参数示意图

现代汽车主销后倾角一般不超过 3°。后倾角可以减小甚至为负角(主销前倾)。

主销后倾角一般是由前轴、钢板弹簧、车架三者装配在一起时,钢板前高后低,使前轴后倾而形成的。例如,车架变形、钢板弹簧疲劳、转向节松旷、车桥扭转变形都会引起后倾角的变化。主销内倾是由前轴在制造时其主销孔轴线的上端内倾斜而形成的。例如,前轴弯曲及主销与销孔的磨损变形都会引起内倾角的变化。

前轮的外倾角是在转向节的设计中确定的。前轮外倾角为 1°左右。非独立悬架车轮的外倾角是由转向节的结构确定的。外倾角一般不能调节,但是独立悬架的转向桥大多可调整。

2. 轮胎的认知

轮胎的组成:轮辐、轮辋、轮毂。

轮胎规格的表示方法:轮胎的规格可用外胎直径 D、轮辋直径 d、断面宽 B、断面高 H 的名义尺寸代号表示。

斜交轮胎规格:我国采用国际标准,斜交轮胎的规格用 B-d 表示,载重汽车斜交轮胎和轿车斜交轮胎的尺寸 B 和 d 均以英寸为单位,如 9.00-20 表示轮辋直径 20 英寸(1 英寸＝2.54 厘米),轮胎断面宽度 9.00 英寸。

国产子午线轮胎规格如图 9-3 所示。

子午线轮胎规格:如 195/60HR14 表示该子午线轮胎断面宽度为 195 mm,扁平率为 60%,速度符号位 H(最高行驶速度为 210 km/h),轮辋直径为 14 英寸。

无内胎轮胎规格:载货汽车普通子午线轮胎无内胎轮胎规格用 BRd 表示,如 8R22.5 表示

图 9-3　国产子午线轮胎规格

轮胎断面宽度为 8 英寸,轮辋直径为 22.5 英寸,R 表示子午线轮胎。

与车轮相关的其他故障:

(1)振动。振动可分车身抖动、转向颤振、转向摆振。

(2)摆振。摆振可分为两种:在相对低速下 20～60 km/h 持续出现的振动;只在高于 80 km/h 的一定车速时才会出现的振动(称为"颤振")。现象:方向盘来回转动的幅度较大。

造成摆振的主要原因是车轮总成不平衡、偏摆过量或轮胎刚度均匀性不足。因此,排除这些故障,通常便可消除这种摆振。其他可能的原因还有:转向杆系统故障、悬架系统间隙过大、车轮定位不当。

(3)车身抖动。造成抖动的原因:车轮总成不平衡、车轮偏摆过量及轮胎刚度的均匀性不足。因此,排除这些故障,通常可以消除车身的抖动。车速在 80 km/h 以下时,一般不会感觉到抖动。高于这一车速时,抖动现象便会明显上升,然后在某一速度上达到极点。如果车速在 40～60 km/h 发生抖动,则一般是由于车轮总成偏摆过量或轮胎缺少均匀性。

(4)行驶沉重。较低的充气压力会使轮胎与地面的接触面积太大,增加轮胎的行驶阻力。每种车型都有最适合其预计载荷和使用的推荐轮胎。使用刚度较强的轮胎,会导致行驶沉重。

(5)转向沉重。引起转向沉重的原因:

充气压力太低,会使轮胎面的接触面积变宽,增加轮胎与路面之间的阻力,从而使转向迟缓。

车轮定位调整不当,也会引起转向沉重。

转向轴颈和转向系统的故障,同样会引起转向沉重。

(6)车辆跑偏。车辆跑偏意味着当驾驶员试图使车辆向正前方行驶时,车辆却偏离并向某一侧行驶。当左、右轮胎的滚动阻力相差很大,或绕左、右转向轴线作用的力矩相差很大时,最容易发生这种现象。

与车轮相关的原因:如左、右轮胎的外径不同,每一轮胎转动一圈的距离便不相同。因此,车辆往往会向左或向右行驶。

左、右轮胎的充气压力不同,则各车轮的滚动阻力也就不相同,车辆因此往往向左或向右改变行驶方向。

前束和后束过量,左、右外倾角或主销后倾角的差别太大,车辆也很可能向某侧偏斜。前束不符合要求时,方向的自动回正能力减弱。

3. 悬架方面的基础知识

1)悬架的组成

悬架系统由弹性元件、减振器和导向装置等组成,如图9-4所示。

2)悬架的类型

根据控制形式的不同,悬架可分为被动悬架和主动悬架。

主动悬架又可分为主动式液压悬架和主动式空气悬架。

根据导向机构的不同,悬架可分为独立悬架和非独立悬架,如图9-5所示。

3)弹性元件

悬架采用的弹性元件:钢板弹簧、螺旋弹簧、扭杆弹簧、气体弹簧等。

(1)螺旋弹簧。

螺旋弹簧只承受垂直载荷,使用时需要加装导向机构和减振器。

(2)扭杆弹簧。

使用时需要加装导向机构和减振器。

(3)气体弹簧。

气体弹簧主要有空气弹簧和油气弹簧。空气弹簧又有囊式和膜式两种。空气弹簧主要使用在主动悬架上。

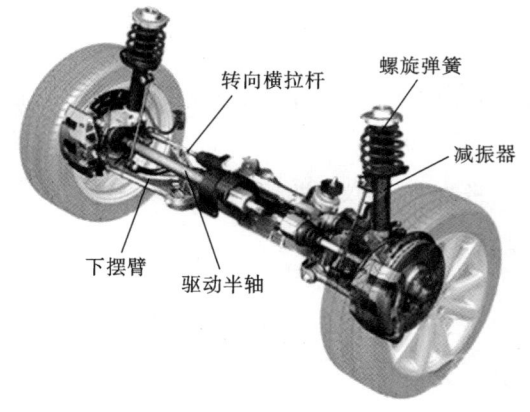

图9-4 悬架系统组成示意图

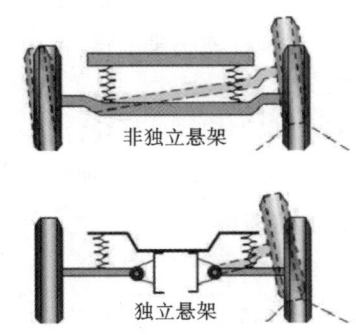

图9-5 悬架分类

4)减振器

汽车悬架系统采用的减振器多为液压式减振器。

5)独立悬架

独立悬架的特点:独立悬架采用的车桥是断开式的。这样可以使发动机放低安装,有利于降低汽车重心,并使结构紧凑。独立悬架准许前轮有大的跳动空间,有利于转向,便于选择软的弹簧元件使其平顺性得到改善,同时独立悬架的非簧载质量小,可提高汽车车轮的附着性。

独立悬架按车轮运动形式可以分为以下三种类型:车轮在汽车横向平面内摆动的横臂式独立悬架;车轮在汽车纵向平面内摆动的纵臂式独立悬架;车轮沿主销移动的独立悬架,包含烛式独立悬架(车轮沿固定不动的主销轴线移动)及麦弗逊式独立悬架(车轮沿摆动的主销轴线移动)。

四、故障诊断

1. 汽车行驶跑偏

1）故障现象

汽车不能保持居中位置行驶，不加外力情况下汽车自动驶离直线行驶方向。

2）故障原因

（1）两端主销后倾角或车轮外倾角不相等。

（2）前束过大或过小。

（3）有一边前钢板弹簧错位、折断，两边弹力不均或一边减振器失效。

（4）前轮左右轮毂轴承松紧度调整不一，有一边车轮制动拖滞。

（5）转向节臂、转向节弯曲变形。

（6）前轴、车架变形，钢板弹簧U形螺栓松动等使左右轴距不相等。

（7）后桥轴管弯曲变形。

3）故障诊断

（1）检查轮胎的使用情况。若一边轮胎产生胎冠中间或两肩磨损、外侧或内侧偏磨，以及由外向里或由里向外的锯齿形磨损，可分别判断是否为轮胎气压过高或过低、前轮外倾角过大或过小、前束过大或过小，从而进行必要的调整检修。

（2）若在轮胎气压相同、轮胎直径不一致的情况下，车身有倾斜，应检查低的一边的钢板弹簧是否完好，弧度是否足够，弹力是否正确。

（3）汽车行驶一段里程后，用手触摸轮毂轴承和制动鼓，若烫手，说明轮毂轴承过紧或制动系拖滞。

（4）若以上均属良好，将汽车正直停放在平坦路面上，用仪器检测前轮外倾角。

（5）用皮尺测量左、右轴距是否相同。

2. 低速摆振

1）故障现象

（1）当汽车低于 20 km/h 的车速行驶时，前轮左右摆动。

（2）前轮摆动的幅度会越来越大，致使整车筛糠般抖动。

2）故障原因

（1）前轴变形，前束过小或反前束（前大后小），前轮外倾角变小。

（2）钢板弹簧固定松动，挠度不良，负重后压平或下弯，使主销后倾角变化。

（3）转向器安装螺栓松动，传动间隙过大。

（4）转向节臂固定处松动。

（5）纵、横拉杆连接点松动，弹簧折断或出现间隙。

（6）轮毂轴承间隙过大。

（7）后轮超载或轮胎气压不足。

3）故障诊断

（1）检查转向系统。一个人转动转向盘，另一个人在车身下观察转向传动机构，如转向盘自由转动量过大，则故障在转向器本身；如转向摇臂摆动很多而前轮并不偏转，则故障在传动机构，应检查转向节臂和纵、横拉杆各球节是否松旷，必要时进行调整。如果转向器和转向传动机构均为良好,应顶起前轴,在轮胎侧面,用撬棒撬动轮胎,检查轮毂轴承是否松旷,必要时进行调整和修理。

(2)测量前轮前束,按照各制造厂规定的测量部位进行。前束失准,与前轮外倾角匹配不合理,不能有效地消除由于前轮外倾角所引起的车轮边向前滚动边横向滑移的现象,导致低速摆振。测量结果不符规定时应正确调整。

(3)检查前钢板弹簧规格是否有误,弹性是否符合规定,U形螺栓是否松动。这些因素都会引起后倾角变小,甚至失去前轮自动回正到中间位置直线行驶的能力而摆振。

(4)根据轮胎的异常磨损进行判断。

3. 高速摆振

1)故障现象

(1)车速为 40～70 km/h 时,前轮摇摆。

(2)当车速低于 40 km/h 或高于 70 km/h 时,前轮摇摆消失。

2)故障原因

(1)低速摆振导致高速摆振。

(2)前轮轮胎使用修补的轮胎引起动不平衡。

(3)前轮轮辋摆差太大(3～5 mm),拱曲变形。

(4)传动系统的零件安装松动、传动轴弯曲、动平衡不符合规定。

(5)减振器失效、车架变形、螺钉松动、前轴变形或前钢板弹簧刚度不一致。

3)故障诊断

(1)顶起驱动桥,前轮加安全塞块,启动发动机,逐步换入高速挡,使驱动轮达到摆振的速度,如果此时出现摆振现象,是传动系统故障。如果不出现摆振现象,是转向桥故障。

(2)顶起转向桥,转动车轮检查静平衡情况和钢圈是否偏摆过大,必要时可换件进行对比试验。

(3)检查减振器效能。

其方法是:用力扳动前保险杠(上下运动),检视减振器是否在伸张(或压缩)行程内动作,若车身上下颠簸 2～3 次后就停止,也无异响,证明减振器良好,否则应修复或更换。

4. 减振器故障

1)故障现象

(1)汽车行驶时车身连续无异常振抖,尤其行驶在不平路面时振动更大。

(2)减振器油封或衬垫处有油液漏出。

(3)行驶中有噪声。

2)故障原因

(1)无油或油液不足。漏油的原因是油封磨损或损坏,衬垫破裂、压碎或螺栓松动。

(2)阀门被污物垫起。

(3)阀门与阀座贴合不严而造成的漏油。

(4)活塞与缸筒磨损。

(5)拉杆脱落或减振器臂与轴承松旷。

拉杆脱扣和胶垫损坏的故障原因有:在旋紧螺母时,用力过大或用不合适的螺帽旋上而脱扣;胶垫压持过紧而失去应有的弹力;由于长期使用,振动损坏。

3) 故障诊断

当对减振器效用产生怀疑时,可在汽车行驶一段路程后,用手触摸减振器外壳,手感温度较高为正常;若温度很低或无温热感,则可认为有故障,应进行维修或更换。

5. 钢板弹簧故障

1) 故障现象

(1) 钢板弹簧折断:车身出现倾斜现象,倾向钢板弹簧折断的一边;若前钢板弹簧折断,还会同时出现行驶跑偏。

(2) 钢板弹簧窜动:在行驶中,感觉汽车有斜扭现象,转向时转向盘一侧重一侧轻,特别是前钢板弹簧窜动而跑偏时尤为明显。

(3) 钢板弹簧销、衬套、吊耳磨损:在汽车行驶中,有异响,若是钢板弹簧的销、衬套、吊耳磨损过度,汽车行驶时还会容易摆头。

2) 故障原因

(1) 钢板弹簧折断:钢板弹簧受到汽车行驶中颠簸的交变应力,经过一定时期后·因疲劳而突然发生脆性断裂;也可以是应力集中处,在极限强度下突然断裂。满载行驶时紧急制动、在凹凸不平的道路上高速行驶、载荷过重,以及钢板弹簧在装配时各片弧度不同和接触不良、回跳夹夹持过紧等,都会造成钢板弹簧折断。

(2) 钢板弹簧窜动:钢板弹簧骑马螺丝松旷或脱扣;中心螺栓折断;钢板弹簧定位凸点磨平等。

(3) 钢板弹簧销、衬套、吊耳磨损:各铰接缺乏润滑油;吊耳与轴的配合过松,引起不合理的磨损;吊耳衬套磨损过度,没有及时更换,以致又将吊耳镶套处磨损。

3) 故障诊断

对于钢板弹簧折断和销、衬套、吊耳磨损,在一定程度上通过看、听、摸,即可做出诊断。对于弹簧窜动,先检查骑马螺栓的固定状况,若没有松动或脱扣,则用手捶在可疑钢板弹簧间敲击,如发现窜动现象,可诊断为中心螺栓折断或定位凸点磨平。

6. 行驶平顺性不良

1) 故障现象

汽车行驶时出现振动,加速时出现窜动,驾乘人员感觉很不舒服。

2) 故障主要原因及处理方法

(1) 前稳定杆卡座松旷或橡胶支承损坏,应予更换。

(2) 车轮动平衡超标,应予校正。

(3) 减振器或缓冲块失效,应予修理或更换。

(4) 传动轴动不平衡,应予校正。

(5) 钢板弹簧支架衬套磨损松旷,应予更换。

(6) 车轮轴承松旷或转向横拉杆球头松旷,应予更换。

(7) 钢板弹簧 U 形螺栓滑牙或松动,应予更换或紧固。

(8) 发动机横梁和下摆臂的固定螺栓或衬套松旷,应予修理或更换。

(9) 半轴内外万向节磨损松旷,应予更换。

(10) 轮胎气压过高、磨损不均,应予调整或更换等。

7. 车身横向倾斜

1）故障现象

汽车车身左高右低或左低右高，出现倾斜。

2）故障主要原因及处理方法

（1）左右轮胎气压不一致，应按规定充气。

（2）左右轮胎规格不一致，应予更换。

（3）悬架弹簧自由长度或刚度不一致，应予更换。

（4）下摆臂变形，应予校正或更换。

（5）发动机横梁和下摆臂的固定螺栓或衬套松旷，应予修理或更换。

（6）减振器或缓冲块损坏，应予更换。

（7）发动机横梁变形，应予校正或更换。

（8）车身变形，应予整形修理等。

8. 轮胎异常磨损

1）故障现象

轮胎磨损速度加快，胎面出现如图 9-6 所示的不正常磨损形状。

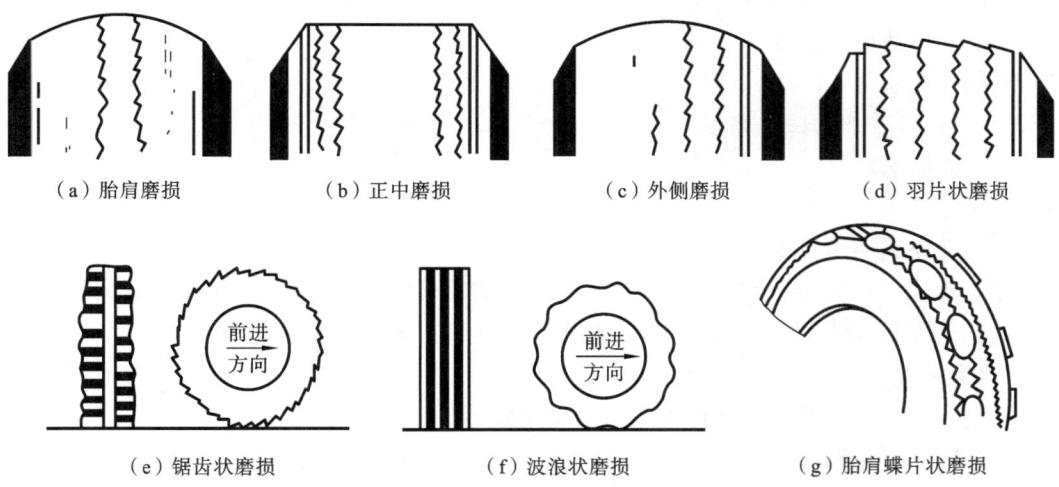

（a）胎肩磨损　　　（b）正中磨损　　　（c）外侧磨损　　　（d）羽片状磨损

（e）锯齿状磨损　　　（f）波浪状磨损　　　（g）胎肩蝶片状磨损

图 9-6　前轮轮胎不正常磨损示意图

2）故障主要原因及处理方法

（1）轮胎气压不符合要求，轮胎质量不佳或车轮螺栓松动，应按规定充气，更换轮胎或紧固车轮螺栓。

（2）轮胎长期未换位或汽车经常行驶在拱度较大的路面上，应及时进行轮胎换位（一般每行驶 10 000 km 左右应进行一次轮胎换位，并进行动平衡校正）。

（3）前轮定位不正确或前轮旋转质量不平衡，应校正前轮定位和车轮平衡。

（4）纵横拉杆、轮毂轴承松旷或转向节与主销松旷，应予修理或更换。

（5）钢板弹簧 U 形螺栓松旷或钢板弹簧衬套与销松旷，应予紧固或更换。

（6）经常超载、偏载、起步过急、高速转弯或制动过猛，应注意正确的驾驶方法。

（7）转向梯形不能保证各车轮纯滚动，出现过度转向，应予调整。

（8）前轴与车架纵向中心线不垂直或车架两边的轴距不等，应予调整。

（9）前梁或车架变形，应予整形。

（10）前轮放松制动回位慢或制动拖滞，应予排除等。

3）故障诊断方法

（1）胎冠两肩磨损与胎壁擦伤，是由于轮胎气压不足或汽车长期超载引起。

（2）胎冠中部磨损，是由于轮胎气压过高引起。

（3）胎冠内（外）侧偏磨损，是由于车轮外倾角过大（小）引起。

（4）胎冠两侧呈锯齿状磨损，是由于轮胎换位不及时或汽车经常紧急制动或长期超载引起。

（5）胎冠由外（里）侧向里（外）侧呈锯齿状磨损，是由于前束过大（小）引起。

（6）胎冠呈波浪状或碟片状磨损，是由于轮毂轴承松旷或车轮动不平衡引起。

9. 车架的维修

1）车架的常见损坏现象

（1）车架弯曲或扭曲变形、断裂。

（2）铆钉松动或被剪断。

（3）部件脱焊或被撕裂。

（4）表面涂层损坏等。

2）引起上述现象的主要原因

（1）汽车超载或动载荷过大。

（2）交通事故中造成损坏。

（3）剧烈颠簸等。

3）车架检修作业的主要内容

（1）表面涂层修复。

（2）尺寸校正。

（3）焊补或更换铆钉等。

由于车架尺寸的失准，会造成底盘各主要部件的相对位置发生变化，从而影响到传动效率、非正常磨损乃至汽车寿命和行车安全，因此上述作业中主要的是车架的校正。

4）检修完成后的车架应满足的要求

（1）安装在车架上的各零部件不发生运动干涉。

（2）车架具有足够的强度和适当的刚度。

（3）车架质量应尽可能小，不要焊接或铆接过多的钢件。

（4）车架的重心应尽量降低。

（5）涂层完好。

10. 车桥的维修

车桥通过悬架与车架或承载式车身相连，两端安装车轮。按车轮的作用，车桥可分为驱动桥、转向桥、转向驱动桥和支持桥。

检修完成的车桥应满足：无变形、裂纹、泄漏、异响、松动、过热等现象。

11. 车轮和轮胎的维修

1）车轮和轮胎维护作业的主要内容

（1）检查轮辋及压条挡圈，应无裂损、变形。

（2）检查车轮螺栓连接是否可靠。

（3）检查气门嘴帽是否齐全。

（4）检查轮毂轴承间隙有无明显松旷。

（5）检查调整轮胎气压等。

2）车轮和轮胎在使用中应注意的事项

（1）规格不同，甚至厂牌不同的轮胎不得同轴使用。

（2）选定的轮胎与轮辋应相配。

（3）使用中避免超载、紧急制动，合理分配各车轮的负荷。

（4）定期检查轮胎气压和外胎表面，清除铁钉、石块等异物。

（5）为使轮胎磨损均匀，延长使用寿命，一般每行驶 10 000 km 左右应进行一次轮胎换位，轮胎换位的方法如图 9-7 所示。图 9-7(a)、图 9-7(b)为交叉换位，适用于经常在拱形路面上行驶的汽车；图 9-7(c)、图 9-7(d)为循环换位，适用于经常在平坦路面上行驶的汽车。注意：根据经常行驶的路面情况选择换位方法后，下次仍然要使用该种换位方法；翻新胎、有损伤或磨损严重的轮胎，不得用于转向桥。

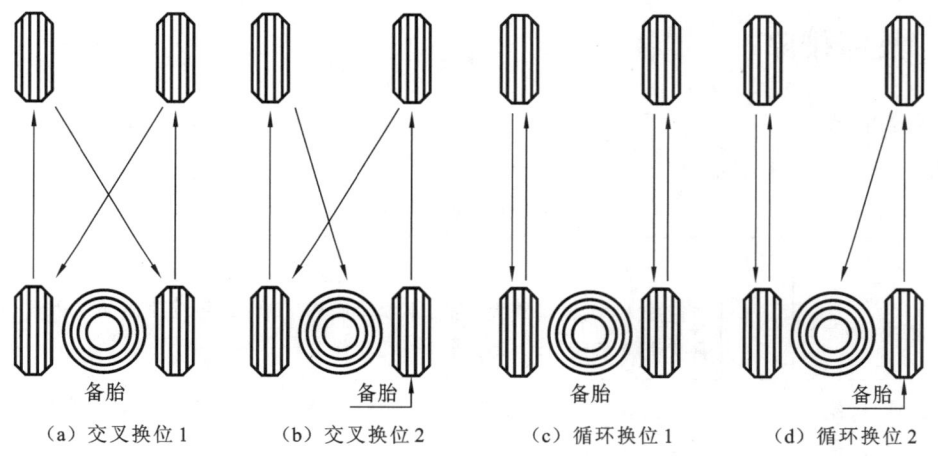

（a）交叉换位1　　（b）交叉换位2　　（c）循环换位1　　（d）循环换位2

图 9-7　轮胎换位方法

3）轮胎的检修

（1）内胎的检修。

内胎使用中常见的损伤形式有：穿孔、破裂，气门嘴损坏、漏气等。这些损伤形式的共同特点都是泄漏。检查和确定损伤部位的方法一般是把具有一定气压的内胎放到水中，观察气泡的出处，确定损伤部位并加以修补。

（2）外胎的检修。

① 外胎内壁应光滑，不得粘有砂土，外胎嵌入石子后应及时清除。如因气压过高等造成损坏，形成破洞，应予修理或更换。

② 如轮胎花纹及胎面严重磨损，已暴露出帘布层或胎面，局部损伤超过规定标准等，应报废。

③ 胎圈钢丝应无松散、折断。若胎圈钢丝露面不超过周长的 1/6，可送厂翻修，否则应更换。

（3）轮胎的装配。

① 将外胎内部和内胎外表面擦净，在其相互接触的表面上薄而均匀地涂上一层细滑石粉。将内胎及衬带装入外胎，并将气门嘴对准气门槽孔，将轮胎装到轮辋上。如有挡圈和锁圈，一并装入。

② 将轮胎按规定气压充足气，检查有无漏气现象。

③ 将车轮总成装上车，注意不要遮挡到制动毂检视孔。对称地按规定力矩拧紧车轮螺母。

④ 对于后轮双车轮,一定要先拧紧内侧车轮的内螺母,然后安装外侧车轮,且相邻的两轮气门嘴应互相错开180°对称排列。双轮间隙适当,高低搭配合适。一般较低的轮胎装于里侧,较高的轮胎装于外侧。

(4) 车轮总成的平衡检查。

(5) 前轮定位的调整。

(6) 检修完成的车轮和轮胎应满足的要求。

① 规格选择恰当。

② 静平衡和动平衡满足要求。

③ 充气压力正确,无泄漏现象。

④ 轮辋无变形,气门嘴帽齐全。

⑤ 胎面花纹满足要求。

五、故障排除

1. 评分标准

评分标准如表9-1所示。

表 9-1　评分标准

序号	考核项目	配分	扣分标准	得分
1	否决项目		造成人身、设备重大事故,不填写操作工单,或恶意顶撞测试人员、严重扰乱考场秩序,立即终止测试,此任务计0分	
2	工具、仪器设备准备	5	未检查工量具设备扣2分,工量具准备错误扣2分,工量具摆放不整齐扣1分/处	
3	车辆状态检查及车辆防护	10	1.没有检查车辆停放安全状况扣2分,没有安放三角木扣2分,没有安装尾气抽排管扣2分; 2.没有检查机油油面扣1分,没有检查冷却液液位扣1分,没有启动车辆扣1分,没有检查发动机工作状况扣1分; 3.没有安装翼子板护垫扣1分,座位套、踏脚垫、方向盘套、挡位杆套少装扣0.5分/处	
4	故障现象判断	15	1.未检查故障码扣5分,不会检查故障码扣5分,故障现象判断错误扣5分/次,故障诊断思路不明确扣5分/项; 2.故障判断不熟练扣2分,不会判断故障现象扣15分	
5	故障诊断过程	25	1.不会查阅维修手册扣2分,没有使用维修手册扣5分; 2.没有关闭点火开关拔插连接器扣2分/次,不会拔插连接器扣2分/次,强行拔插连接器扣2分/次,不能正确使用万用表扣2分/次; 3.操作过程不规范扣2分/次,工量具及仪器设备没整理扣2分; 4.造成短路扣10分/次,烧坏线路此项计0分; 5.部件及总成拆装不熟练扣2分/次,造成元器件损坏扣5分/次	
6	故障点确认与排除及操作工单填写	25	1.不能确认故障点扣15分,不会排除故障扣15分; 2.未进行故障修复后的检验扣10分; 3.修复后故障重复出现的扣5分/次; 4.操作工单填写不完整扣5分/项	

续表

序号	考核项目	配分	扣 分 标 准	得分
7	安全生产	20	1.不穿工作服扣 2 分、不穿工作鞋扣 2 分、不戴工作帽扣 2 分； 2.工量具与零件混放、摆放凌乱、落地,扣 2 分/处； 3.垃圾未分类回收,每次扣 2 分； 4.油、水洒落在地面或零部件表面未及时清理,每次扣 2 分/处； 5.竣工后未清理工量具、场地,扣 1 分/处； 6.启动车辆或举升时,未请示或未提醒,扣 2 分/次； 7.不服从测试人员扣 10 分/次	
8	合计	100	—	

2. 操作工单

操作工单如表 9-2 所示。

表 9-2　操作工单

任务名称		日期		评价结果
团队成员				

一、学习过程(学习过程中,关于课程资源、遇到的困惑、需要教师给予帮助的简要记录)

课程资源情况记录	学习困惑点记录	需要教师指导情况记录

二、场地及设备初步检查(做好诊断前准备工作,将存在的问题填写在是否选项后的空白处)

1.工量具、仪器设备、车辆、技术资料是否准备齐全：　是□　否□＿＿＿＿＿＿＿＿

2.汽车停放位置与举升机状况是否良好：　是□　否□＿＿＿＿＿＿＿＿

3.是否放置车轮三角块、连接尾气抽排管：　是□　否□＿＿＿＿＿＿＿＿

4.是否放置方向盘套、脚垫、汽车翼子板罩：　是□　否□＿＿＿＿＿＿＿＿

5.发动机机油、冷却液是否正常：　是□　否□＿＿＿＿＿＿＿＿

6.蓄电池状况检查：＿＿＿＿＿＿＿＿＿＿＿＿＿＿＿＿

三、故障诊断过程

1.实施功能检查,确认故障现象,推断故障范围

(1)描述与客户抱怨相关的检查结果

(2)读取故障码,填写对该故障诊断有用的信息

(3)查阅电路图,绘制控制原理图和故障诊断流程图

控制原理图	故障诊断流程图

2. 根据故障现象、故障码提示结合电路分析判断可能原因

四、测量记录(电路参数、尾气排放、数据流或执行元件驱动测试)

1. 数据测试

测试对象
标准描述
测试结果
测试结论

2. 波形测试(不用者不填)

测试对象		
标准波形		
测试波形		
测试结论		

五、故障处理(分析测试结果,进行故障修复,并实施验证)

六、学习反思(对本次任务的教学、学习流程、感兴趣点、收获等方面进行简要描述)

七、综合评价(评教分数不纳入学生任务得分)

类型	项目	评分		
评教	课堂效果(10分)			
	教学资源(10分)			
	教师风貌(10分)			
评学	项目	个人(20%)	小组(40%)	教师(40%)
	课前学习(30分)			
	任务完成(50分)			
	课后讨论(10分)			
	贡献大小(10分)			
	合计			

3. 完成故障诊断流程图

将故障诊断流程图画在下面空白处。

4. 检修小笔记

填写检修小笔记,如图 9-8 所示。

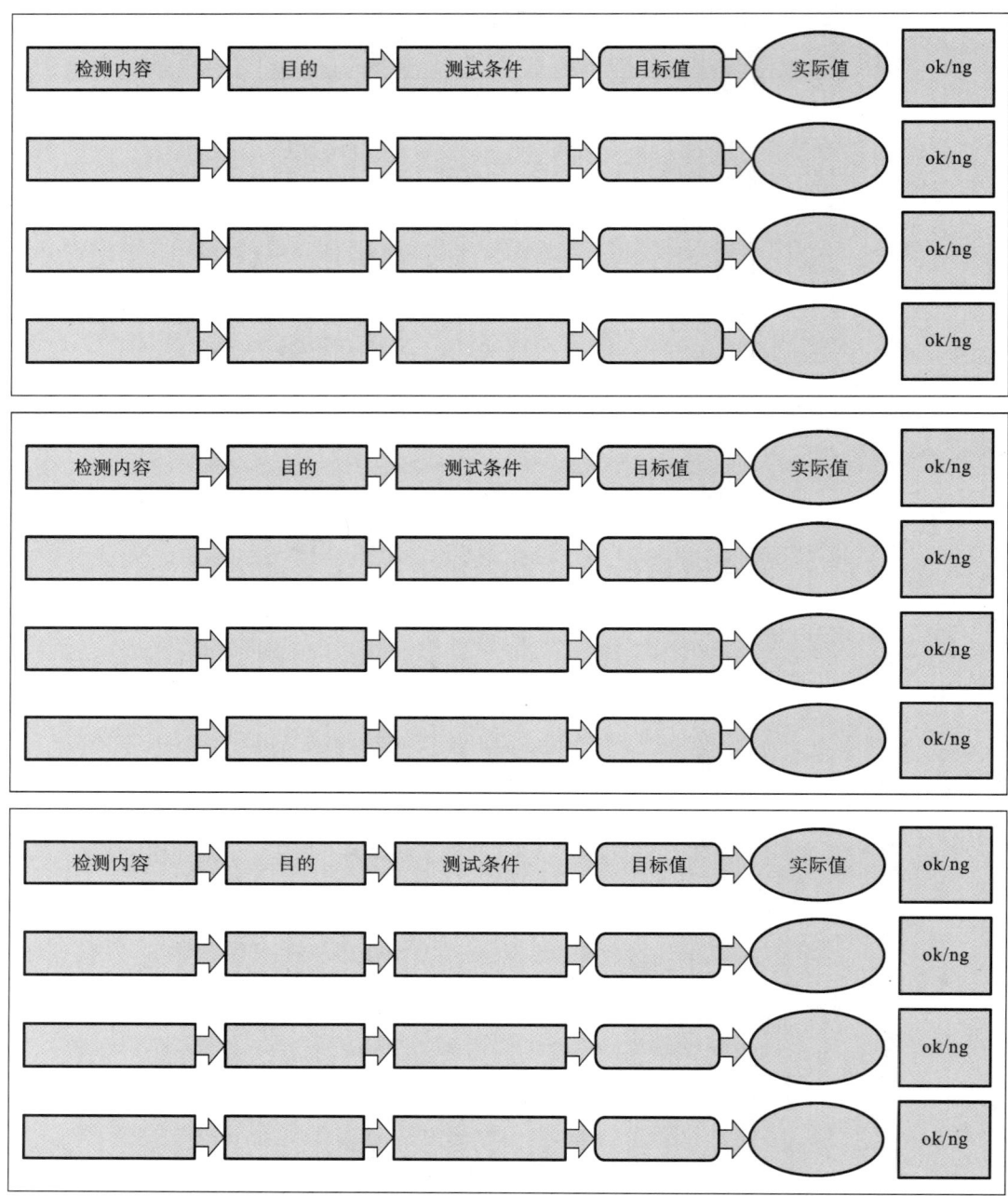

图 9-8　检修小笔记

任务十 传动系统故障诊断

◀ **知识目标**

    (1)掌握传动系统的故障现象。

    (2)掌握传动系统的故障分析及原因。

    (3)掌握传动系统的故障排除方法。

◀ **能力目标**

    (1)具有传动系统的故障排除能力。

    (2)具有传动系统各部件检修能力。

一、情境描述

    何先生在汽车行驶中发现传动装置发出周期性的响声,车速越高响声越大,严重时伴随有车身振动。汽车送往维修店后,经维修技师检查判断为汽车传动系统故障,你作为未来的维修人员,现需对相关部件进行检查,根据维修手册相关要求,在规定时间(参照维修资料)内完成故障部位的检查与零部件的更换,完成后,交付班组长验收。

二、常见故障点

    离合器常见故障有打滑、分离不彻底、发抖、发响。变速器常见故障是跳挡、乱挡、异响、换挡困难和漏油。万向传动装置的常见故障有传动轴振动和噪声、启动撞击及滑行异响等。

三、相关知识

1. 汽车传动系统的组成

    汽车传动系统是从发动机到驱动轮之间所有动力传递装置的总称。不同配置的汽车,传动系统的组成不同。如载货汽车及部分轿车,其传动系统一般由离合器、手动变速器、万向传动装置(包括万向节和传动轴)、驱动桥(包括主减速器、差速器、半轴、驱动桥壳)等组成,如图10-1所示。

    轿车中采用自动变速器的越来越多,其传动系统包括自动变速器、万向传动装置、驱动桥等,即用自动变速器取代了离合器和手动变速器。汽车传动系统的功用是将发动机的动力传给驱动轮。

    机械式传动系统常见布置形式主要与发动机的位置及汽车的驱动形式有关,如图10-2所示。可分为:

    (1)前置后驱——FR:发动机前置、后轮驱动。这是一种传统的布置形式。国内外的大多数货车、部分轿车和部分客车都采用这种形式。

    (2)后置后驱——RR:发动机后置、后轮驱动。在大型客车上多采用这种布置形式,少量微型、轻型轿车也采用这种形式。发动机后置,使前轴不易过载,并能更充分地利用车厢面积,

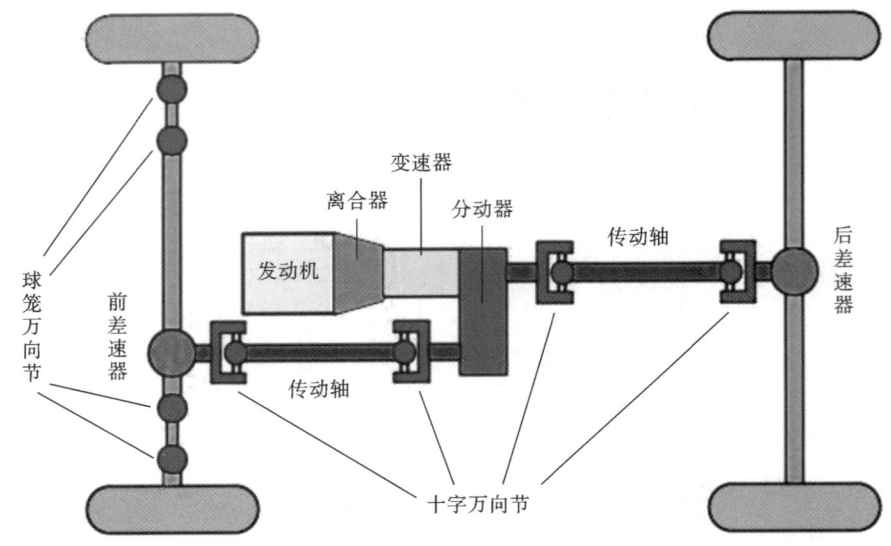

图 10-1　汽车传动系统结构图

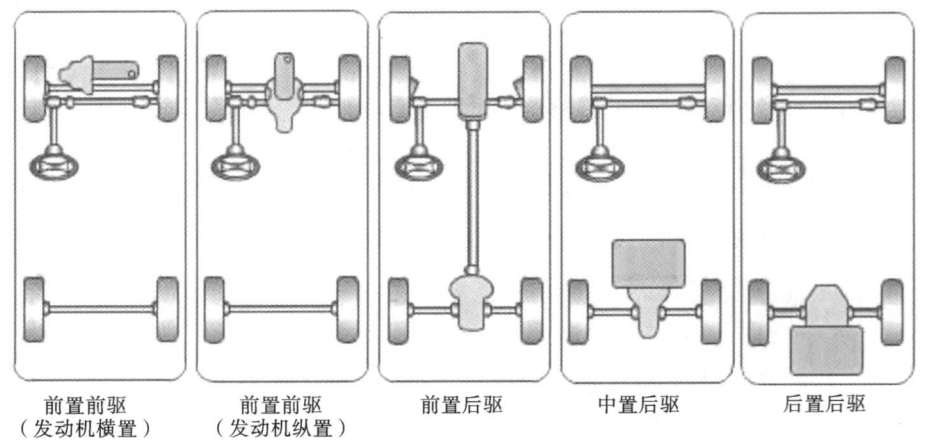

图 10-2　驱动形式示意图

还可有效地降低车身地板的高度或充分利用汽车中部地板下的空间安置行李,也有利于减轻发动机的高温和噪声对驾驶员的影响。缺点是发动机散热条件差,行驶中的某些故障不易被驾驶员察觉。远距离操纵也使操纵机构变得复杂、维修调整不便。但由于优点较为突出,在大型客车上应用得越来越多。

(3)前置前驱——FF:发动机前置、前轮驱动。这种形式操纵机构简单、发动机散热条件好。但上坡时汽车质量后移,使前驱动轮的附着质量减小,驱动轮易打滑;下坡制动时则由于汽车质量前移,前轮负荷过重,高速时易发生翻车现象。现在大多数轿车采取这种布置形式。

(4)越野汽车传动系统结构图如图 10-3 所示。越野汽车一般为全轮驱动,发动机前置,在变速箱后装有分动器以将动力传递到全部车轮上。目前,轻型越野汽车普遍采用 4×4 驱动形式,中型越野汽车采用 4×4 或 6×6 驱动形式,重型越野汽车一般采用 6×6 或 8×8 驱动形式。

2. 汽车传动系统的功用

汽车发动机所发出的动力靠传动系统传递到驱动轮。传动系统具有减速、变速、倒车、中断动力传递、轮间差速和轴间差速等功能,与发动机配合工作,能保证汽车在各种工况条件下的正常行驶,并具有良好的动力性和经济性。汽车传动系统的基本功能就是将发动机发出的动力传

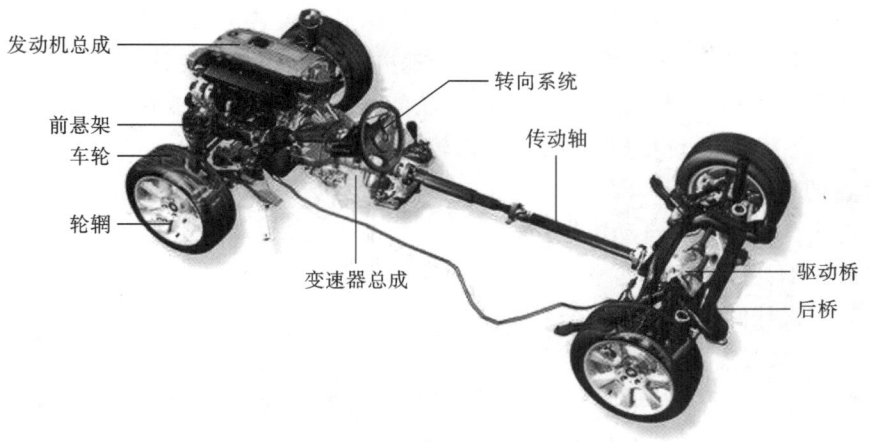

图 10-3　越野汽车传动系统结构图

给驱动轮。它的首要任务就是与汽车发动机协同工作,以保证汽车能在不同使用条件下正常行驶,并具有良好的动力性和燃油经济性,为此,汽车传动系统都具备以下的功能:减速和变速,实现汽车倒车,必要时中断动力传递。

1)离合器

功用:

(1)离合器可使汽车发动机与传动系统逐渐结合,保证汽车平稳起步。

(2)离合器可暂时切断发动机与传动系统的联系,便于发动机的启动和变速器的换挡,以保证传动系统换挡时工作平顺。

(3)离合器还能限制所传递的转矩,防止传动系统过载。

组成:主动部分、从动部分、压紧装置、分离机构和操纵机构,如图 10-4 所示。

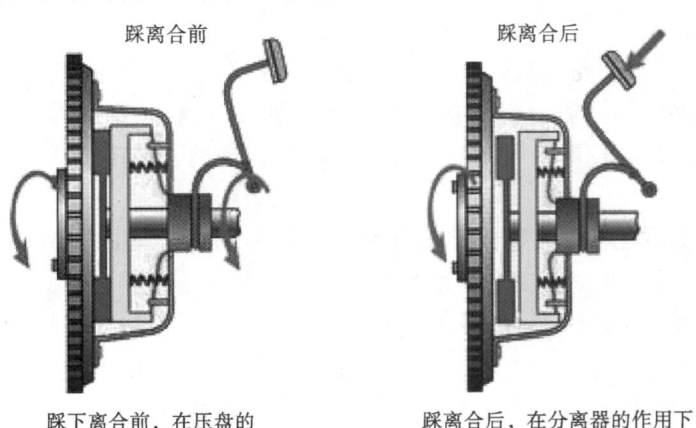

图 10-4　离合工作原理示意图

2)变速器

功用:

(1)实现变速变矩。

(2)实现汽车倒驶。

(3)必要时中断动力传递。

(4)实现动力输出。

变速器具有 MT、AT、AMT、DCT、CVT 等多种形式。它可按照手动和自动两种情况分类。手动变速器最为常见,自动变速器已较为普遍并且有取代手动变速器的趋势。手动变速器和自动变速器虽然类型不同、组成部分不同,但功能几乎一样。自动变速器结构更为复杂、技术含量更高、操作更为简便、价格较为昂贵、维修较为不便。

对变速器的要求:

(1)能防止自动换挡和自动脱挡。

(2)能保证不会同时挂入两个挡位。

(3)能防止误挂倒挡。

3)万向传动装置

功用:在汽车上任何一对轴间夹角和相对位置经常发生变化的转轴之间传递动力。

(1)一般 FR 的输出轴线与驱动桥的输入轴线难以布置得相重合,并且汽车在负荷变化的情况下及在不平路面行驶时引起的跳动,将使驱动桥输入轴与变速器输出轴之间的夹角和距离发生变化,故在变速器(或分动器)与驱动桥之间须用万向传动装置连接。

(2)虽然变速器、离合器、分动器等都支承在车架上,且它们的轴线也可以相重合,但为消除车架变形及制造、装配误差等引起的轴线同轴度误差对动力传递的影响,变速器与离合器或与分动器之间也常装有万向传动装置。

(3)汽车的转向驱动桥需要满足转向和驱动的功能,其半轴是分段的,转向时两段半轴轴线相交且夹角变化,因此要用万向传动装置。在断开式驱动桥中,主减速器壳固定是在车架上的,桥壳上下摆动,半轴是分段的,也须用万向传动装置。

(4)某些汽车的转向操纵机构受整体布置的限制,转向盘轴线与转向器输入轴线不重合,因此在转向操纵机构中装有万向传动装置。

4)驱动桥

驱动桥将万向传动装置(或变速器)传来的动力经降速增扭、改变动力传递方向(发动机纵置时)后,分配到左、右驱动轮,使汽车行驶,并允许左、右驱动轮以不同的转速旋转。

驱动桥是传动系统的最后一个总成,它由主减速器、差速器、半轴和驱动桥壳组成。

(1)主减速器使输入转矩增大、转速降低,并将动力传递方向改变后(发动机横置的除外)再传给差速器。

(2)差速器的功用是将主减速器传来的动力传给左、右两半轴,并在必要时允许左、右半轴以不同转速旋转,以满足两侧驱动轮差速的需要。

(3)半轴用于将差速器传来的动力传给驱动轮。

(4)驱动桥壳既是传动系统的组成部分,同时也是行驶系统的组成部分,其功用是安装并保护主减速器、差速器和半轴,以及安装悬架或轮毂。它还要与从动桥一起支承汽车悬架以上各部分,承受驱动轮传来的反力和力矩,并在驱动轮与悬架之间传力。

四、故障诊断

1. 离合器打滑

1)现象

离合器打滑是指在离合器接合时,离合器摩擦片在压板与飞轮之间滑动。离合器打滑表现为:汽车起步困难;汽车在行驶中车速不能随发动机转速的提高而提高,感到行驶无力;上坡满载行驶时深感动力不足,可嗅到离合器摩擦片的焦味。

2) 诊断

汽车静止时,分离离合器,启动发动机,拉紧驻车制动器,把变速器换入"一挡"位,缓抬离合器踏板使离合器逐渐接合,同时加大油门,发动机无负荷感,汽车不能起步,发动机又不熄火,说明离合器打滑。

汽车在行驶中,当加大油门后,若发动机转速提高而车速不变,则表明离合器打滑。

3) 打滑的原因及排除方法

离合器打滑的根本原因是压盘不能牢固地压在从动盘摩擦片上,或摩擦片的摩擦系数过小,使离合器摩擦力矩严重不足。其具体原因及排除方法如下。

(1) 离合器操纵系统调整不当,应检查并按规定调整离合器踏板行程。

(2) 从动盘摩擦片磨损逾限,减弱了膜片弹簧的压紧力,使发动机应输出的转矩不能完全传递到变速器,汽车上坡、加速时离合器打滑,此时应更换离合器摩擦片。

(3) 摩擦片、压盘和飞轮上有油污,应清除摩擦片、压盘及飞轮上的油污,然后查出油污来源并排除故障。

(4) 从动盘摩擦片烧损、硬化或铆钉外露,应更换摩擦衬片。

(5) 膜片弹簧弹力不足、变形、损坏,应更换。

(6) 压盘、飞轮、从动盘变形,应检修或更换。

(7) 摩擦片严重磨损、离合器打滑,有时是由操作不当引起的。由于神龙富康轿车离合器的膜片弹簧分离指与分离轴承是常接合的,所以离合器踏板无空行程,因此操作时要特别注意少用离合器半联动,以免离合器打滑、磨损。

2. 离合器分离不彻底

1) 现象

离合器分离不彻底表现为:离合器踏板踩到底时,离合器处于半接合状态,其从动盘没有完全与主动盘分离,换挡困难;甚至挂低速挡时,离合器踏板尚未完全放松,而汽车就有起步或发动机熄火的现象。

2) 诊断

先将变速器置于空挡位,使发动机高速运转,再踩下离合器踏板,将变速器挂入"倒挡"或"一挡",看离合器是否能平稳接合。若各齿轮能平稳啮合,则判定其工作状态良好;若换挡困难并伴有齿轮撞击声,强行挂入挡位后汽车前冲,发动机熄火,则说明离合器分离不彻底。

3) 分离不彻底的原因及排除方法

离合器分离不彻底的根本原因是:离合器踏板踩到底时,其压板远离从动盘的移动量过小,或离合器主、从动件变形导致压板与摩擦片有所接触而不能分离。其具体原因及排除方法如下。

(1) 离合器踏板行程过小,使离合器分离不彻底,应按规定调整离合器踏板行程。

(2) 从动盘翘曲、铆钉松脱,摩擦衬片松动,应检修或更换从动盘。

(3) 压盘受热变形翘曲,应更换压盘。

(4) 膜片弹簧弹力减弱或分离指端磨损过度,应更换膜片弹簧。

(5) 膜片弹簧分离指端不平齐,应予以调平。

(6) 离合器操纵机构中拉索端头紧固螺栓松动或紧固螺栓失效(如螺纹滑丝),应对拉索端头螺栓加以紧固或更换紧固螺栓。

(7) 离合器拉索机构发卡,踏板踩不到底,应检修拉索机构,在钢索处涂 2 号锂基脂,使之运动灵活。

3. 离合器发抖

1) 现象

离合器发抖表现为汽车起步时,缓抬离合器踏板,轻踏加速油门,离合器在接合时振抖,汽车伴有轻微冲撞现象,严重时车身发生明显的抖动。

2) 诊断

让发动机怠速运转,挂上低速挡,慢慢松离合器踏板并加大油门,使汽车起步,有振动感即为离合器发抖。

3) 发抖的原因及排除方法

离合器发抖的根本原因是压盘表面与从动盘摩擦衬片表面、飞轮接触表面之间,在同一平面内接触有先后而不是同一时间,使得接触不平顺。其具体原因及排除方法如下。

(1) 从动盘摩擦片油污、破裂、凸凹不平或铆钉外露。应清洗、检修或更换从动盘摩擦片。

(2) 压盘、从动盘磨损不均或翘曲不平,应检修或更换压盘和从动盘。

(3) 从动盘摩擦片扭振弹簧失效,应更换从动盘。

(4) 离合器从动盘花键磨损过大,应更换。

(5) 变速器第一轴变形超限,应更换。

(6) 发动机支承松动,变速器壳体固定螺栓松动等,应按规定力矩紧固。

4. 离合器分离轴承响

1) 现象

发动机怠速运转时,可清晰地听到"嚓、嚓"的响声。

2) 诊断

在发动机怠速运转过程中,当踩下离合器踏板时,"嚓、嚓"的响声明显,而当放松离合器踏板时响声减弱。此即为离合器分离轴承响。

3) 分离轴承响的原因及排除方法

分离轴承响的原因是分离轴承与膜片弹簧的分离指长时间接合旋转,造成储存在轴承内的油脂耗尽,使轴承内滚珠缺油而进行干摩擦或导致轴承失效(卡死或损坏)。神龙富康轿车离合器分离轴承为封闭式。装配时注入油脂,平时无法加油。因此其分离轴承有异响时,应更换。为了延长分离轴承的使用寿命,在修理离合器时,拆下的分离轴承不可放入汽油或煤油中清洗,以免内部油脂被洗掉。在修理或调整离合器时,应注意重点检查分离轴承是否损坏。因为分离轴承总是跟随发动机在各种转速下运转,所以经长期使用后,分离轴承容易损坏。对检查不合格的分离轴承,不要试图修复,而应予以更换。

5. 离合器接合时发响

1) 现象

发动机工作时,踩下离合器踏板,离合器无异响,但放松离合器踏板,在离合器接合的瞬间有金属的撞击声。

2) 诊断

松开离合器踏板,在离合器接触的瞬间,若听到"咯噔"的响声,则可能是由飞轮与曲轴、飞轮与离合器盖的连接螺栓松动引起的,或是由摩擦片齿毂与变速器第一轴花键磨损松旷故障引起的。

3) 接合时发响的原因及排除方法

松开离合器踏板瞬间发响的根本原因有于主、从动件连接部位松旷,而当离合器主、从动件接合的瞬间,由于惯性冲击的作用,在松旷处产生运动件移动撞击的响声。其具体原因及排除方法如下。

（1）摩擦片齿毂花键齿与变速器第一轴花键磨损松旷,应更换摩擦片齿毂或变速器第一轴。

（2）飞轮与曲轴连接螺栓松动,应按规定的力矩将螺栓拧紧。

（3）飞轮与离合器盖连接螺栓松动,应按规定的力矩对螺栓进行拧紧。

（4）摩擦片铆钉松动,应进行修复。

6. 变速器跳挡

变速器跳挡表现为:在汽车挂挡行驶中,变速器自动跳回空挡。其原因是:齿轮的内、外结合齿磨损过大而呈锥形;输出轴的花键齿和滑动齿轮的花键槽,因磨损过大而松旷;轴承磨损过大,使两个相啮合的齿轮在运动时上下摆动;输出轴五挡常啮合齿轮衬套及垫圈磨损过大而松旷,在运动时上下摆动;输出轴、输入轴上止动卡环或锁紧螺帽脱落或松动,引起轴或齿轮前后移动;变速叉轴上的自锁定位球磨损;凹槽太浅或凹槽位置不当;弹簧过软或弹簧折断;变速叉轴和变速叉磨损或弯曲。

1）变速器乱挡

变速器乱挡表现为:在汽车行驶时换挡,换不到所需的挡位,或挂上后就退挡。其原因是:互锁装置使用时间过长,叉轴、钢球横销等磨损过大,失去了互锁作用;变速杆定位销磨损变松或折断,失去控制作用,或变速杆不能按正确方向转动;变速杆下端的工作面磨损过大,使其不能正确拨动换挡导杆而窜挡;输出轴上的止动卡环未装或退出,齿轮在轴上任意移动而造成窜挡。

2）变速器响声的分辨

将变速器置于空挡,仔细听察响声的特征,然后挂挡行驶,如果响声有变化,再将后桥顶起,若响声仍与行驶时一样,一般是变速器有故障。

7. 传动轴弯曲

传动轴弯曲表现为:在汽车行驶中,能听到一种周期性的响声,车速越快,声音越响。其原因是:传动轴受力而弯曲,传动轴的凸缘和轴管焊接时歪斜,传动轴轴端的万向节叉不在同一平面内。

汽车起步时,有"哐、哐"声,行驶中有"嗡、嗡"声或"呜、呜"声,伴随汽车振抖,多数是传动轴的故障。

8. 主减速器和差速器常见故障

主减速器和差速器常见故障如表 10-1 所示。

表 10-1　主减速器和差速器常见故障

故障现象	故障原因	故障排除方法
漏油	油封磨损或损坏 轴承固定螺母松脱 变速器壳断裂	更换油封 更换固定螺母 如必需,则修理
主动锥齿轮轴漏油	油量太多或油质不良 油封磨损或损坏 前端凸缘松开或磨损	泄掉部分油料或更换油料 更换油封 扭紧或更换凸缘
有杂音	油量太少或油质差 主、从动锥齿轮或差速器齿轮之间齿隙过大 主、从动锥齿轮或差速器齿轮磨损 主动锥齿轮轴承有磨损 轮毂轴承有磨损 差速器轴承松脱或磨损	添加油料或更换新油 调整齿隙 检修或更换齿轮 更换轴承 更换轴承 扭紧或更换轴承

9. 万向节和花键松动发出异响

万向节和花键松动发出异响表现为:在汽车起步时,车身发抖,并听到有"格啦、格啦"的撞击声,在改变车速,尤其是在缓慢行驶时,响声更加明显。其原因是:万向节轴及滚针磨损变松,或滚针断碎;传动轴的花键齿与叉管的花键槽磨损量过大;变速器输出轴上的花键齿与凸缘的花键槽磨损过大;各处连接部分的固定螺栓松动。

10. 中间轴承装置异响

中间轴承装置异响表现为:汽车在行驶中发出一种"呜、呜"的响声,车速越快,响声越大。其原因是:中间轴承磨损过大或缺少润滑油;中间轴承偏位或螺丝松动;中间轴承损坏,滚珠脱落;中间轴承支架螺丝松动,位置偏斜。

五、故障排除

1. 评分标准

评分标准如表 10-2 所示。

表 10-2 评分标准

序号	考核项目	配分	扣分标准	得分
1	否决项目		造成人身、设备重大事故、不填写操作工单,或恶意顶撞测试人员、严重扰乱考场秩序,立即终止测试,此任务计 0 分	
2	工具、仪器设备准备	5	未检查工量具设备扣 2 分,工量具准备错误扣 2 分,工量具摆放不整齐扣 1 分/处	
3	车辆状态检查及车辆防护	10	1.没有检查车辆停放安全状况扣 2 分,没有安放三角木扣 2 分,没有安装尾气抽排管扣 2 分; 2.没有检查机油油面扣 1 分,没有检查冷却液液位扣 1 分,没有启动车辆扣 1 分,没有检查发动机工作状况扣 1 分; 3.没有安装翼子板护垫扣 1 分,座位套、踏脚垫、方向盘套、挡位杆套少装扣 0.5 分/处	
4	故障现象判断	15	1.未检查故障码扣 5 分,不会检查故障码扣 5 分,故障现象判断错误扣 5 分/次,故障诊断思路不明确扣 5 分/项; 2.故障判断不熟练扣 2 分,不会判断故障现象扣 15 分	
5	故障诊断过程	25	1.不会查阅维修手册扣 2 分,没有使用维修手册扣 5 分; 2.没有关闭点火开关拔插连接器扣 2 分/次,不会拔插连接器扣 2 分/次,强行插拔连接器扣 2 分/次,不能正确使用万用表扣 2 分/次; 3.操作过程不规范扣 2 分/次,工量具及仪器设备没整理扣 2 分; 4.造成短路扣 10 分/次,烧坏线路此项计 0 分; 5.部件及总成拆装不熟练扣 2 分/次,造成元器件损坏扣 5 分/次	
6	故障点确认与排除及操作工单填写	25	1.不能确认故障点扣 15 分,不会排除故障扣 15 分; 2.未进行故障修复后的检验扣 10 分; 3.修复后故障重复出现的扣 5 分/次; 4.操作工单填写不完整扣 5 分/项	

序号	考核项目	配分	扣 分 标 准	得分
7	安全生产	20	1.不穿工作服扣2分、不穿工作鞋扣2分、不戴工作帽扣2分； 2.工量具与零件混放、摆放凌乱、落地，扣2分/处； 3.垃圾未分类回收，每次扣2分； 4.油、水洒落在地面或零部件表面未及时清理，每次扣2分/处； 5.竣工后未清理工量具、场地，扣1分/处； 6.启动车辆或举升时，未请示或未提醒，扣2分/次； 7.不服从测试人员扣10分/次	
8	合计	100	—	

2. 操作工单

操作工单如表10-3所示。

表10-3　操作工单

任务名称		日期		评价结果
团队成员				

一、学习过程（学习过程中，学习的课程资源，遇到的困惑，需要教师给予的帮助简要记录）

学习资源情况记录	学习困惑点记录	需要教师指导情况记录

二、场地及设备初步检查（做好诊断前准备工作，将存在的问题填写在是否选项后的空白处）

1.工量具、仪器设备、车辆、技术资料是否准备齐全：　　是□　　否□＿＿＿＿＿＿＿

2.汽车停放位置与举升机状况是否良好：　　是□　　否□＿＿＿＿＿＿＿

3.是否放置车轮三角块、连接尾气抽排管：　　是□　　否□＿＿＿＿＿＿＿

4.是否放置方向盘套、脚垫、汽车翼子板罩：　　是□　　否□＿＿＿＿＿＿＿

5.发动机机油、冷却液是否正常：　　是□　　否□＿＿＿＿＿＿＿

6.蓄电池状况检查：＿＿＿＿＿＿＿＿＿＿＿＿＿＿＿＿＿

三、故障诊断过程

1.实施功能检查，确认故障现象，推断故障范围

(1)描述与客户抱怨相关的检查结果

(2)读取故障码，填写对该故障诊断有用的信息

(3)查阅电路图，绘制控制原理图和故障诊断流程图

控制原理图	故障诊断流程图

2. 根据故障现象、故障码提示结合电路分析判断可能原因

四、测量记录(电路参数、尾气排放、数据流或执行元件驱动测试)

1. 数据测试

测试对象	
标准描述	
测试结果	
测试结论	

2. 波形测试(不用者不填)

测试对象		
标准波形		
测试波形		
测试结论		

五、故障处理(分析测试结果,进行故障修复,并实施验证)

六、学习反思(本次任务的教学、学习流程、感兴趣点、收获等方面进行简要描述)

七、综合评价(评教分数不纳入学生任务得分)

类型	项目	评分		
评教	课堂效果(10分)			
	教学资源(10分)			
	教师风貌(10分)			
评学	项目	个人(20%)	小组(40%)	教师(40%)
	课前学习(30分)			
	任务完成(50分)			
	课后讨论(10分)			
	贡献大小(10分)			
	合计			

3. 完成故障诊断流程图

将故障诊断流程图画在下面空白处。

4. 检修小笔记

填写检修小笔记,如图 10-5 所示。

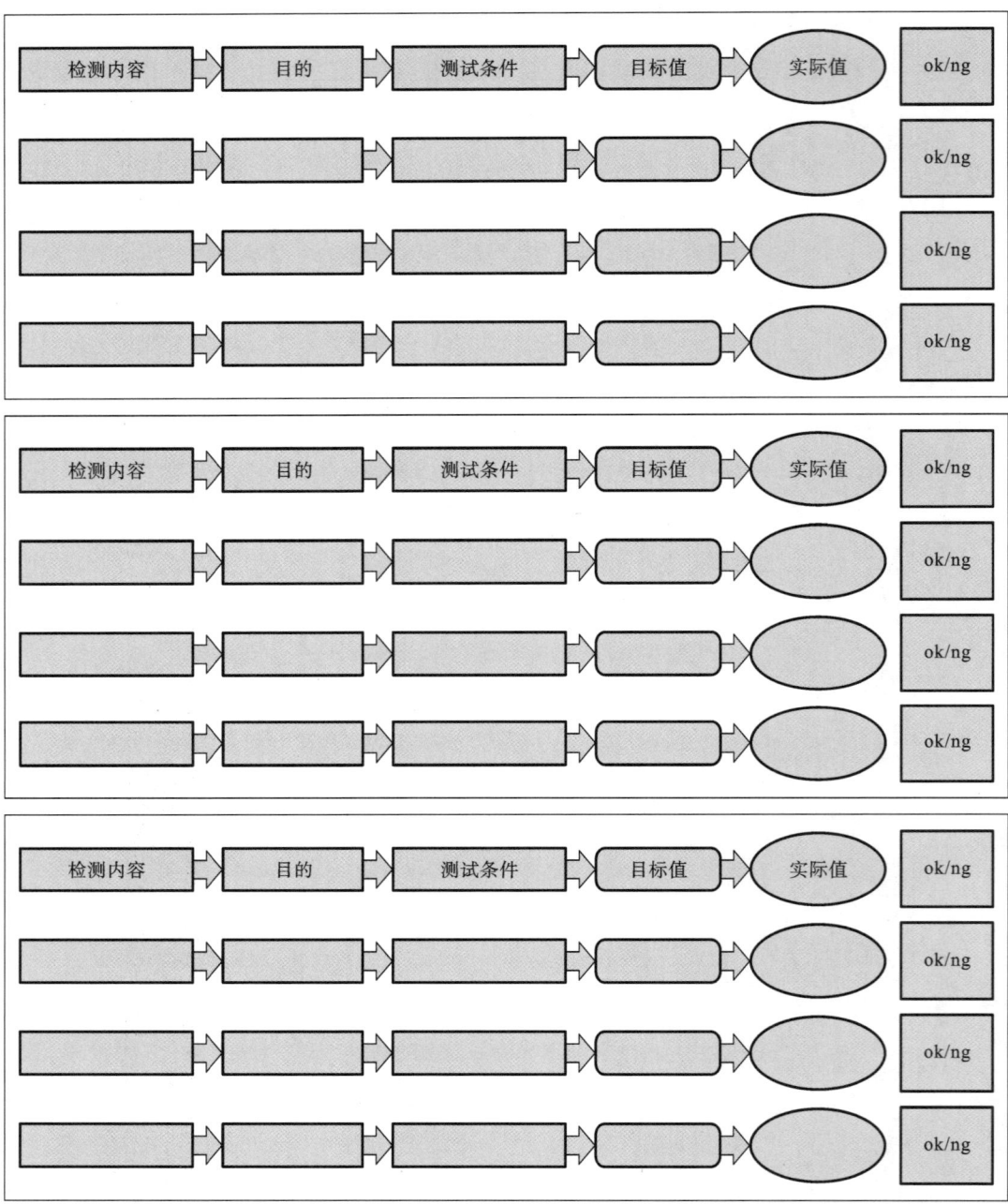

图 10-5 检修小笔记

模块三

汽车车身电气部分故障诊断

任务十一　电源系统故障诊断

◀ **知识目标**

（1）掌握汽车蓄电池的作用及工作原理。

（2）掌握汽车发电机的作用及工作原理。

（3）掌握汽车电压调节器的作用及工作原理。

◀ **能力目标**

（1）掌握汽车发电机不发电故障检修方法。

（2）掌握汽车蓄电池故障检修方法。

（3）掌握充电指示灯故障检修方法。

（4）掌握充电电流过小、过大故障检修方法。

一、情境描述

　　一辆帕萨特轿车在高速公路上行驶的过程中，车主突然发现仪表板上有一个外形类似蓄电池的指示灯亮了，通常状况下该指示灯不会亮。车主按照习惯按了几次仪表板按钮后，指示灯照样没有熄灭，于是车主将该车开往相应维修店维修。经维修技师检查初步判断为发电机故障，作为维修人员需对相关部件进行检查。根据维修手册要求，在规定时间（参照维修资料）内完成汽车电源系统的检查与零部件的更换，完成好后交付班组长验收。

二、常见故障点

　　电源系统常见的故障点为不充电、充电电流太小、充电电流过大、充电指示灯故障。

三、相关知识

1. 汽车电源系统整体结构

汽车电源系统由蓄电池、发电机等组成，如图 11-1 所示。

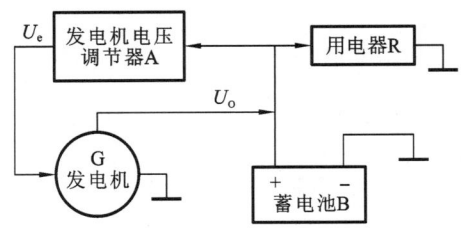

图 11-1　汽车电源系统整体结构图

2. 汽车电源系统特点

汽车种类繁多，电气设备十分复杂，但其基本原理是相同的，汽车电源系统的特点也基本一致,可用十六字来概括,即"两个电源、低压直流、并联单线、负极搭铁"。

(1)两个电源:蓄电池和发电机。蓄电池主要在启动时供电。发电机是主要电源,它在汽车正常运行时向用电设备供电,同时还给蓄电池充电。

(2)低压直流:汽车用电源电压有 6 V、12 V、24 V 三种,以 12 V 和 24 V 为多。直流主要是从蓄电池充、放电方面来考虑的。

(3)并联单线:汽车上的所有用电设备跟交流电系一样,均采用并联,所不同的是汽车电系的电压低,属于安全电压。发动机、底盘等金属可成为各种电气的一条公用线路,这样由电气到电源就只需一条导线了,这就是所谓的单线制。

(4)负极搭铁:汽车电气系统采用单线制时必须统一,电源为负极搭铁。

3. 蓄电池

蓄电池是一种化学电源,靠其内部的化学反应来储存电能或向用电设备供电。目前燃油汽车上使用的蓄电池主要有两大类:铅酸蓄电池(简称铅蓄电池)和镍碱蓄电池。启动型铅蓄电池的用途:

(1)发动机启动时,向启动机和点火系统供电。

(2)在发电机不发电或电压较低的情况下,向用电设备供电。

(3)当同时接入的用电设备较多,发电机超载时,协助发电机供电。

(4)蓄电池存电不足,而发电机负载又较少时,它可将发电机的电能转变为化学能储存起来,也就是充电。

4. 硅整流发电机

硅整流发电机是汽车上除蓄电池外的另一个电源,当发动机电压高于蓄电池电压时,能及时向蓄电池充电,并向全车用电设备(除启动机外)直接供给直流电,其结构如图 11-2 所示。

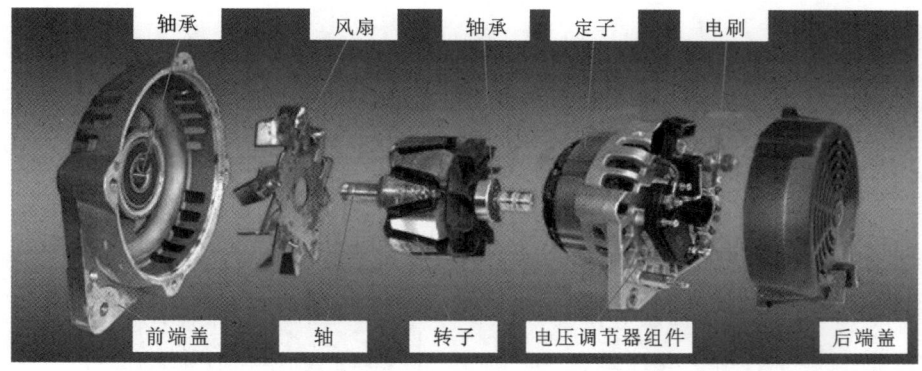

图 11-2　硅整流发电机结构图

1)交流发电机

交流发电机的基本原理是利用电磁感应原理产生交流电。三相同步交流发电机工作原理如图 11-3 所示。

由于转子旋转,转子磁力线和定子绕组之间便产生相对运动,转子爪极间产生的磁力线势必被三相绕组线圈所切割,由于三相绕组在定子槽中分布的位置不同,所以在三相绕组中分别产生交流电动势。

2)整流器

整流器的作用是将定子绕组产生的交流电变为直流电,由六只大功率二极管(即整流二极

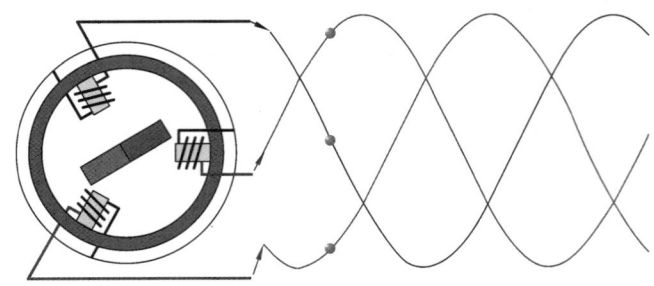

图 11-3　三相同步交流发电机工作原理

管,有些高性能发电机使用六个以上大功率二极管)组成三相桥式整流电路,如图 11-4 所示。

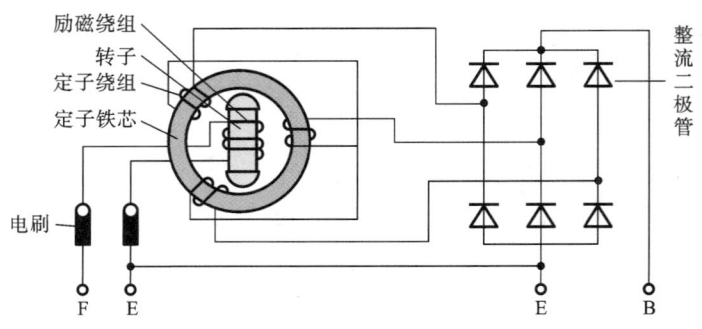

图 11-4　整流器电路图

3）电压调节器

电压调节器的作用是把发电机输出电压限制在某一限定值内,使发电机输出的电压与蓄电池及用电设备的电压相适应,以保护用电设备和蓄电池不被损坏。电压调节器工作原理图如图 11-5 所示。

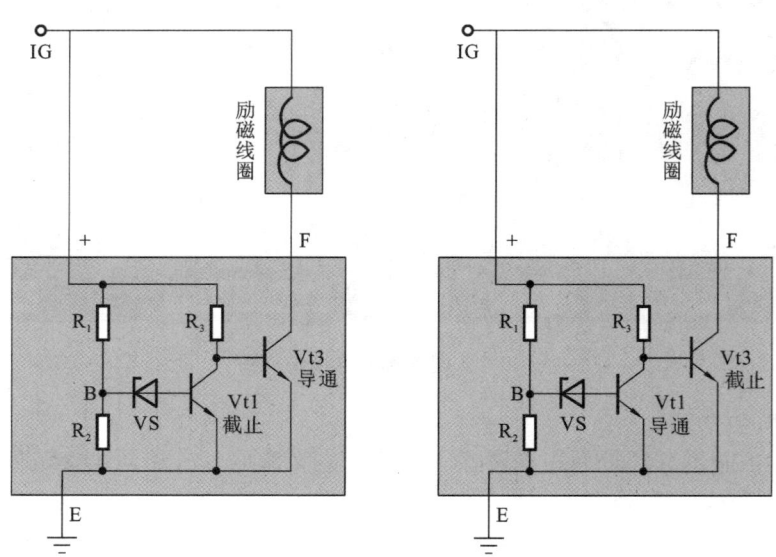

图 11-5　电压调节器工作原理图

5. 大众捷达电源电路

大众捷达电源电路图如图 11-6 所示。

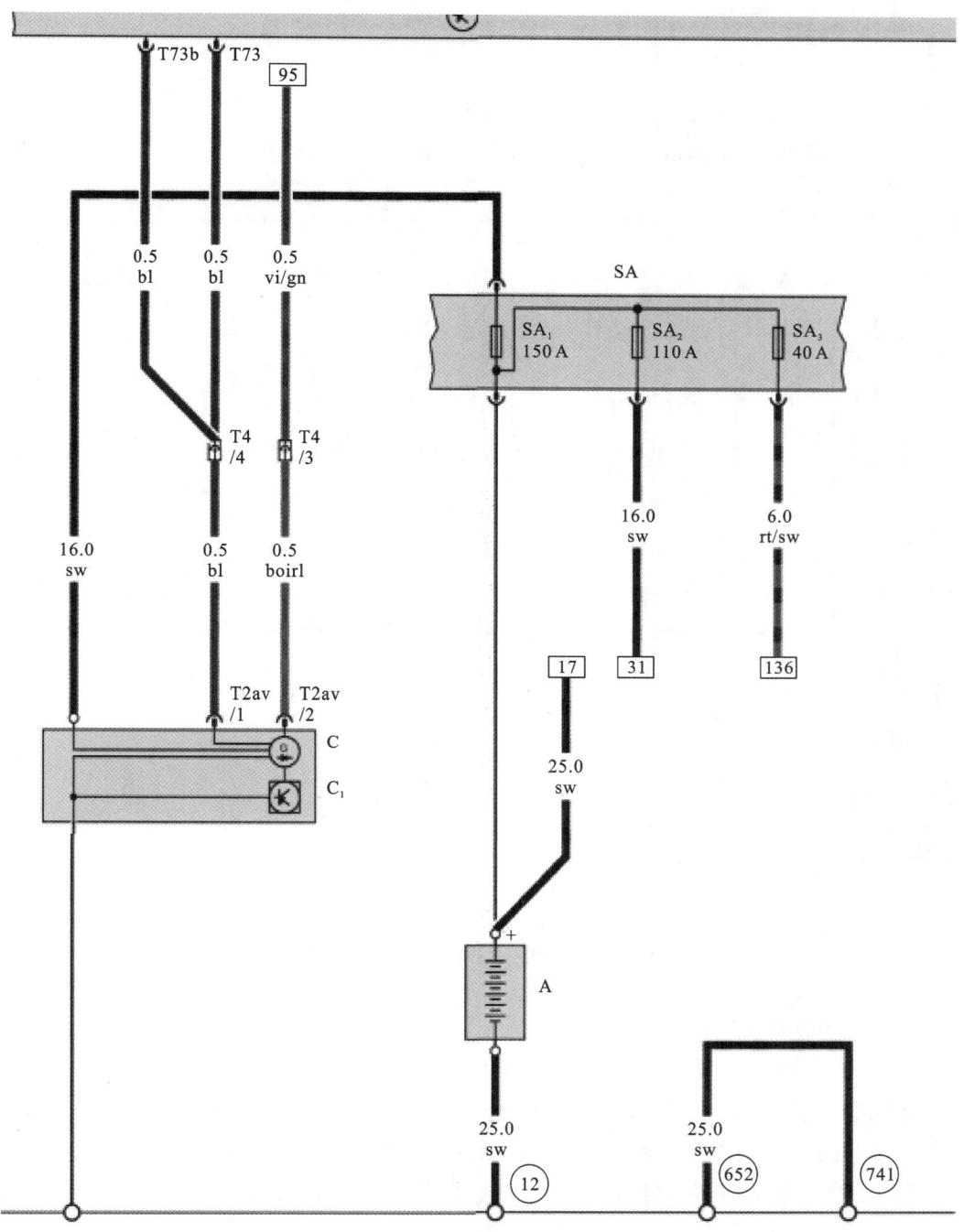

图 11-6 大众捷达电源电路图

6. 丰田卡罗拉电源系统

丰田卡罗拉电源系统电路如图 11-7 所示。

四、故障诊断

充电系统的常见故障有充电指示灯亮灭故障、电压调节器电压调节异常、发电机异响等。

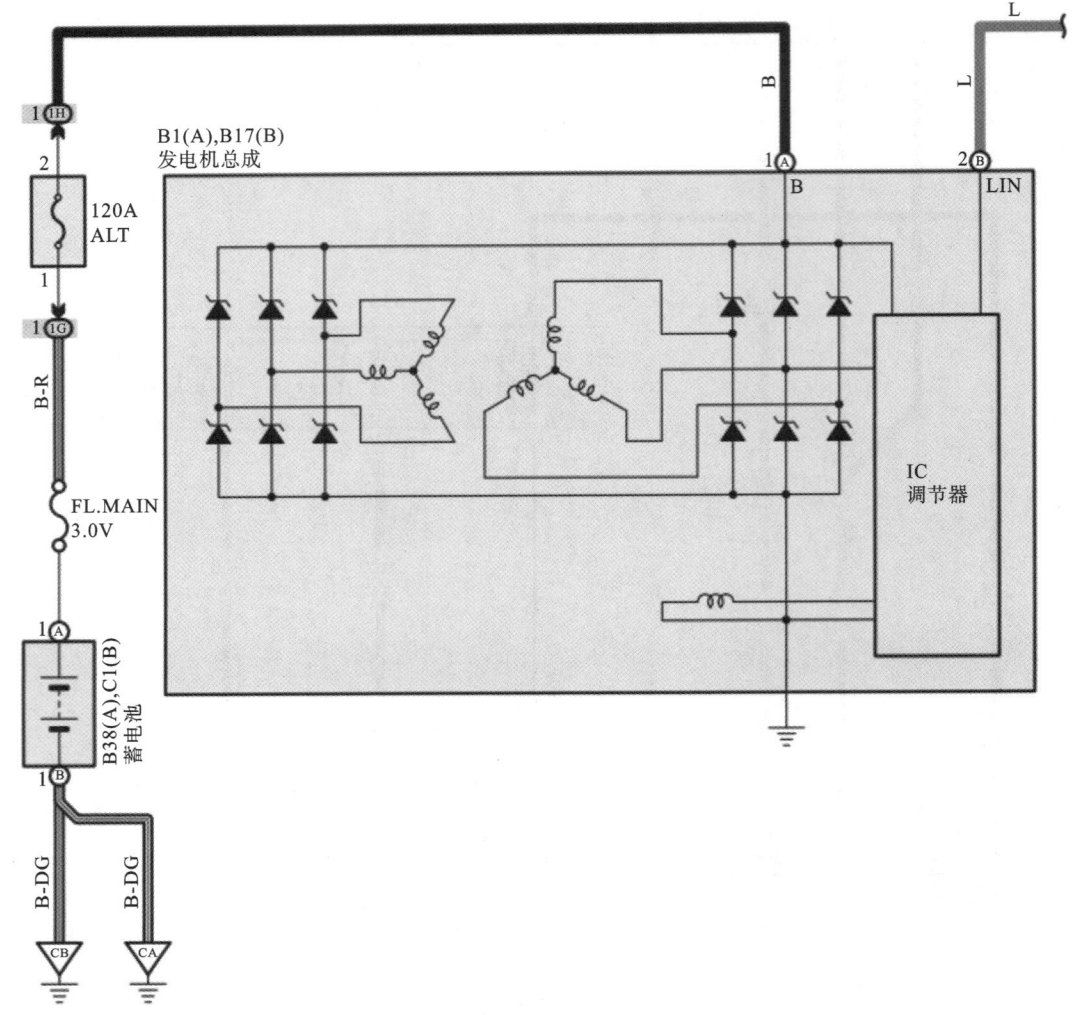

图 11-7 丰田卡罗拉电源系统电路图

1. 充电指示灯亮灭故障

1）充电指示灯不灭

故障表现为当发动机正常运转以后,充电指示灯一直亮着。造成这种故障的原因主要就是发电机输出电压过低,而造成发电机输出电压低的可能原因有发电机传动皮带松弛打滑,励磁绕组或者定子绕组短路、断路、搭铁,整流器、电压调节器故障,电刷磨损严重、电刷弹簧无弹性等。

排除方法:首先对发电机传动皮带进行检查,看看是否存在传动皮带断裂或者偏槽、传动皮带松动打滑问题。其次检查发动机正常工作时发电机"B"端子与搭铁点间电压,若电压值高于蓄电池电压,则发电机正常,应是"B"与蓄电池间出现断路所致,检查并排除;如果电压值低于蓄电池电压,甚至为零,则应拆下电压调节器接线端子上的导线,接通点火开关,测量电压调节器接线柱间的电压,如果所测电压为零且充电指示灯亮,说明电压电压调节器与仪表盘之间的线路出现搭铁,检查并排除;如果所测电压等于蓄电池电压,应继续检查电刷、电刷弹簧有无故障,若无故障,则需检查电压调节器、整流器及发电机定子绕组、励磁绕组,如果有故障,予以排除。

2) 充电指示灯不亮

故障表现为从点火开关打开到发动机正常运转,充电指示灯一直不亮。产生这种故障的原因可能有充电指示灯坏,熔丝断,某处接头松动或接触不良,调节器故障等。

排除方法:先检查熔丝有无烧断、电路连接有无故障并排除;无故障时,启动发动机使其怠速转动,用万用表测量发电机输出电压,如果输出电压正常并且充电指示灯的连接正常,则问题出在充电指示灯上,更换即可;如果发电机输出电压为零,则依据上法检查并排除发电机故障。

3) 充电指示灯时亮时灭

故障表现为点火开关打开、发动机正常运转期间,充电指示灯时亮时灭。产生这种故障的原因可能有发电机传动皮带打滑,发电机个别整流二极管断路,定子绕组、励磁绕组有接触不良现象,其中一相定子绕组断路,电刷磨损较大,电压调节器调节电压过低等。

排除方法:先检查发电机传动皮带挠度并排除其故障,再排除线路中接触不良故障,均正常后用上述方法排除电压调节器和电刷故障,如果还不能排除故障就需对发电机总成进行检修以排除故障。

2. 电压调节器的调节电压异常

1) 电压调节器的调节电压太高

故障现象为汽车上灯泡烧坏的频率增加,电解液消耗较正常时快。产生这种故障的最大原因是电压调节器失调或损坏。

排除方法:启动发动机,从怠速开始逐渐增大其转速,同时用万用表测发电机输出电压,如发动机转速增大后,发电机输出电压随之增加并超出正常值,则可确定为电压调节器故障,更换即可。

2) 电压调节器的调节电压太低

故障表现为在负载关闭的情况下启动汽车发动机,充电指示灯灰亮。启动发动机时,充电指示灯亮度不够,说明发电机输出电压过低,若无其他原因就只有可能是电压调节器出现异常导致。

排除方法:启动发动机,使其怠速运转,检查无其他异常,用万用表测发电机输出电压,如果输出电压低于正常调节值,则更换电压调节器。

3. 发电机异响

发电机出现异常响声故障表现为发电机在正常工作时发生异响。

排除方法:先检查发电机内部有没有异物,其次查看发电机传动皮带是不是太紧、发电机的安装是不是松动,最后检查风扇与壳体有无刮擦。另外,发电机轴承出现磨损或者有油污、定子出现损坏都会产生噪声。

五、故障排除

1. 评分标准

评分标准如表 11-1 所示。

表 11-1 评分标准

序号	考核项目	配分	扣分标准	得分
1	否决项目		造成人身、设备重大事故、不填写操作工单,或恶意顶撞测试人员、严重扰乱考场秩序,立即终止测试,此任务计 0 分	

续表

序号	考核项目	配分	扣 分 标 准	得分
2	工具、仪器设备准备	5	未检查工量具设备扣 2 分,工量具准备错误扣 2 分,工量具摆放不整齐扣 1 分/处	
3	车辆状态检查及车辆防护	10	1.没有检查车辆停放安全状况扣 2 分,没有安放三角木扣 2 分,没有安装尾气抽排管扣 2 分; 2.没有检查机油油面扣 1 分,没有检查冷却液液位扣 1 分,没有启动车辆扣 1 分,没有检查发动机工作状况扣 1 分; 3.没有安装翼子板护垫扣 1 分,座位套、踏脚垫、方向盘套、挡位杆套少装扣 0.5 分/处	
4	故障现象判断	15	1.未检查故障码扣 5 分,不会检查故障码扣 5 分,故障现象判断错误扣 5 分/次,故障诊断思路不明确扣 5 分/项; 2.故障判断不熟练扣 2 分,不会判断故障现象扣 15 分	
5	故障诊断过程	25	1.不会查阅维修手册扣 2 分,没有使用维修手册扣 5 分; 2.没有关闭点火开关拔插连接器扣 2 分/次,不会拔插连接器扣 2 分/次,强行拔插连接器扣 2 分/次,不能正确使用万用表扣 2 分/次; 3.操作过程不规范扣 2 分/次,工量具及仪器设备没整理扣 2 分; 4.造成短路扣 10 分/次,烧坏线路此项计 0 分; 5.部件及总成拆装不熟练扣 2 分/次,造成元器件损坏扣 5 分/次	
6	故障点确认与排除及操作工单填写	25	1.不能确认故障点扣 15 分,不会排除故障扣 15 分; 2.未进行故障修复后的检验扣 10 分; 3.修复后故障重复出现的扣 5 分/次; 4.操作工单填写不完整扣 5 分/项	
7	安全生产	20	1.不穿工作服扣 2 分、不穿工作鞋扣 2 分、不戴工作帽扣 2 分; 2.工量具与零件混放、摆放凌乱、落地,扣 2 分/处; 3.垃圾未分类回收,每次扣 2 分; 4.油、水洒落在地面或零部件表面未及时清理,每次扣 2 分/处; 5.竣工后未清理工量具、场地,扣 1 分/处; 6.启动车辆或举升时,未请示或未提醒,扣 2 分/次; 7.不服从测试人员扣 10 分/次	
8	合计	100	—	

2. 操作工单

操作工单如表 11-2 所示。

表 11-2　操作工单

任务名称		日期		评价结果
团队成员				

一、学习过程(学习过程中,学习的课程资源,遇到的困惑,需要教师给予的帮助简要记录)

学习资源情况记录	学习困惑点记录	需要教师指导情况记录

二、场地及设备初步检查(做好诊断前准备工作,将存在的问题填写在是否选项后的空白处)

1.工量具、仪器设备、车辆、技术资料是否准备齐全:　是□　否□_____

2.汽车停放位置与举升机状况是否良好:　是□　否□_____

3.是否放置车轮三角块、连接尾气抽排管:　是□　否□_____

4.是否放置方向盘套、脚垫、汽车翼子板罩:　是□　否□_____

5.发动机机油、冷却液是否正常:　是□　否□_____

6.蓄电池状况检查:_____

三、故障诊断过程

1.实施功能检查,确认故障现象,推断故障范围

(1)描述与客户抱怨相关的检查结果

(2)读取故障码,填写对该故障诊断有用的信息

(3)查阅电路图,绘制控制原理图和故障诊断流程图

控制原理图	故障诊断流程图

2. 根据故障现象、故障码提示结合电路分析判断可能原因

四、测量记录(电路参数、尾气排放、数据流或执行元件驱动测试)

1.数据测试

测试对象
标准描述
测试结果
测试结论

2.波形测试(不用者不填)

测试对象		
标准波形		
测试波形		
测试结论		

五、故障处理(分析测试结果,进行故障修复,并实施验证)

六、学习反思(本次任务的教学、学习流程、感兴趣点、收获等方面进行简要描述)

七、综合评价(评教分数不纳入学生任务得分)

类型	项目	评分		
评教	课堂效果(10分)			
	教学资源(10分)			
	教师风貌(10分)			
评学	项目	个人(20%)	小组(40%)	教师(40%)
	课前学习(30分)			
	任务完成(50分)			
	课后讨论(10分)			
	贡献大小(10分)			
	合计			

3. 完成故障诊断流程图

将故障诊断流程图画在下面空白处。

4. 检修小笔记

填写检修小笔记,如图 11-8 所示。

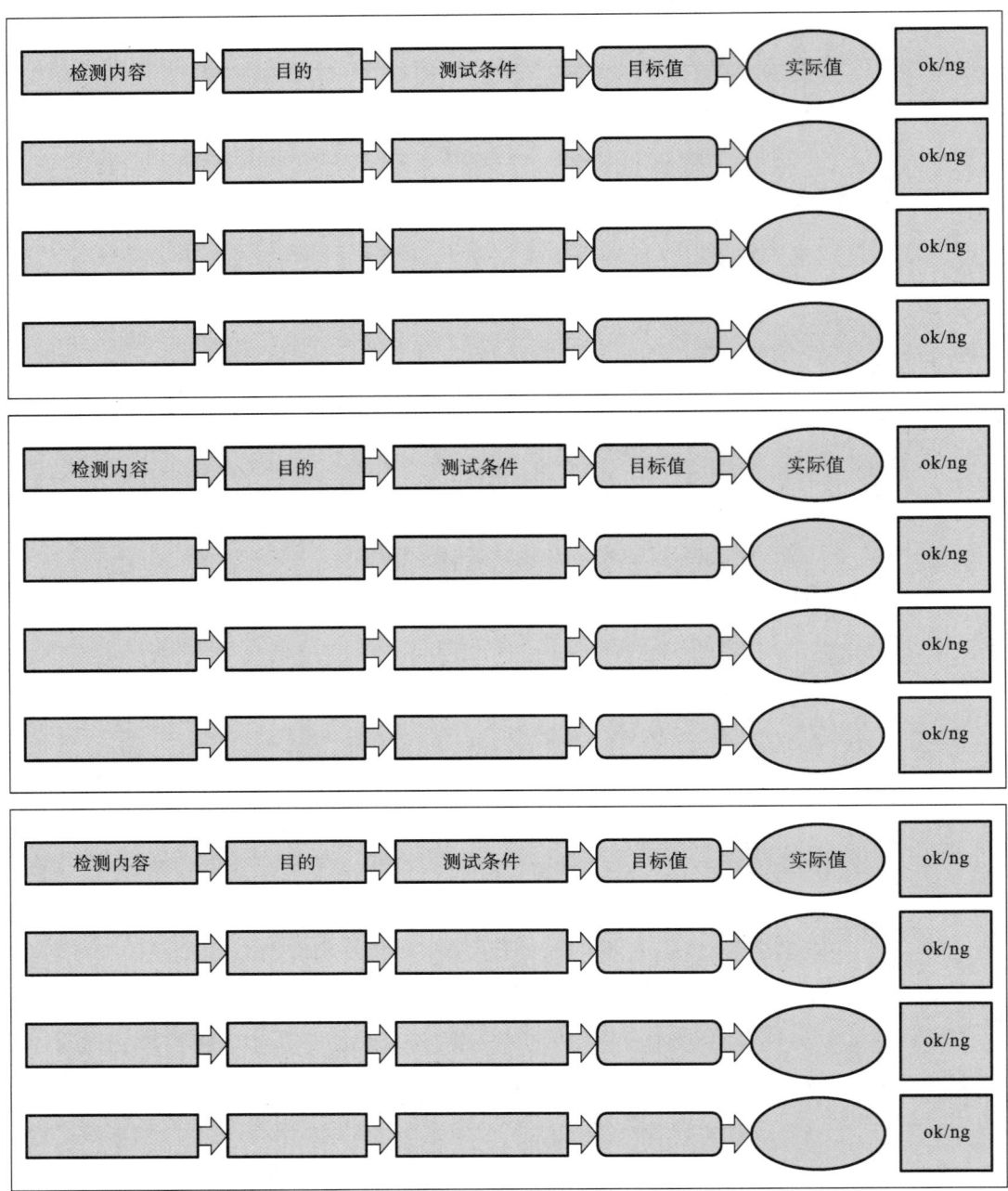

图 11-8　检修小笔记

任务十二 启动系统故障诊断

◀ **知识目标**

（1）掌握汽车启动系统的构成。

（2）掌握汽车启动机的作用及工作原理。

◀ **能力目标**

（1）掌握汽车启动机不转故障检修方法。

（2）掌握汽车启动机运转不良故障检修方法。

一、情境描述

何先生在启动发动机时，拧动车钥匙，启动声音不明显，有时启动声音断断续续，有时甚至听不到启动声音，感觉启动机动力下降。在启动机不转动时，其电磁开关有吸动的"嗒、嗒"声。汽车送往维修店后，经维修技师检查判断为启动系统故障，你作为未来的维修人员，现需对相关部件进行检查，根据维修手册相关要求，在规定时间（参照维修资料）内完成启动系统的检查与零部件的更换，完成后，交付班组长验收。

二、常见故障点

启动系统常见故障点为启动机不转、启动机运转不良故障。

三、相关知识

1. 启动系统的组成与作用

（1）组成：汽车启动系统是汽车发动机的五大系统之一，主要由蓄电池、启动机、点火开关、启动继电器等组成，如图 12-1 所示。启动机位置图如图 12-2 所示。

（2）作用：发动机在燃料供给系统、点火系统、气缸压力正常的情况下依靠外力使曲轴的转速达到一定适应值即可自动运行。因此汽车启动机的作用是通过转动曲轴启动发动机，发动机被启动以后，启动系统便自动停止工作。

2. 启动系统的工作原理

1）启动开关

接通启动机电磁开关电路，以使电磁开关通电工作。汽油发动机的启动开关与点火开关组合在一起。

2）启动继电器

由启动继电器触点（常开型）控制启动机电磁开关电路的通断，启动开关只是控制启动继电器线圈电路，从而保护了启动开关。启动继电器有单联型（保护启动开关）和复合型（既保护启动开关又保护启动机）。

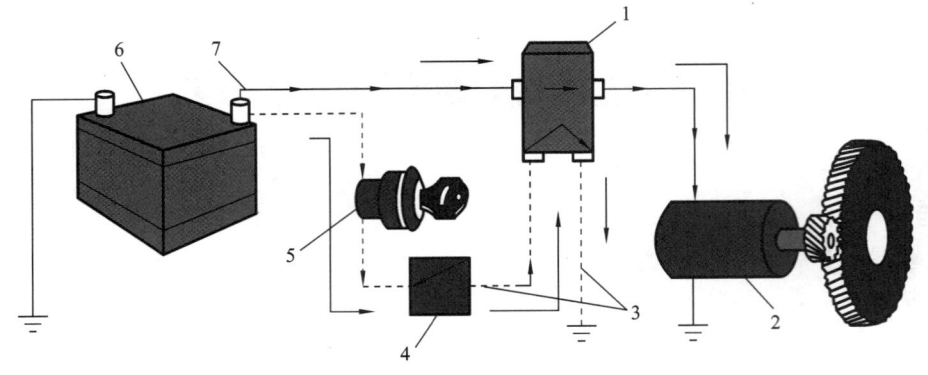

图 12-1　汽车启动系统结构图

1—电磁开关;2—启动机;3—控制电路;4—启动继电器;5—点火开关;6—蓄电池;7—启动机电路

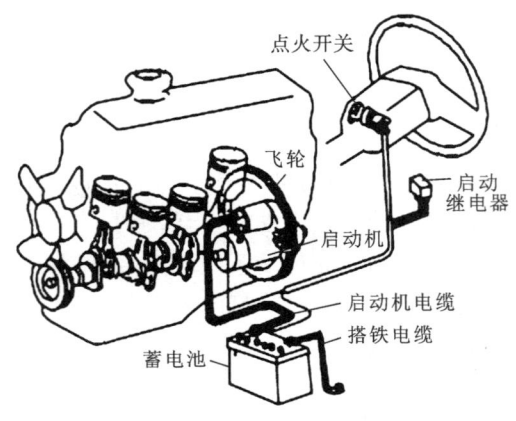

图 12-2　启动机位置图

启动系统的功用是在控制装置的控制下,以蓄电池为动力源,通过离合器将电动机电磁转矩传递给飞轮,从而使发动机启动。用电磁控制式启动开关或按钮来控制电磁铁,再由电磁铁控制电动机主电路接通或切断来启动发动机。电磁铁由于可以远距离控制,且操作方便、省力,因此现代汽车普遍采用。

3. 启动系统电路的组成

启动系统电路由启动电路和启动控制电路两部分组成。

启动电路:由驱动齿轮、回位弹簧、拨叉、活动铁芯、保持线圈、吸引线圈、启动开关、熔丝、接触盘、蓄电池、电动机等组成。

启动控制电路:由蓄电池、组合继电器、点火开关、继电器、启动机等组成。

4. 启动系统的日常使用与维护

启动机要完成的任务只有一个,那就是启动发动机。在启动发动机之后的其他时间里,启动机不再向发动机飞轮齿圈提供驱动力矩。但是,大家必须正确认识启动机的作用,既不能夸大也不能低估其重要性,毕竟发动机不能启动,汽车就不可能运行。要让启动机正常工作,只需要满足两个条件:

(1) 在启动时蓄电池能为其提供较大的瞬间脉冲电流;

(2) 启动机的工作环境必须干燥、洁净。

第一个条件相对来说是比较容易满足的。首先要保证蓄电池接线端的夹钳清洁并且连接牢固,这样蓄电池就能向启动机提供所需的大电流。其次,蓄电池必须能够通过负载测试,并具有一定的电压缓冲能力。此外,启动机的电路连接必须保持牢固和清洁,启动机与蓄电池之间的电缆连接状况也必须保持良好。只要线路上存在接线端,务必保证这些接线端的连接保持牢固和清洁。与交流发电机一样,启动机的接地线路也经过发动机外壳。因此,在保证启动机安装支承部件清洁且连接牢固的同时,还应检查发动机与蓄电池间接地线路的状况是否良好。任何原因引起的启动机正极或者负极的电压下降,都会降低启动机的启动动力。

大多数汽车的启动机都安装在发动机底部附近,由于重力的存在,发动机泄漏出的任何液体都会流向位于其附近的启动机。如果启动机被冷却液、机油或其他黏性液体浸湿,将不能按预先设计的情况正常工作。如果启动机被长期浸泡,它可能会因长期处于非正常工作状态而彻底报废。

将启动机彻底清洁之后,需要测试启动机与蓄电池之间的线路。如果在测试中发现启动机性能指标处于正常值的边缘或者低于正常值,就要将其更换掉。

5. 启动机的使用与维护

(1)启动机每次启动时间不超过 5 s,再次启动时应间歇 15 s,使蓄电池得以恢复。如果连续第三次启动,应在检查与排除故障的基础上停歇 2 min。

(2)在冬季或其他低温情况下启动时,应对蓄电池采取保温措施。

(3)发动机启动后,必须立即切断启动控制电路,使启动机停止工作。

6. 丰田卡罗拉启动系统

丰田卡罗拉启动系统电路如图 12-3 所示。

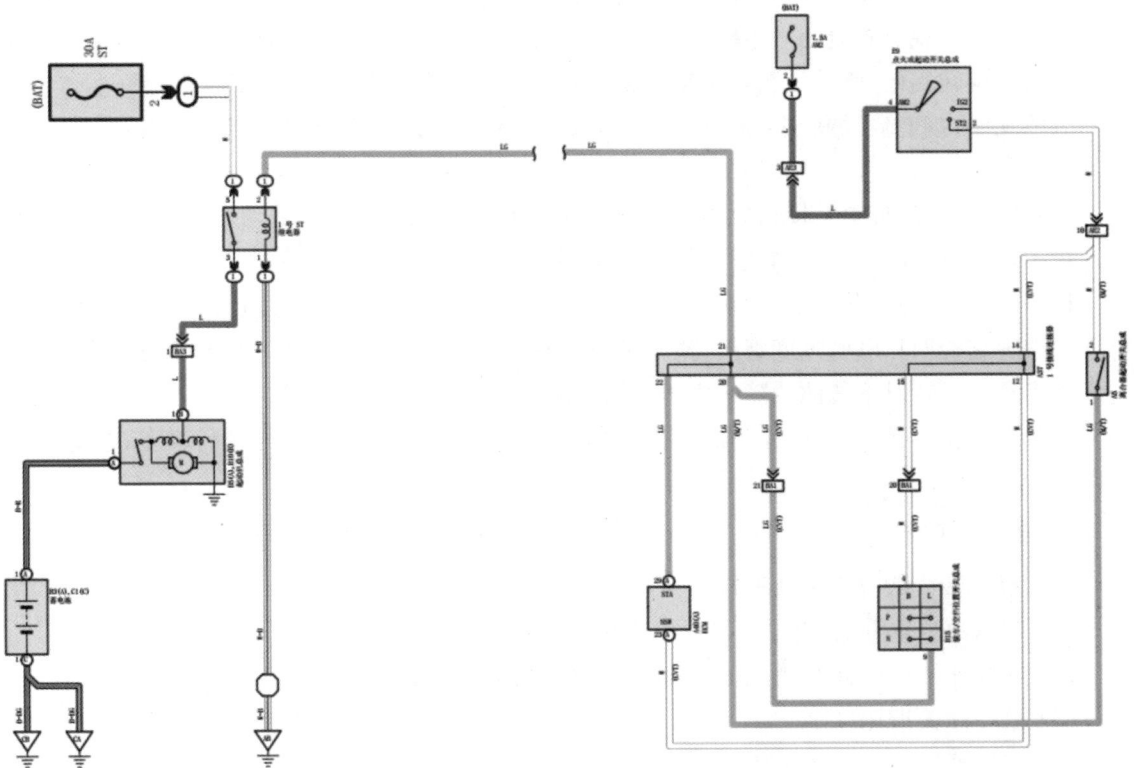

图 12-3 丰田卡罗拉启动系统电路图

四、故障诊断

汽车启动系统主要由蓄电池、点火开关、启动继电器和启动机等组成。启动系统工作时,其电流回路是:蓄电池正极→点火开关启动挡→启动继电器→启动机电磁开关→直流电动机→搭铁→蓄电池负极。

1. 启动机空转

1)故障现象与故障原因

接通启动开关后,只有启动机快速旋转而发动机曲轴不转。这种症状表明启动机电路畅通,故障在于启动机的传动装置和飞轮齿圈等处。

2)故障诊断方法

(1)若在启动机空转的同时伴有齿轮的撞击声,则表明飞轮齿圈牙齿或启动机小齿轮牙齿磨损严重或已损坏,致使不能正确地啮合。

(2)启动机传动装置的故障有单向啮合器弹簧损坏、单向啮合器滚子磨损严重、单向啮合器套管的花键槽锈蚀,这些故障会阻碍小齿轮的正常移动,导致小齿轮不能与飞轮齿圈准确啮合等。

(3)有的启动机传动装置采用一级行星齿轮减速装置,其结构紧凑,传动比大,效率高。但使用中常会因载荷过大而烧毁卡死。有的采用摩擦片式离合器,若压紧弹簧损坏、花键锈蚀卡滞或摩擦片式离合器打滑,启动机也会空转。

汽车启动系统主要由启动机和启动控制电路所组成,其故障有机械方面的,也有电气方面的。常见的故障现象有启动机不转,启动机运转无力,启动机空转而发动机不能启动,发动机启动后启动机运转不停,驱动齿轮与飞轮齿圈不能啮合且有异响等,下面就此逐一分析一下。

故障现象:接通启动机时,启动机有时能运转将发动机启动,有时不运转不能将发动机启动。

故障检修:故障现象是接通启动机时,启动机有时能转动将发动机启动,有时则不转动。在启动机不转动时,其电磁开关有吸动的"嗒、嗒"声。

检修时,首先检查蓄电池,确认其电量充足。然后把启动机从发动机上拆下来,解体检查。检查中发现它的四只电刷过度磨损,整流子表面有明显的烧痕。由于电刷和整流子接触不良,造成了启动机时转时不转的故障。用车床把整流子表面修复,再更换四只新的电刷,将启动机修复后装车试验。此时接通启动机,启动机正常驱动发动机,发动机也顺利着车,故障完全排除。

2. 启动机不转

启动机不转一般有以下几种原因:

(1)蓄电池严重亏电,电量不足导致不转。

(2)导线连接处接触不良,车辆颠簸造成接头松动或接头处氧化污损。

(3)启动开关损坏。

(4)继电器故障。启动线路中有启动继电器或组合继电器的启动机,继电器故障会导致启动机不转。继电器触点氧化污损,使电磁开关电路无法接通;触点间隙过大或继电器线圈短路、断路,都使继电器触点不能闭合,电磁开关电路不通。

（5）启动机故障包括电磁开关故障、换向器氧化、电刷接触不良及电枢绕组和磁场绕组断路、短路等。

电磁开关的故障主要是由于受强电流的作用，触点氧化，造成接触不良。电动机的故障使其内部无法形成完整的回路，因此启动机不转。

（6）在启动机不运转时，电磁开关也没有"嗒、嗒"的吸合声。

检修时，首先检查蓄电池，确认其电量充足。在机舱内蓄电池右侧找到启动机电磁开关驱动线，将其与连接器脱开。从蓄电池直接引火线接通电磁开关驱动线，此时启动机正常驱动发动机。初步判断可能是点火开关启动挡的触点有时接触不良而引发上述故障。换装一只新的点火开关后，再接通启动机，启动机完全恢复了正常功能，故障完全排除。

但明显症状是在接通启动机时，其电磁开关吸而复放、频繁动作。检修中，首先检查蓄电池，确认其电量充足。然后把启动机从发动机上拆下来。从故障现象分析，该电磁开关的吸拉线圈工作正常，而保持线圈工作异常。将电磁开关从启动机上拆下来，经测试，发现其保持线圈断路。取一只新的电磁开关装在启动机上，然后把启动机装到车上试验。此时接通启动机，启动机正常驱动发动机运转，发动机也顺利着车，故障完全排除。

3. 启动机运转无力

启动机运转无力，应是下列原因所致：

（1）蓄电池电量不足。

（2）导线连接处接触不良。

（3）电枢绕组或磁场绕组匝间短路，使电枢电流强度和磁场强度减弱，使启动机运转无力。

（4）换向器污损、电刷弹簧弹力不足或电刷过度磨损，使电路中电阻值增大，电动机的扭矩降低。轴承过紧会加大机械损失，也会导致启动机运转无力。

（5）换向器与电刷接触不良，电磁开关接触盘和触点接触不良，电动机激磁绕组或电枢绕组有局部短路等。

4. 发动机启动后，启动机运转不停

发动机启动后，启动机运转不停，表明电磁开关接触盘与两个主线柱始终接触，有三种情况：

（1）电磁开关接触盘与触点烧结。

（2）传动叉弹簧过软或折断，使活动铁芯与接触盘无法复位。

（3）启动继电器或组合继电器触点烧结，使电磁开关的两个主接线柱始终处于接通状态。

五、故障排除

1. 评分标准

评分标准如表 12-1 所示。

表 12-1 评分标准

序号	考核项目	配分	扣 分 标 准	得分
1	否决项目		造成人身、设备重大事故、不填写操作工单，或恶意顶撞测试人员、严重扰乱考场秩序，立即终止测试，此任务计 0 分	

续表

序号	考核项目	配分	扣 分 标 准	得分
2	工具、仪器设备准备	5	未检查工量具设备扣2分,工量具准备错误扣2分,工量具摆放不整齐扣1分/处	
3	车辆状态检查及车辆防护	10	1.没有检查车辆停放安全状况扣2分,没有安放三角木扣2分,没有安装尾气抽排管扣2分; 2.没有检查机油油面扣1分,没有检查冷却液液位扣1分,没有启动车辆扣1分,没有检查发动机工作状况扣1分; 3.没有安装翼子板护垫扣1分,座位套、踏脚垫、方向盘套、挡位杆套少装扣0.5分/处	
4	故障现象判断	15	1.未检查故障码扣5分,不会检查故障码扣5分,故障现象判断错误扣5分/次,故障诊断思路不明确扣5分/项; 2.故障判断不熟练扣2分,不会判断故障现象扣15分	
5	故障诊断过程	25	1.不会查阅维修手册扣2分,没有使用维修手册扣5分; 2.没有关闭点火开关拔插连接器扣2分/次,不会拔插连接器扣2分/次,强行拔插连接器扣2分/次,不能正确使用万用表扣2分/次; 3.操作过程不规范扣2分/次,工量具及仪器设备没整理扣2分; 4.造成短路扣10分/次,烧坏线路此项计0分; 5.部件及总成拆装不熟练扣2分/次,造成元器件损坏扣5分/次	
6	故障点确认与排除及操作工单填写	25	1.不能确认故障点扣15分,不会排除故障扣15分; 2.未进行故障修复后的检验扣10分; 3.修复后故障重复出现的扣5分/次; 4.操作工单填写不完整扣5分/项	
7	安全生产	20	1.不穿工作服扣2分、不穿工作鞋扣2分、不戴工作帽扣2分; 2.工量具与零件混放、摆放凌乱、落地,扣2分/处; 3.垃圾未分类回收,每次扣2分; 4.油、水洒落在地面或零部件表面未及时清理,每次扣2分/处; 5.竣工后未清理工量具、场地,扣1分/处; 6.启动车辆或举升时,未请示或未提醒,扣2分/次; 7.不服从测试人员扣10分/次	
8	合计	100	—	

2. 操作工单

操作工单如表12-2所示。

表 12-2　操作工单

任务名称		日期		评价结果
团队成员				

一、学习过程(学习过程中,学习的课程资源,遇到的困惑,需要教师给予的帮助简要记录)

学习资源情况记录	学习困惑点记录	需要教师指导情况记录

二、场地及设备初步检查(做好诊断前准备工作,将存在的问题填写在是否选项后的空白处)

1.工量具、仪器设备、车辆、技术资料是否准备齐全：　　是□　　否□_____

2.汽车停放位置与举升机状况是否良好：　　是□　　否□_____

3.是否放置车轮三角块、连接尾气抽排管：　　是□　　否□_____

4.是否放置方向盘套、脚垫、汽车翼子板罩：　　是□　　否□_____

5.发动机机油、冷却液是否正常：　　是□　　否□_____

6.蓄电池状况检查：_____

三、故障诊断过程

1.实施功能检查,确认故障现象,推断故障范围

(1)描述与客户抱怨相关的检查结果

(2)读取故障码,填写对该故障诊断有用的信息

(3)查阅电路图,绘制控制原理图和故障诊断流程图

控制原理图	故障诊断流程图

2.根据故障现象、故障码提示结合电路分析判断可能原因

四、测量记录(电路参数、尾气排放、数据流或执行元件驱动测试)

1.数据测试

测试对象
标准描述
测试结果
测试结论

2.波形测试(不用者不填)

测试对象		
标准波形		
测试波形		
测试结论		

五、故障处理(分析测试结果,进行故障修复,并实施验证)

六、学习反思(本次任务的教学、学习流程、感兴趣点、收获等方面进行简要描述)

七、综合评价(评教分数不纳入学生任务得分)

类型	项目	评分		
评教	课堂效果(10分)			
	教学资源(10分)			
	教师风貌(10分)			
评学	项目	个人(20%)	小组(40%)	教师(40%)
	课前学习(30分)			
	任务完成(50分)			
	课后讨论(10分)			
	贡献大小(10分)			
	合计			

3. 完成故障诊断流程图

将故障诊断流程图画在下面空白处。

4. 检修小笔记

填写检修小笔记,如图 12-4 所示。

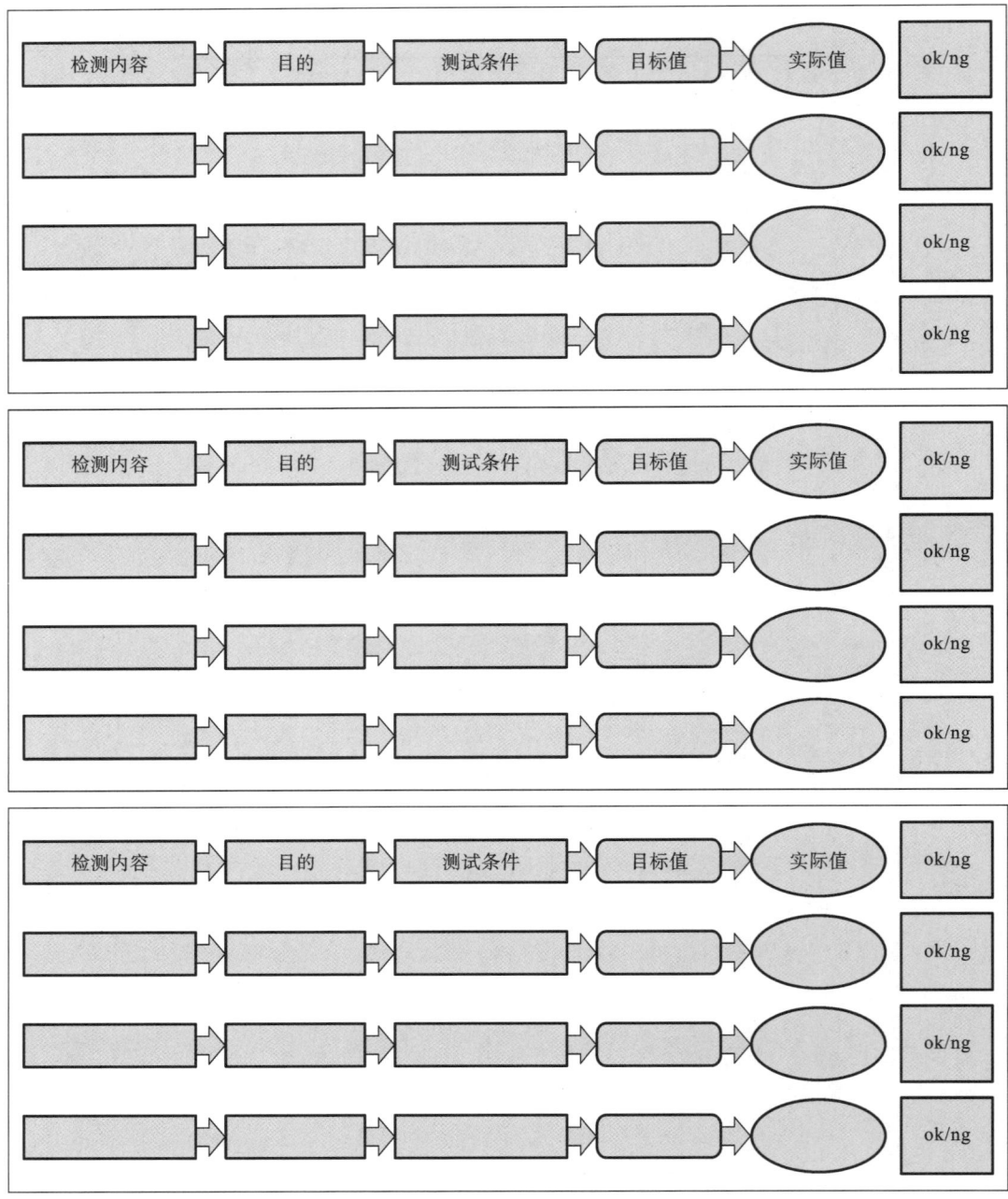

图 12-4   检修小笔记

任务十三　照明与信号系统故障诊断

◀ **知识目标**

（1）掌握汽车照明系统的作用及工作原理。

（2）掌握汽车信号系统的作用及工作原理。

◀ **能力目标**

（1）掌握汽车前大灯系统故障检修方法。

（2）掌握汽车雾灯系统检修方法。

（3）掌握汽车转向灯系统故障检修方法。

（4）掌握汽车危险报警灯系统故障检修方法。

一、情境描述

售后服务经理安排给学员一个检测、维修照明与信号系统的任务，要求检查各零件的破损程度，确定是否可再用，进行组装，进行试验并排除可能出现的故障。

二、常见故障点

照明与信号系统的故障点为前大灯系统、雾灯系统、转向灯系统、危险报警灯系统等故障。

三、相关知识

1. 外部照明

外部照明又称为外照灯，主要有前照灯（大灯）、后照灯、前侧灯、雾灯、牌照灯、组合式前照灯、小灯等，如图13-1所示。

1）前照灯

俗称大灯，用于夜间或光线昏暗时照明道路。功率远光为40～60 W、近光为22～55 W，灯光为白色，有近光和远光之分。近光要将车前30 m内的路面均匀照亮，远光要将车前100 m内的路面均匀照亮。前照灯的光学系统包括反射镜、配光镜、灯泡三部分，如图13-2所示。

（1）反射镜：将灯泡发出的光线聚合成强光束并导向前方。一般采用薄钢板冲压而成，内表面镀铬、铝和银，然后抛光，如图13-3所示。

（2）配光镜：俗称散射玻璃，用于将反射的光束折射，使路段的照明光束更加均匀。用透明玻璃压制而成，现在已开始广泛使用塑料配光镜，它质量轻，耐冲击性能好。配光镜光束图如图13-4所示。

（3）灯泡：有充气灯泡和卤钨灯泡，用于发光。

充气灯泡，用钨丝作灯丝，内充惰性气体，利于延长灯泡的使用寿命，如图13-5所示。

卤钨灯泡，用钨丝作灯丝，内充卤族元素，其使用寿命较长，亮度大，如图13-6所示。

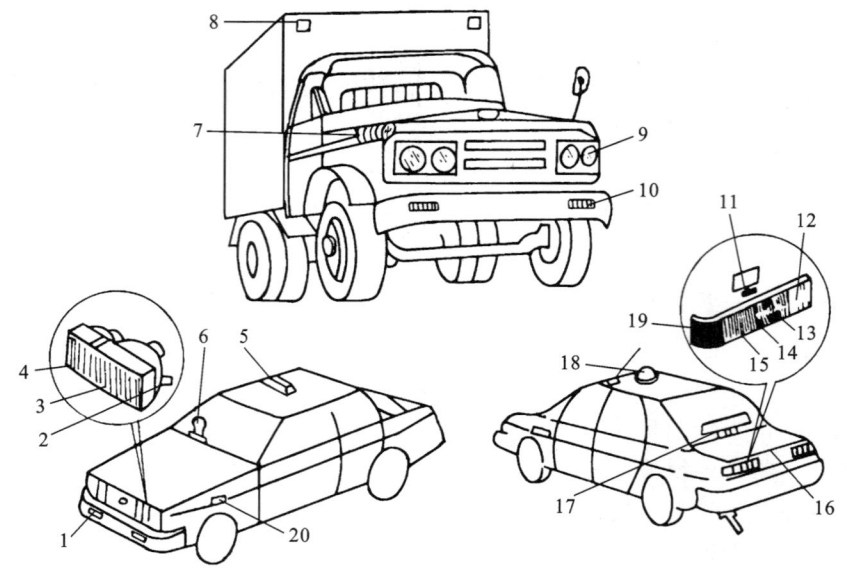

图 13-1 汽车外部灯具

1—前转向灯;2—前示位灯;3、9—前照灯;4、10—前雾灯;5—出租车标志灯;6—出租车空车灯;
7—转向示位组合灯;8—示廓灯;11—行李厢灯;12—倒车灯;13—后雾灯;14—后示位灯;
15—制动灯;16—牌照灯;17—高位制动灯;18—警示灯;19—后转向灯

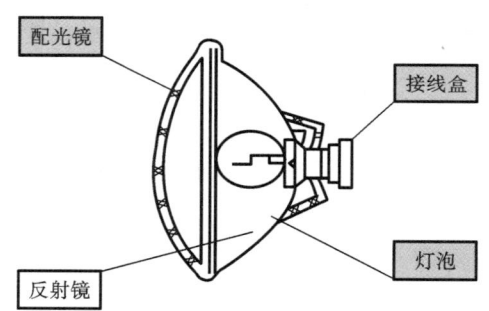

图 13-2 前照灯的光学系统

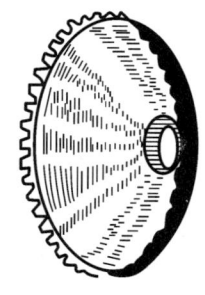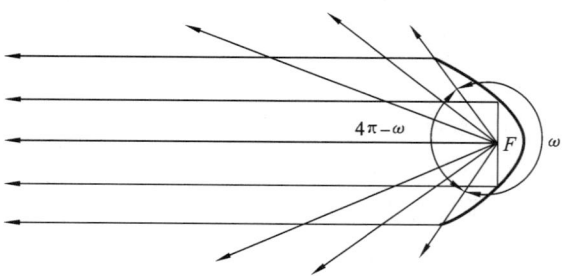

图 13-3 反射镜图

远、近光束变化如图 13-7 所示,远光灯丝位于焦点上,近光灯丝位于焦点上方。

2)前照灯的分类

(1)半封闭式前照灯:结构如图 13-8 所示,配光镜靠卷曲反射镜边缘上的牙齿而紧固在反射镜上,二者之间垫有橡胶密封圈,灯泡从反射镜后端装入;当需要更换配光镜时,应撬开反射镜边缘上的牙齿,装上配光镜后,再将牙齿处复原。

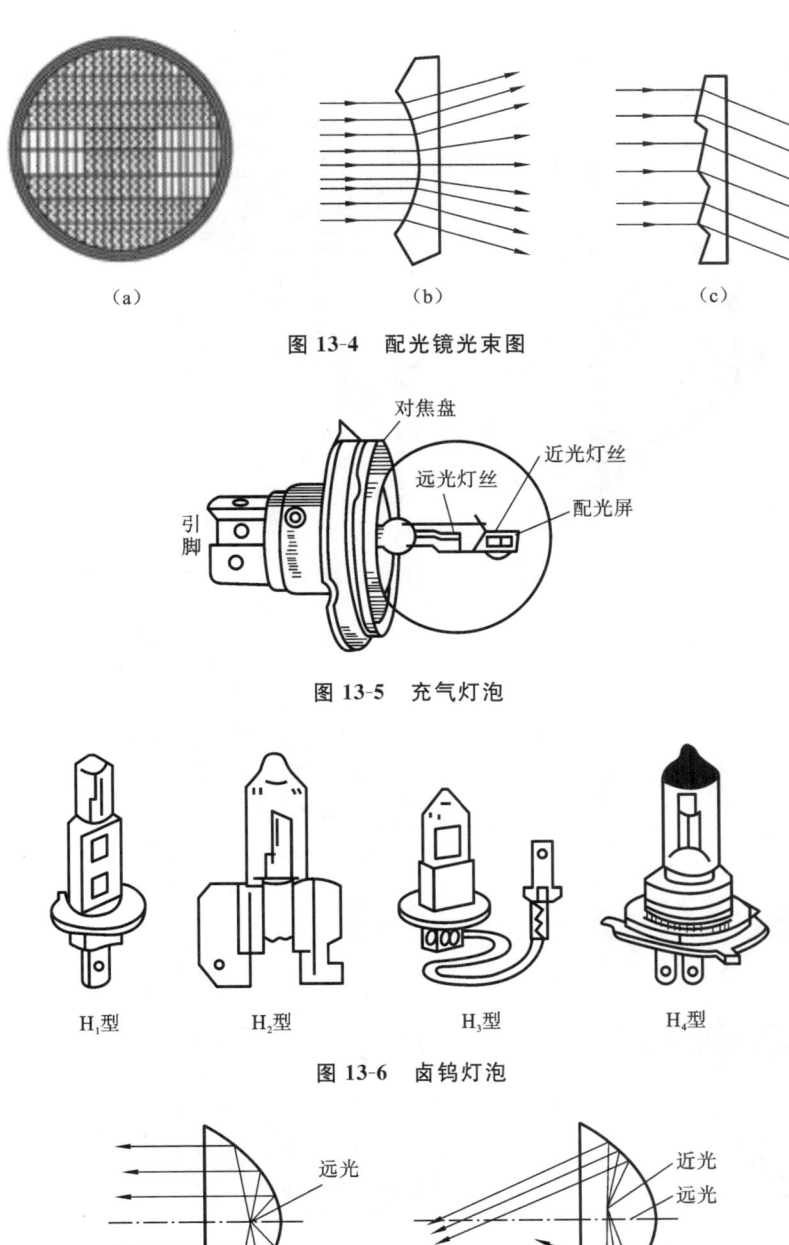

图 13-4 配光镜光束图

图 13-5 充气灯泡

图 13-6 卤钨灯泡

图 13-7 远、近光灯束

（2）封闭式前照灯（又称真空灯）：结构如图 13-9 所示，反射镜和配光镜制成一体，形成一个灯泡，里面充满惰性气体，密封性好，照明效果好，使用寿命长，但灯丝烧断后需更换整个总成，成本高。

（3）投射式前照灯：结构如图 13-10 所示，装无刻纹的配光镜，采用卤素灯泡，反射镜呈椭圆形，它有两个焦点，第一个焦点处放置灯泡，第二个焦点在灯光中形成，在第二焦点附近设有遮光板，可遮挡向上的光线，形成明暗分明的配光。投射式前照灯可用光束较多，经济实用。

（4）高亮度弧光灯：结构如图 13-11 所示，灯泡无灯丝，内装两个电极，管内充有氙气及微量

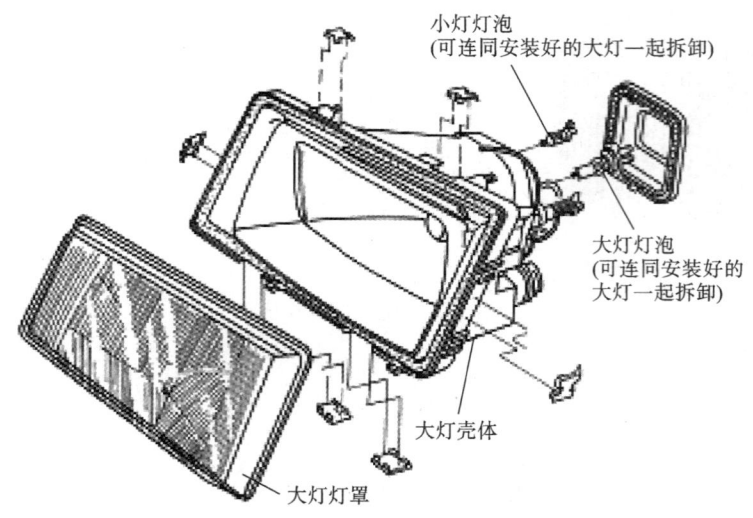

图 13-8　半封闭式前照灯

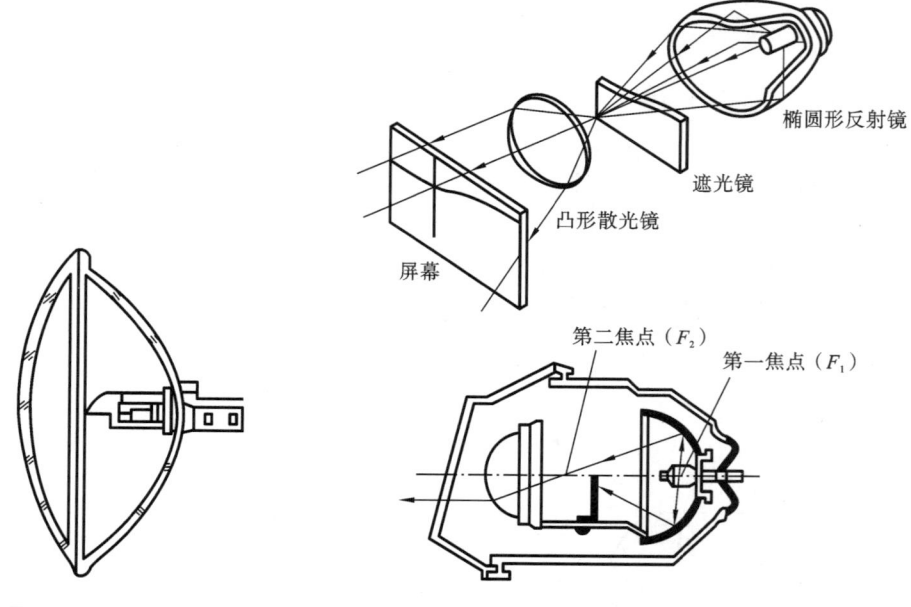

图 13-9　封闭式前照灯　　　　　图 13-10　投射式前照灯

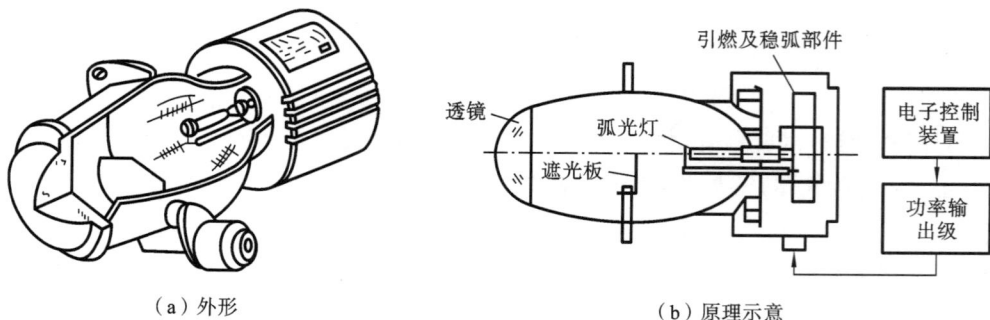

（a）外形　　　　　　　　　　　（b）原理示意

图 13-11　高亮度弧光灯

金属。高亮度弧光灯由弧光灯组件、电子控制器和升压器三部件组成。亮度是卤素灯泡的 2.5 倍,寿命是卤素灯泡的 5 倍。

3）小灯

俗称示位灯、示廓灯,用于夜间行车或停车时,显示其轮廓或存在。功率为 5～10 W,前小灯为白色,后小灯为红色。

4）牌照灯

用于夜间照明汽车牌照。功率为 5～15 W,灯光为白色。

5）雾灯

用于雨、雪、雾天气的照明。功率为 35～55 W,灯光为黄色。

2. 内部照明

内部照明装置包括顶灯、仪表灯、工作灯、指示灯、行李厢灯、阅读灯、报警灯等。

（1）工作灯:用于汽车检修时的照明。灯光为白色,一般装在发动机罩下。

（2）仪表灯:用于夜间行驶时仪表的照明。功率 2～8 W,灯光为白色。

（3）指示灯:用于指示某一系统是否处于工作状态。功率为 2 W,灯光为红色、黄色或蓝色。如远光指示灯、雾灯指示灯、转向指示灯、驻车指示灯等。

（4）顶灯:用于驾驶室内部照明。功率为 5～8 W,灯光为白色。

（5）阅读灯:用于乘员看书。

（6）行李厢灯:开启行李厢盖时自动照明。

（7）报警灯:用于监测汽车各系统的技术状况。灯光为红色、黄色或蓝色,功率为 2 W,如发动机故障指示灯、ABS 故障指示灯。

3. 信号系统的构造

信号系统如图 13-12 所示,包括前转向灯、后转向灯、倒车灯、制动灯、后尾灯、组合式前信号灯、组合式后信号灯等。

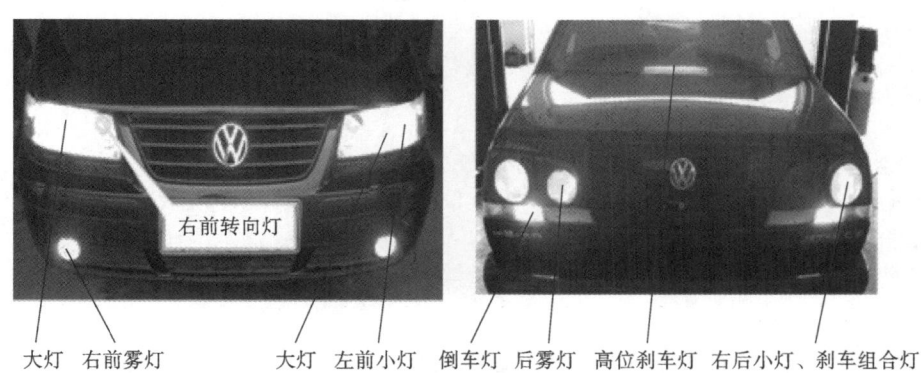

大灯　右前雾灯　　大灯　左前小灯　倒车灯　后雾灯　高位刹车灯　右后小灯、刹车组合灯

图 13-12　信号系统

（1）转向信号灯又称方向指示灯:它装在汽车的前、后、左、右四角,有独立式、一灯两用式和组合式。转向信号灯的作用是在汽车转弯时,发出明暗交替的闪光信号,使前后车辆、行人等知其行驶方向。

（2）转向指示灯:安装在仪表板上,标志汽车转向并指示转向灯工作情况的灯具,它与转向信号灯并联,并一起工作。

（3）危险报警信号灯:在紧急情况下能发出闪光报警信号的灯具。通常由转向灯兼任,这种情况下前、后、左、右转向灯同时点亮。它受危急报警开关和闪光器控制。

（4）尾灯：夜间行车时向后方表示汽车存在的灯具。

（5）制动灯：又称制动信号灯，俗称"刹车灯"，均装在汽车后面，多采用组合式灯具。其用途是在汽车制动停车或减速行驶时，向车后发出灯光信号，以警告尾随的车辆或行人。制动灯法定为红色，其灯泡功率一般为 20～40 W，制动灯开关与制动踏板相连，只要制动，灯就会亮，其受制动开关控制。

（6）门灯：指示车门关闭状况的信号灯。通常受控于门轴处的控制开关。

（7）倒车灯：用以在倒车时照亮车辆后面的环境，警示车后的汽车、行人。

（8）喇叭：用于引起行人和其他车辆的注意，以保证行车安全。有电喇叭和气喇叭之分，如图 13-13、图 13-14 所示。

4. 照明系统的控制电路

1）前照灯控制电路

前照灯控制电路主要由灯光开关、变光开关、前照灯继电器及前照灯组成。前照灯控制电路的两种控制方式如下：

（1）继电器控制火线式：电路图如图 13-15 所示。

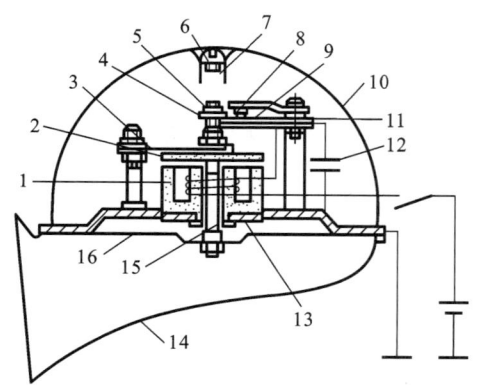

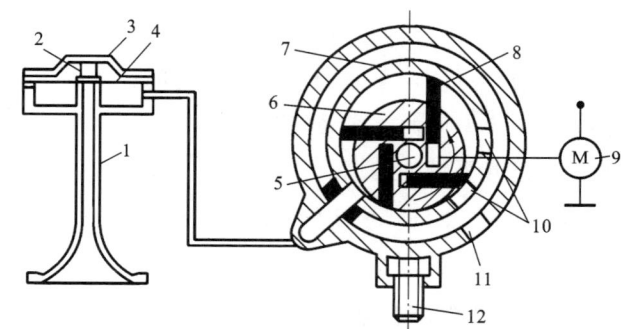

图 13-13　螺旋形电喇叭

1—铁芯；2—衔铁；3—弹片；4—调整螺母；
5—锁紧螺母；6—螺钉；7—支架；
8—活动触点；9—固定触点；10—防护罩；
11—绝缘片；12—灭弧电容；13—磁化线圈；
14—传声筒；15—中心螺杆；16—膜片

图 13-14　电动气喇叭

1—传声筒；2—弹簧；3—盖板；4—膜片；
5—电动机轴；6—转子；7—偏心腔体；8—叶片；
9—电动机；10、11—进气口；12—螺钉

前照灯开关闭合时，前照灯继电器线圈通电，常开触点闭合，近光灯点亮；变光开关闭合，变光继电器线圈通电，变光继电器常闭触点断开，常开触点闭合，远光灯及远光指示灯点亮。

前照灯开关闭合，近光灯点亮时，其电流方向为：蓄电池正极→保险→前照灯继电器常开触点→变光继电器常闭触点→近光保险→近光灯→搭铁→蓄电池负极。

前照灯开关、变光开关闭合时，远光指示灯、远光灯点亮，其电流方向为：蓄电池正极→保险→前照灯继电器常开触点→变光继电器常开触点→远光保险→远光灯→搭铁→蓄电池负极。

（2）继电器控制搭铁线式：电路图如图 13-16 所示。

前照灯开关闭合时，前照灯继电器线圈通电，常开触点闭合，近光灯点亮；变光开关闭合，变光继电器线圈通电，变光继电器常开触点闭合，远光灯及远光指示灯点亮。

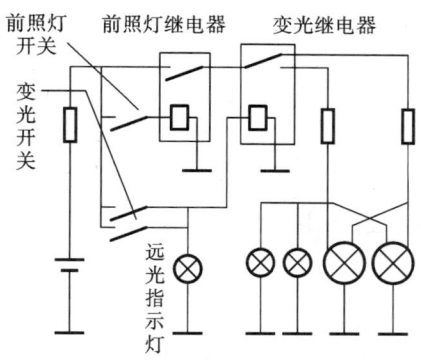

图 13-15　继电器控制火线式电路图

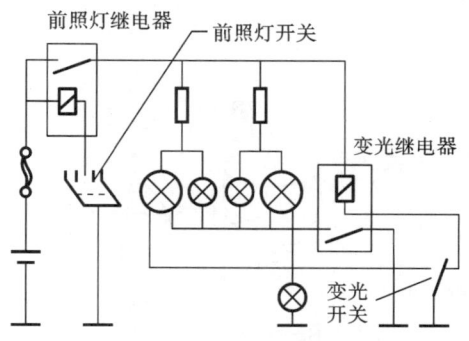

图 13-16　继电器控制搭铁线式电路图

前照灯开关闭合,近光灯、近光指示灯点亮时,其电流方向为:蓄电池正极→保险→前照灯继电器常开触点→保险→近光灯(近光指示灯)→搭铁→蓄电池负极。前照灯开关、变光开关闭合时,变光继电器触点闭合,远光指示灯、远光灯点亮,其电流方向为:蓄电池正极→保险→前照灯继电器常开触点→远光灯保险→远光灯(远光指示灯)→搭铁→蓄电池负极。

2)汽车照明控制电路

(1)前照灯由车灯总开关和变光开关来控制。

(2)雾灯由雾灯开关、雾灯指示灯和雾灯继电器来控制。

(3)示位灯(俗称小灯)、牌照灯、仪表照明灯、空调照明灯、分动器杆照明灯均由车灯总开关控制。

(4)行李厢灯由行李开关控制,顶灯由顶灯开关控制。

汽车照明控制电路如图 13-17 所示。

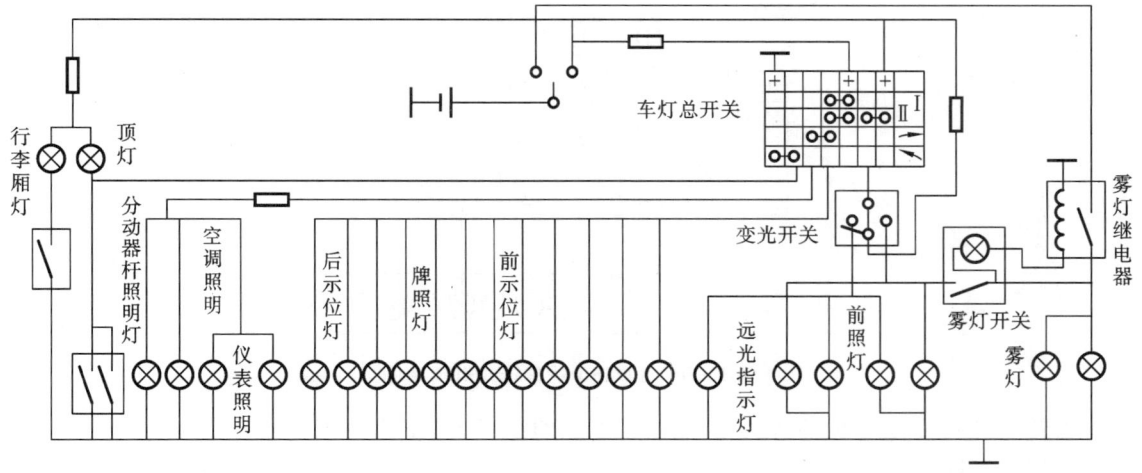

图 13-17　汽车照明控制电路

5. 汽车信号系统的控制电路

1)转向信号灯控制电路

转向信号灯控制电路主要由转向信号、闪光器(见图 13-18)、转向灯开关组成。

2)转向灯控制电路

如图 13-19 所示,当车辆需左转弯时,转向开关 K 拨到左边时,电流经蓄电池的"＋"极→点火开关 SW→接线柱 B→R_1→继电器触点 J→接线柱 S→转向开关 K→转向灯(及转向指示灯)

→搭铁→蓄电池"−"极,左转向灯亮。

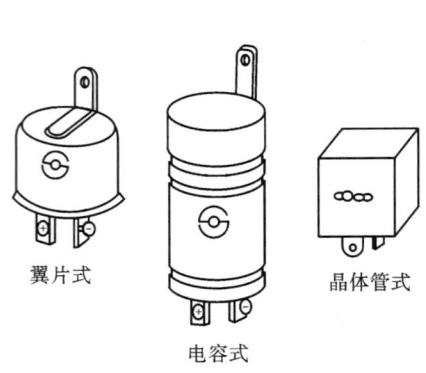

翼片式　　晶体管式

电容式

图 13-18　常见闪光器

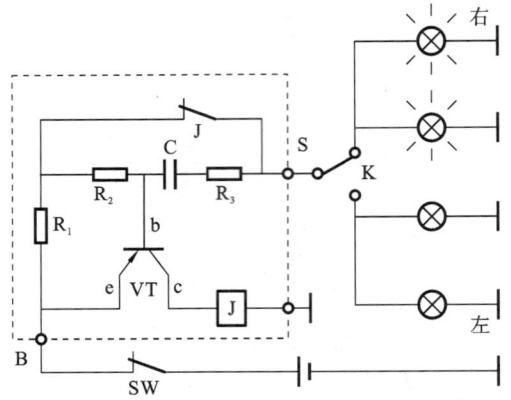

图 13-19　晶体管式闪光器结构原理图

转向灯亮时,因 R_1 上的分压给三极管提供了偏置电压而使 e、c 导通,继电器 J 中的线圈有电流通过而产生磁场,使继电器触点 J 断开,转向灯熄灭。三极管导通后其基极电流向电容器充电,其电流由蓄电池的"+"极→点火开关 SW→接线柱 B→e→b→电容器 C→R_3→转向灯开关 K→转向灯(及转向指示灯)→搭铁→蓄电池"−"极,随着电容器两端电压升高,基极电流和集电极电流变小,继电器触点 J 重新闭合,转向灯又点亮。闪光频率为 70～90次/min。

3)转向灯及危险信号报警电路

(1)如图 13-20 所示,TJ7100 轿车转向灯电路和危险信号报警电路共用一个闪光继电器。

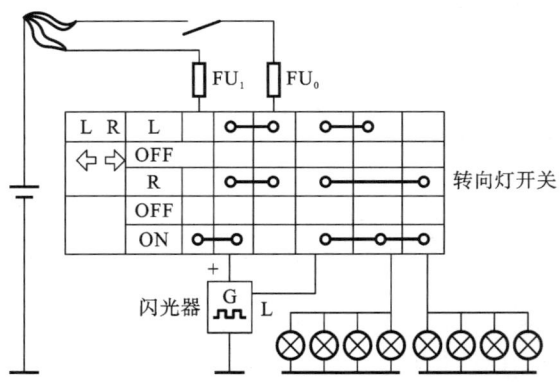

图 13-20　TJ7100 轿车转向灯电路图

当转向灯开关转至 R 挡时,其电流由蓄电池的"+"极→FU_0→闪光器→L 接线柱→R 挡→右闪光灯→搭铁→蓄电池"−"极,闪光灯闪烁。

当接通危急报警开关时,其电流由蓄电池的"+"极→FU_1→闪光器→L 接线柱→"ON"挡→左、右闪光灯→搭铁→蓄电池"−"极,左、右闪光灯同时闪烁。

(2)如图 13-21 所示,切诺基越野车转向灯电路和危险信号报警电路各用一个闪光继电器。

当将转向灯开关向左或向右拨动时,其电流由蓄电池"+"极→点火开关→熔断器→转向闪光继电器→转向灯开关(向左或向右),(左或右)转向灯闪烁。

当拨动危急报警开关时,转向灯均闪烁。其电流由蓄电池"+"极→点火开关→熔断器→危急报警闪光器→危急报警开关,所有转向灯同时闪烁。

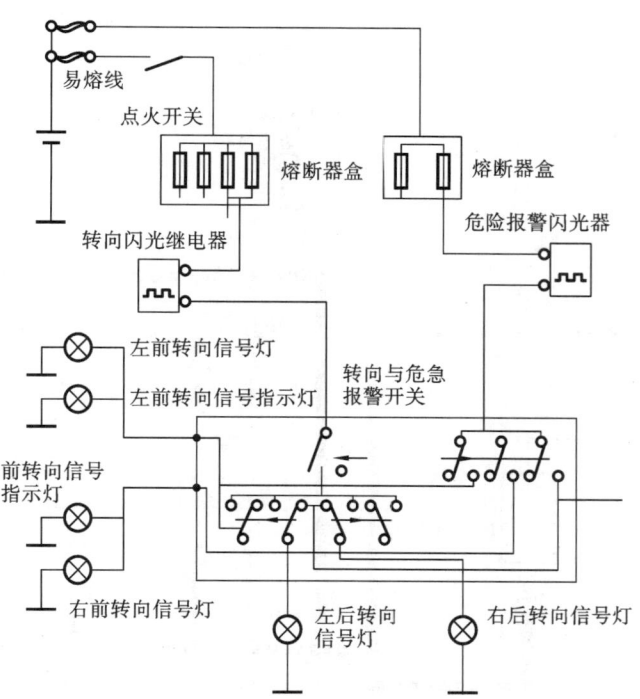

图 13-21 切诺基越野车转向灯电路图

4）倒车信号灯控制电路

如图 13-22 所示，驾驶员将变速杆挂入倒挡时，倒挡开关接通了蜂鸣器和倒车电路，从而发出声光信号。其电流方向为：蓄电池的"＋"极→插片→开关→灯、蜂鸣器→搭铁→蓄电池"－"极，倒车灯点亮，蜂鸣器发响。

5）喇叭控制电路

按下按钮开关，电喇叭鸣叫，其电流方向为：蓄电池的"＋"极→B 接柱→电磁线圈→S 接柱→按钮→搭铁→蓄电池"－"极；同时喇叭继电器触点闭合，电流由蓄电池的"＋"极→B 接柱→喇叭继电器触点→H 接柱→电喇叭→搭铁→蓄电池"－"极，喇叭鸣叫，如图 13-23 所示。

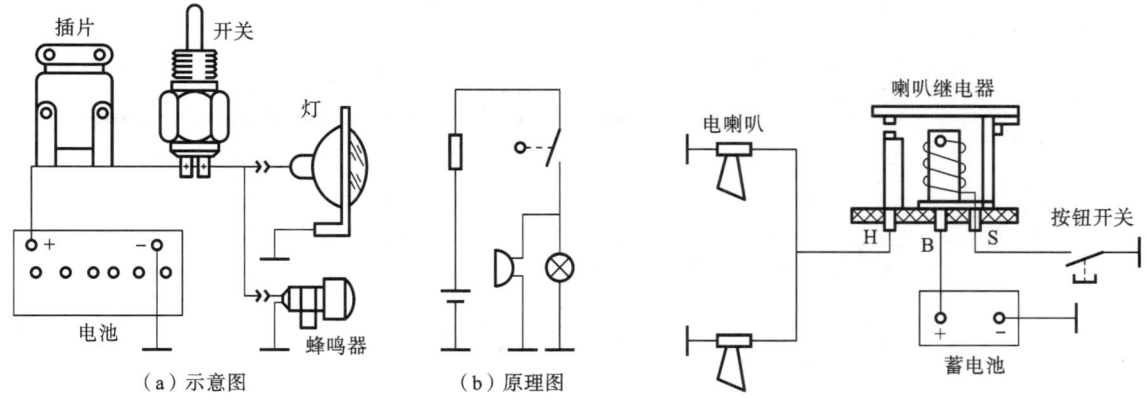

图 13-22 倒车信号灯控制电路　　　　**图 13-23 喇叭控制电路**

6. 丰田卡罗拉灯光照明系统部分电路图

丰田卡罗拉灯光照明系统部分电路如图 13-24～图 13-28 所示。

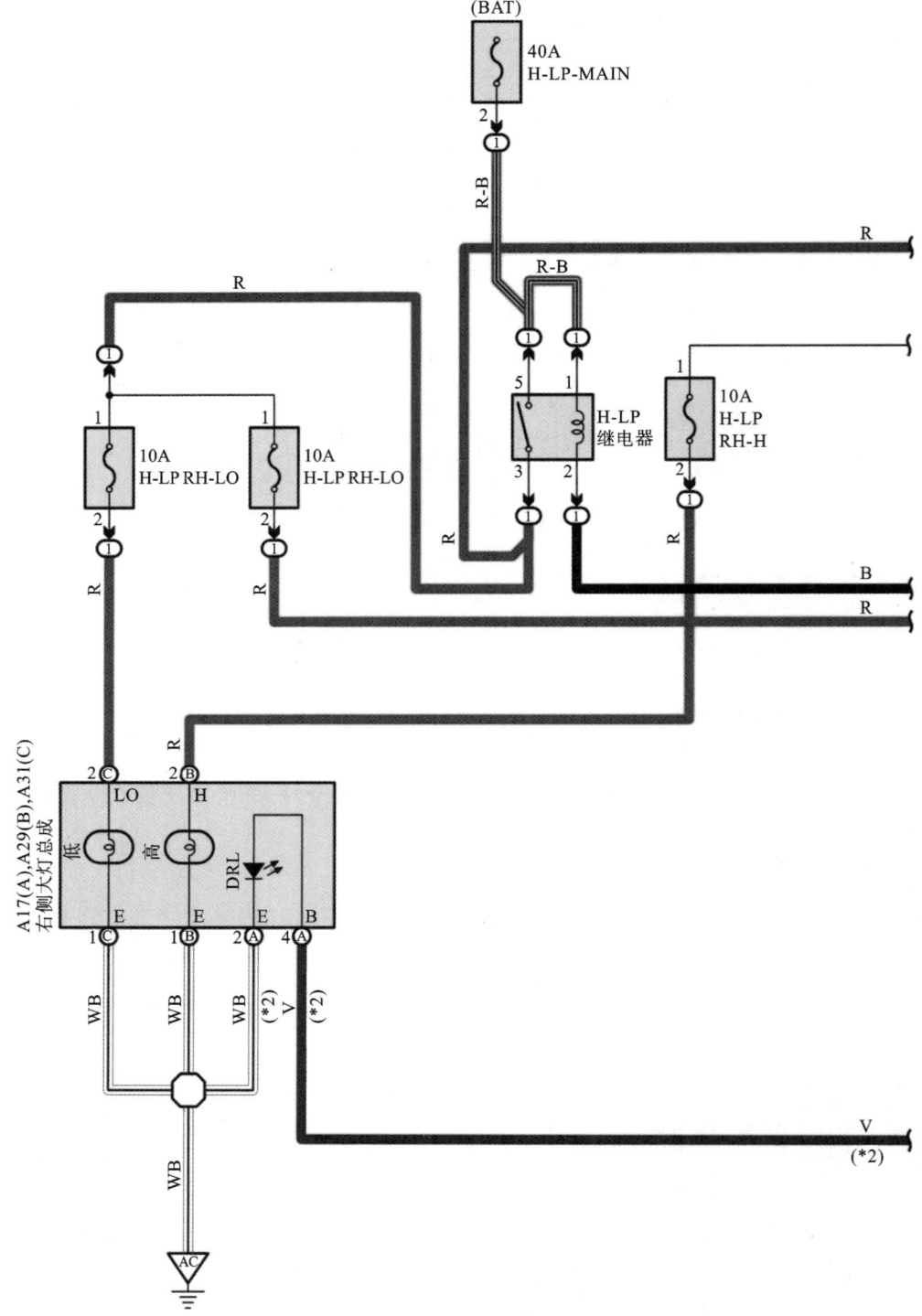

图 13-24　右侧大灯控制电路图

四、故障诊断

1. 汽车照明与信号系统的维护

（1）应根据标志及使用维修说明书要求安装车灯，不得倾斜侧置。

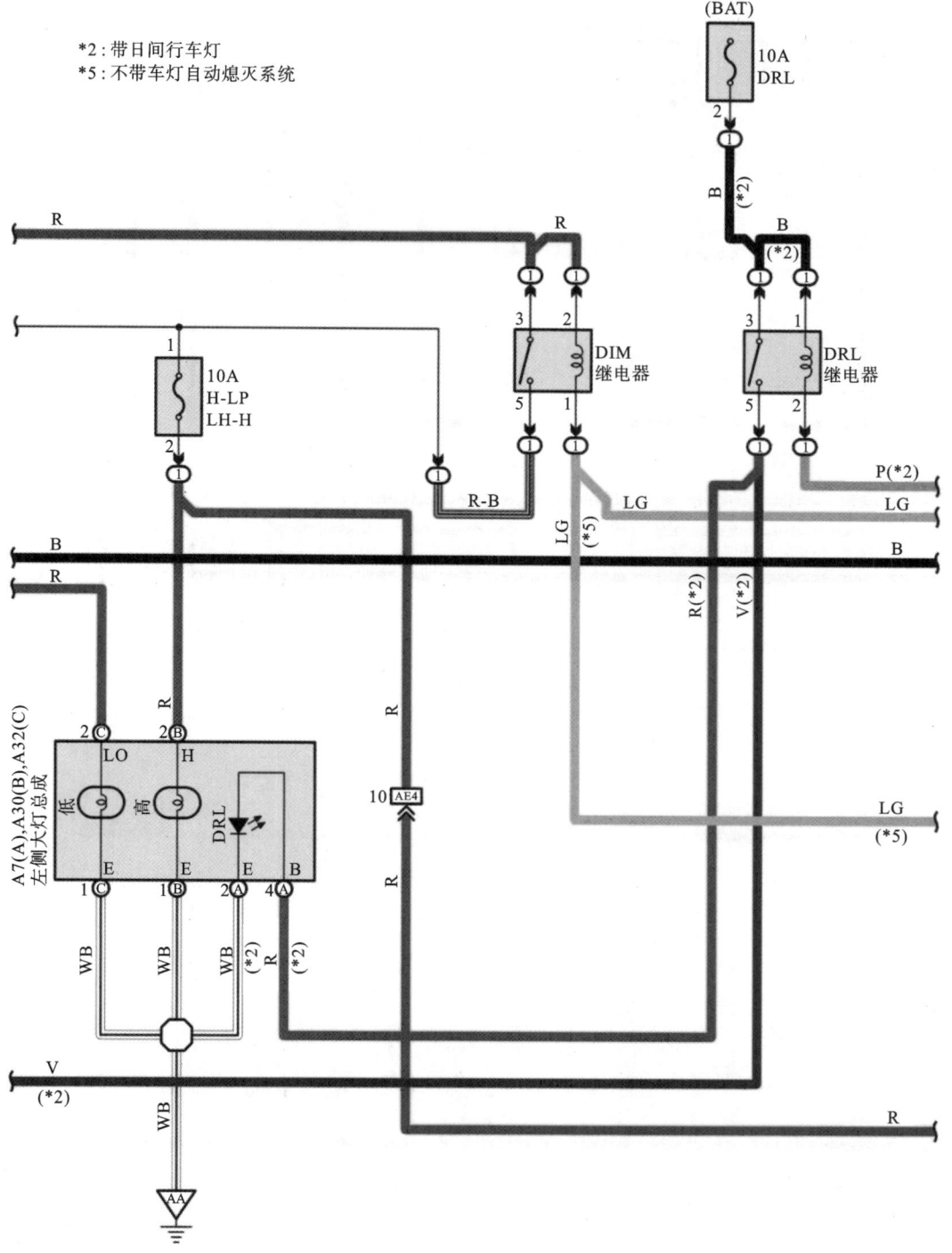

图 13-25 左侧大灯控制电路图

（2）要按车型，配套使用灯泡等光学组件。

（3）车灯应注意装配固定，以保证其密封性能，防止水分及灰尘进入车灯。

（4）注意灯的搭铁极性，尤其对没有明显标记的灯泡，注意判别远光、近光灯丝及搭铁极性。

（5）保证车灯电路接触良好并保持清洁。

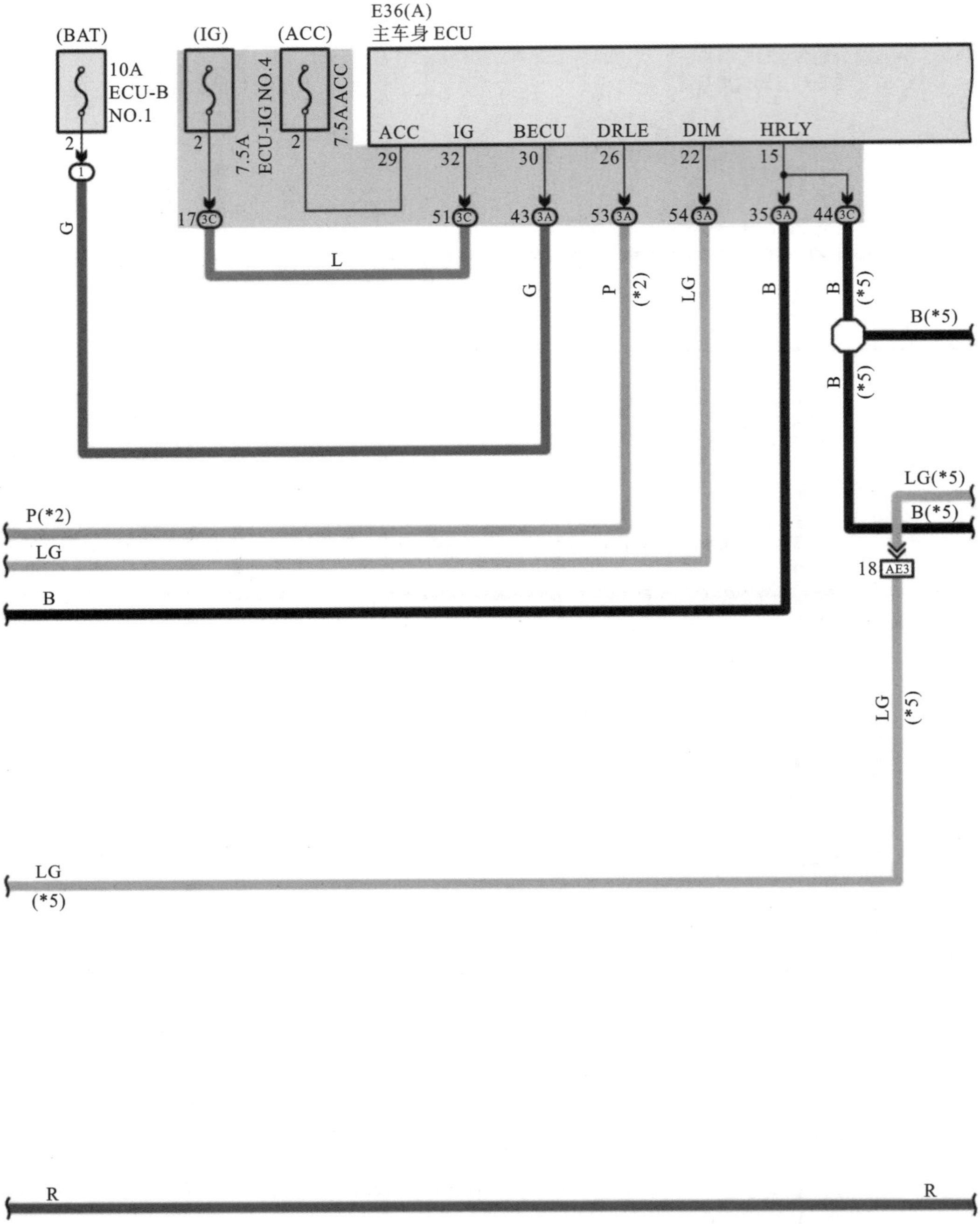

图 13-26 车身 ECU 部分控制电路图

（6）更换灯泡前，应先切断电源，更换的灯泡要选择与原车型号和功率相同规格的原厂件。

（7）更换灯泡时，手指不能触及镜面，以免留下汗水或油印使反射镜失去光泽，降低反光效率。

（8）保证转向灯的灯泡功率相等并与闪光器配合一致。

（9）车灯发生故障不外乎灯泡及线路断、短路。排除时可检查相应的熔丝和灯泡的技术状况以及相应的线路是否良好。

（10）做好定期维护，并按标准检验和调整，以保持灯光的技术状况完好。

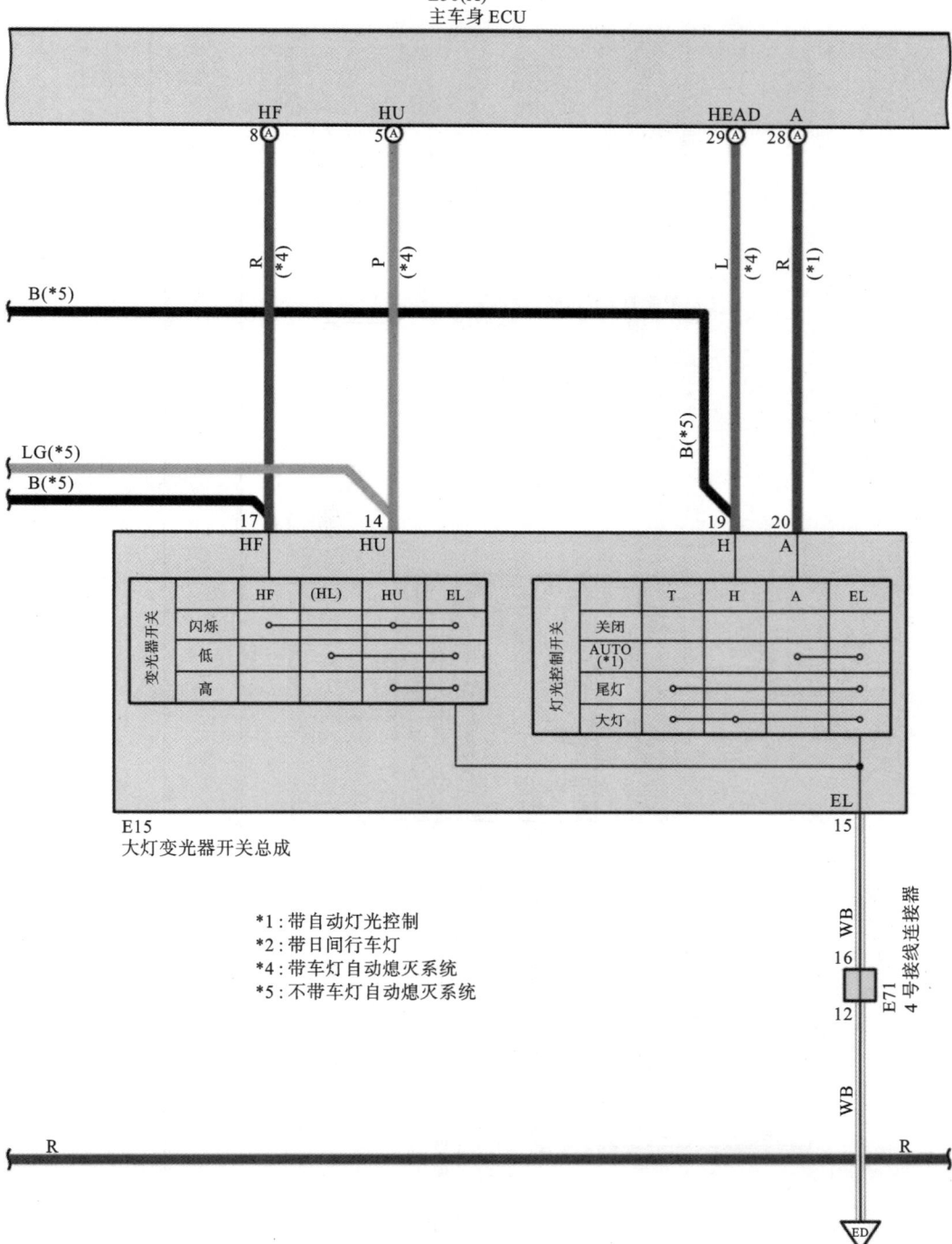

图 13-27 灯光开关控制电路图

2. 汽车灯光的常见故障

汽车灯光的常见故障一般有灯光不亮、灯光亮度下降、灯泡频繁烧坏等。在进行故障诊断时，应根据电路图对电路进行检查，判断出故障的部位。

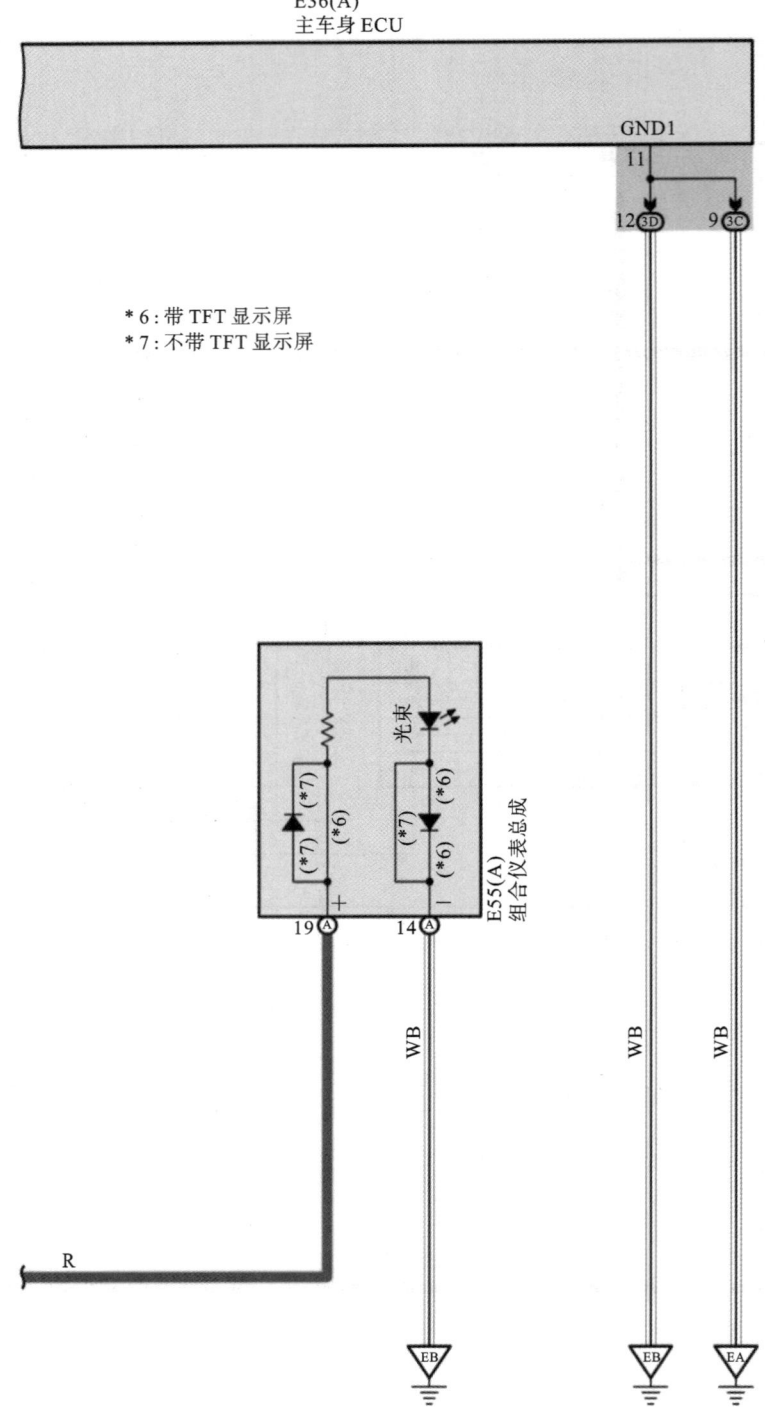

E36(A)
主车身 ECU

GND1

11

12 3D   9 3C

*6：带 TFT 显示屏
*7：不带 TFT 显示屏

光束

(*7) (*6)

(*7) (*6)

(*7) (*6)

E55(A)
组合仪表总成

19 A   14 A

WB   WB   WB

R

EB   EB   EA

图 13-28　灯光仪表电路图

1）灯光不亮

引起灯光不亮的原因主要有灯泡损坏、熔丝熔断、灯光开关或继电器损坏及线路短路和断路故障等。如果只有一只灯不亮，一般为该灯的灯丝烧断，可将灯泡拆下后检查。如果几只灯都不亮，按喇叭，喇叭也不响，则是总熔断器熔断。若同属一个熔丝的灯泡都不亮，则可能是该支路的熔丝被熔断。处理熔断器熔断故障时,在将总熔断器复位或更换新的熔丝之前,应查找出超负荷的原因。其方法是:将熔丝所接各灯的接线从灯座上拔掉,用万用表电阻挡测量灯端与搭铁之间的电阻,若电阻较小或为0,则可断定线路中有搭铁故障。排除故障后,再把总熔断器复位或更换新的熔丝。

另外,其他部位的检查方法有:

(1)继电器的检查:对继电器线圈直接供电,可检查出继电器是否能正常工作,如不能正常工作,应更换继电器。

(2)灯光开关的检查:可用万用表检查开关各挡位的通断情况,若与要求不符,应更换灯光开关。

(3)线路的检查:在检查线路时,可用万用表或试灯逐段检查线路,以便找出发生短路或断路故障的部位。

2)灯光亮度下降

若灯光亮度不够,多为蓄电池电量不足或发电机和电压调节器的故障所致。另外,导线接头松动或接触不良、导线过细或搭铁不良、散光镜坏或反射镜有尘垢、灯泡玻璃表面发黑或功率过低及灯丝没有位于反射镜的焦点上,均可导致灯光暗淡,需要逐一检查并排除。

检查时,首先要检查蓄电池和发电机的工作状态,若不符合要求,应先恢复电源系统的正常工作电压。在电源正常的状态下,再检查线路的连接情况及灯具是否良好。

3)灯泡频繁烧坏

灯泡频繁烧坏的原因一般是电压调节器调节电压不当或失调,使发电机输出电压过高所致,应重新将输出电压调整到正常工作范围。

此外,灯具的接触不良也是造成灯泡频繁损坏的原因。

3. 转向信号灯电路的常见故障

1)转向开关打到左侧或右侧时,转向指示灯闪烁频率比正常情况下高

这种故障现象说明这一侧的转向灯灯泡有烧坏的,或转向灯的接线、搭铁不良。

排除方法:更换灯泡。若接线搭铁不良,视情况处理。

2)左、右转向灯均不亮

这种故障的原因可能是熔丝烧断、闪光器坏、转向开关出现故障或线路有断路的地方。

排除方法:

(1)检查熔丝,断了更换。

(2)检查闪光器。

(3)若以上正常,检查转向灯开关及其接线,视情况修理或更换。

左、右转向灯均不亮,除以上检查方法外,还可以先打开危急报警开关,若左、右转向灯不亮,说明闪光器有故障。

4. 灯具的检修

1)半封闭式前照灯

(1)半封闭式前照灯的拆卸如图13-8所示。

(2)反射镜脏污,用压缩空气吹净,若吹不净,用棉花蘸热水轻轻地清洗。装复时检查反射镜与配光镜之间的密封垫圈是否损坏,若损坏则更换。

(3)灯泡损坏时应从后部拆换。

2）封闭式前照灯

灯丝烧断后需更换整个总成。

5. 灯光继电器的检修

（1）用万用表电阻挡检测继电器电磁线圈两端子的电阻值，若阻值过小或为0，说明电磁线圈短路；若阻值无穷大，说明线圈断路。电磁线圈短路或断路均应更换灯光继电器。

（2）用万用表检测继电器连接触点两端子的电阻值，阻值应为无穷大，否则说明触点已失效；然后用手使触点闭合，其阻值应接近0。若接触电阻过大，可用"00"号砂布将触点擦拭干净，否则更换继电器。

6. 灯光控制开关的检修

灯光控制开关的好坏，一般通过用万用表电阻挡检查各挡位相应接线柱或接线端子的通断来判断，若不符合要求应修理或更换。

7. 线路检查

用万用表电阻挡检查各连接导线是否断路、短路或搭铁，若是，应修理或更换。

8. 喇叭的检修

1）触点检修

触点若有烧蚀，可用细砂纸修磨并吹净，白金厚度小于0.7 mm时应更换触点或更换喇叭。

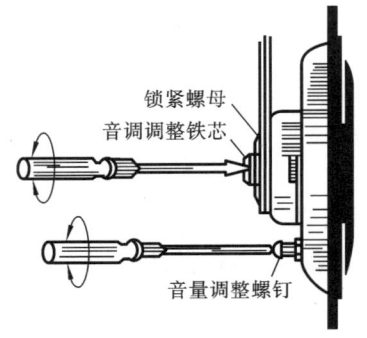

锁紧螺母
音调调整铁芯

音量调整螺钉

图 13-29　喇叭音量调整示意图

2）喇叭音调调整

喇叭音调取决于膜片的振动频率，而振动频率又取决于上、下铁芯间的间隙。松开锁紧螺母，顺时针旋入，减小上、下铁芯间的气隙，音调提高，反之音调降低。

3）喇叭音量调整

如图 13-29 所示，顺时针转动音量调整螺钉，触点接触压力减小，线圈电流减小，喇叭音量减小，反之喇叭音量增大。

4）喇叭线圈的检修

用万用表电阻挡检查线圈是否断路、短路或搭铁，若是，应更换。

五、故障排除

1. 评分标准

评分标准如表 13-1 所示。

表 13-1　评分标准

序号	考核项目	配分	扣分标准	得分
1	否决项目		造成人身、设备重大事故、不填写操作工单，或恶意顶撞测试人员、严重扰乱考场秩序，立即终止测试，此任务计 0 分	
2	工具、仪器设备准备	5	未检查工量具设备扣 2 分，工量具准备错误扣 2 分，工量具摆放不整齐扣 1 分/处	

序号	考核项目	配分	扣 分 标 准	得分
3	车辆状态检查及车辆防护	10	1.没有检查车辆停放安全状况扣2分,没有安放三角木扣2分,没有安装尾气抽排管扣2分; 2.没有检查机油油面扣1分,没有检查冷却液液位扣1分,没有启动车辆扣1分,没有检查发动机工作状况扣1分; 3.没有安装翼子板护垫扣1分,座位套、踏脚垫、方向盘套、挡位杆套少装扣0.5分/处	
4	故障现象判断	15	1.未检查故障码扣5分,不会检查故障码扣5分,故障现象判断错误扣5分/次,故障诊断思路不明确扣5分/项; 2.故障判断不熟练扣2分,不会判断故障现象扣15分	
5	故障诊断过程	25	1.不会查阅维修手册扣2分,没有使用维修手册扣5分; 2.没有关闭点火开关拔插连接器扣2分/次,不会拔插连接器扣2分/次,强行拔插连接器扣2分/次,不能正确使用万用表扣2分/次; 3.操作过程不规范扣2分/次,工量具及仪器设备没整理扣2分; 4.造成短路扣10分/次,烧坏线路此项计0分; 5.部件及总成拆装不熟练扣2分/次,造成元器件损坏扣5分/次	
6	故障点确认与排除及操作工单填写	25	1.不能确认故障点扣15分,不会排除故障扣15分; 2.未进行故障修复后的检验扣10分; 3.修复后故障重复出现的扣5分/次; 4.操作工单填写不完整扣5分/项	
7	安全生产	20	1.不穿工作服扣2分、不穿工作鞋扣2分、不戴工作帽扣2分; 2.工量具与零件混放、摆放凌乱、落地,扣2分/处; 3.垃圾未分类回收,每次扣2分; 4.油、水洒落在地面或零部件表面未及时清理,每次扣2分/处; 5.竣工后未清理工量具、场地,扣1分/处; 6.启动车辆或举升时,未请示或未提醒,扣2分/次; 7.不服从测试人员扣10分/次	
8	合计	100	—	

2. 操作工单

操作工单如表13-2所示。

表13-2 操作工单

任务名称		日期		评价结果
团队成员				

一、学习过程(学习过程中,学习的课程资源,遇到的困惑,需要教师给予的帮助简要记录)

学习资源情况记录	学习困惑点记录	需要教师指导情况记录

二、场地及设备初步检查(做好诊断前准备工作,将存在的问题填写在是否选项后的空白处)

1.工量具、仪器设备、车辆、技术资料是否准备齐全： 是□　否□＿＿＿＿＿＿＿＿＿

2.汽车停放位置与举升机状况是否良好： 是□　否□＿＿＿＿＿＿＿＿＿

3.是否放置车轮三角块、连接尾气抽排管： 是□　否□＿＿＿＿＿＿＿＿＿

4.是否放置方向盘套、脚垫、汽车翼子板罩： 是□　否□＿＿＿＿＿＿＿＿＿

5.发动机机油、冷却液是否正常： 是□　否□＿＿＿＿＿＿＿＿＿

6.蓄电池状况检查：＿＿＿＿＿＿＿＿＿＿＿＿＿＿＿＿

三、故障诊断过程

1.实施功能检查,确认故障现象,推断故障范围

(1)描述与客户抱怨相关的检查结果

(2)读取故障码,填写对该故障诊断有用的信息

(3)查阅电路图,绘制控制原理图和故障诊断流程图

控制原理图	故障诊断流程图

2.根据故障现象、故障码提示结合电路分析判断可能原因

四、测量记录(电路参数、尾气排放、数据流或执行元件驱动测试)

1.数据测试

测试对象
标准描述
测试结果
测试结论

2.波形测试(不用者不填)

测试对象		
标准波形		
测试波形		
测试结论		

五、故障处理(分析测试结果,进行故障修复,并实施验证)

六、学习反思(本次任务的教学、学习流程、感兴趣点、收获等方面进行简要描述)

七、综合评价(评教分数不纳入学生任务得分)

类型	项目	评分		
评教	课堂效果(10分)			
	教学资源(10分)			
	教师风貌(10分)			
评学	项目	个人(20%)	小组(40%)	教师(40%)
	课前学习(30分)			
	任务完成(50分)			
	课后讨论(10分)			
	贡献大小(10分)			
	合计			

3. 完成故障诊断流程图

将故障诊断流程图画在下面空白处。

4. 检修小笔记

填写检修小笔记,如图 13-30 所示。

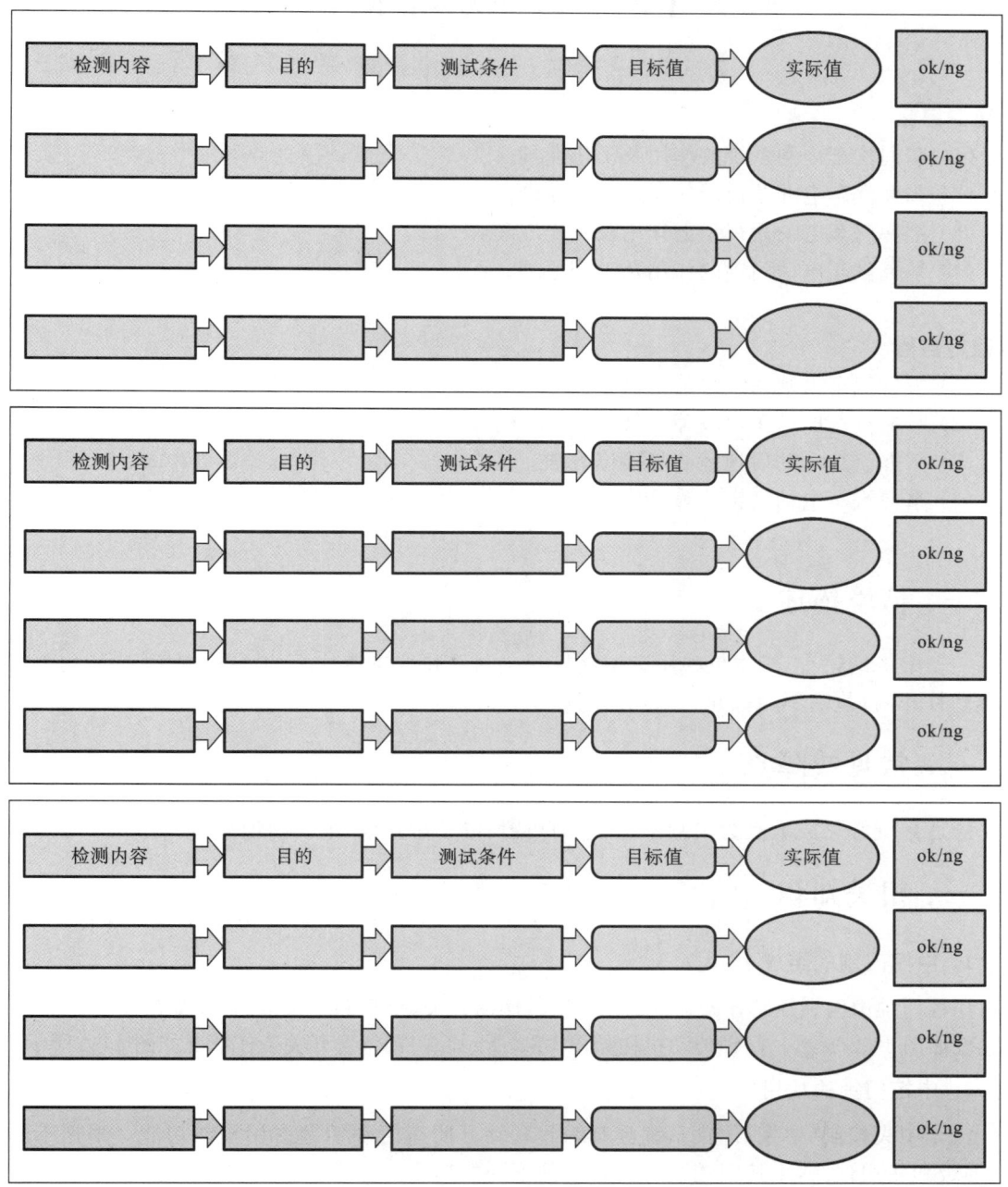

图 13-30 检修小笔记

任务十四　舒适系统故障诊断

◀ **知识目标**

(1) 掌握汽车雨刮系统的作用及工作原理。
(2) 掌握汽车电动车窗的作用及工作原理。
(3) 掌握汽车电动后视镜的作用及工作原理。
(4) 掌握汽车电动门锁的作用及工作原理。

◀ **能力目标**

(1) 掌握汽车雨刮系统故障检修方法。
(2) 掌握汽车电动车窗故障检修方法。
(3) 掌握汽车电动后视镜故障检修方法。
(4) 掌握汽车电动门锁故障检修方法。

一、情境描述

一辆桑塔纳轿车,车主反映用车钥匙打开左侧驾驶员门锁时,除了右前侧车门,其余车门均能自动打开,右前则不能打开。请求修理该车。

二、常见故障点

舒适系统常见故障点为雨刮系统、电动车窗、电动后视镜、电动门锁故障。

三、相关知识

1. 中控门锁的组成

中控门锁由门锁控制开关、门锁总成、钥匙操纵开关、行李厢门锁等组成,如图 14-1 所示。门锁总成如图 14-2 所示。门锁传动机构如图 14-3 所示。门锁位置开关工作情况如图 14-4 所示。

2. 中控门锁的功用

汽车中央控制(中控)门锁系统具有钥匙联动开闭车门和钥匙占用预防功能。根据不同车型、等级和使用地区,中控门锁装置具有各种不同的功能。

1) 中央控制

当驾驶员锁住车门时,其他车门均同时锁住;驾驶员也可通过门锁开关打开所有门锁。

2) 速度控制

当车速达到一定数值时,能自动将所有的车门锁锁定(有的车型无此功能)。

3) 单独控制

为了方便,除中央控制外,乘员仍可利用车门的机械式弹簧锁开关车门。

4) 两级开锁功能

许多车辆具有钥匙联动开锁功能,其中的一级开锁操作,只能以机械方法打开钥匙插入的

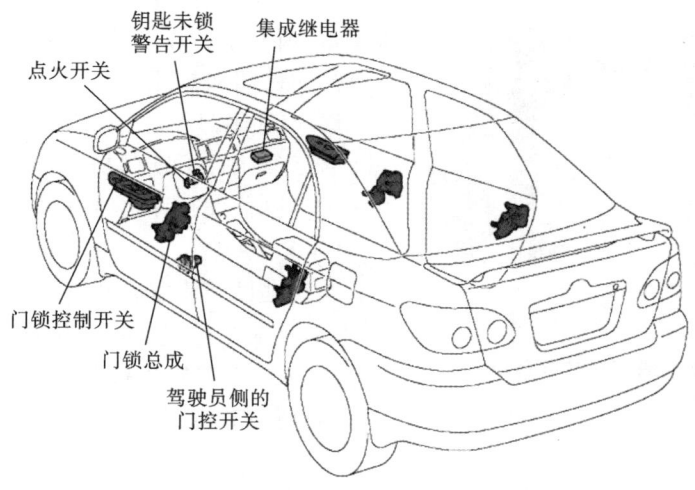

图 14-1　门锁组成示意图

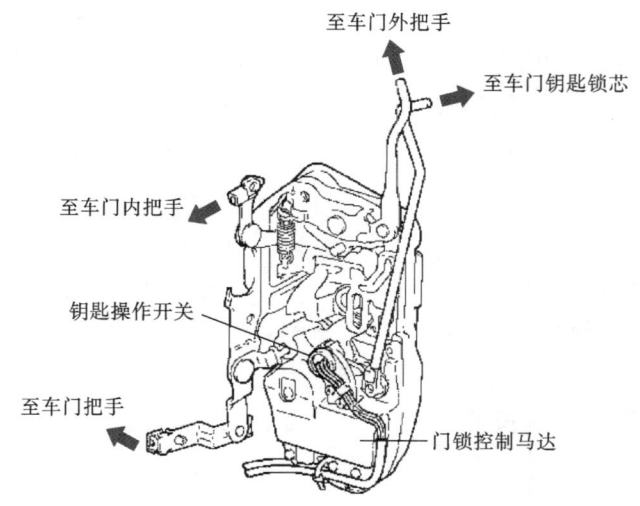

图 14-2　门锁总成

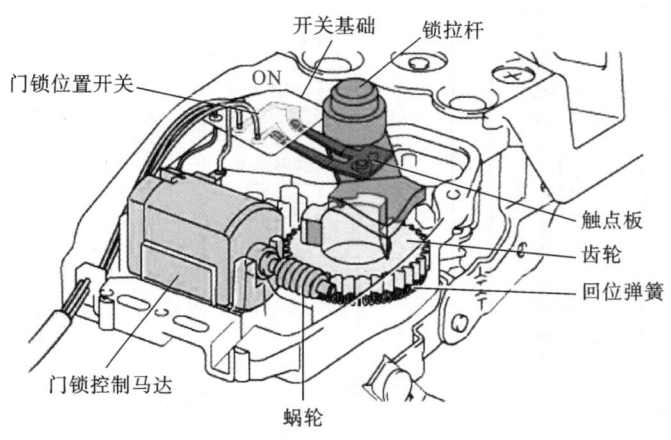

图 14-3　门锁传动机构

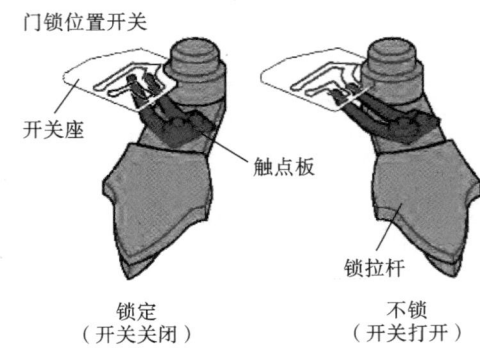

门锁位置开关

开关座

触点板

锁拉杆

锁定
(开关关闭)

不锁
(开关打开)

图 14-4　门锁位置开关工作情况

门锁。二级开锁操作,可同时打开其他车门锁。一般来说,所有车门可以通过前右或前左侧门上的钥匙来同时关闭和打开。

5)钥匙占用预防功能

若已经执行了锁门操作,而钥匙仍然插在点火开关内,则所有的车门会自动打开。

6)安全功能

当钥匙已经从点火开关中拔出而且车门也锁住时,车门不能通过门锁控制开关打开。

7)电动车窗不用钥匙的动作功能

驾驶员和乘员的车门都关上,点火开关断开后,电动车窗仍可动作 60 s。

8)自动打开或关闭电动车窗功能

一些高级车辆中,在用钥匙或遥控器将门锁打开或锁止时,电动车窗会自动打开或关闭。

9)后车门儿童安全锁止功能

防止车内儿童擅自打开车门,只有当中央控制门锁系统在"开锁"状态下时,儿童安全锁闩才能退出。有的车锁是当儿童安全锁闩拨到锁止位置时,在车内用内锁扣不能开门,而在车外用外锁扣可以开门。

10)防盗功能

配合防盗系统,实现汽车防盗。

3. 中控门锁控制电路分析

以丰田轿车为例,门锁控制电路如图 14-5 所示。

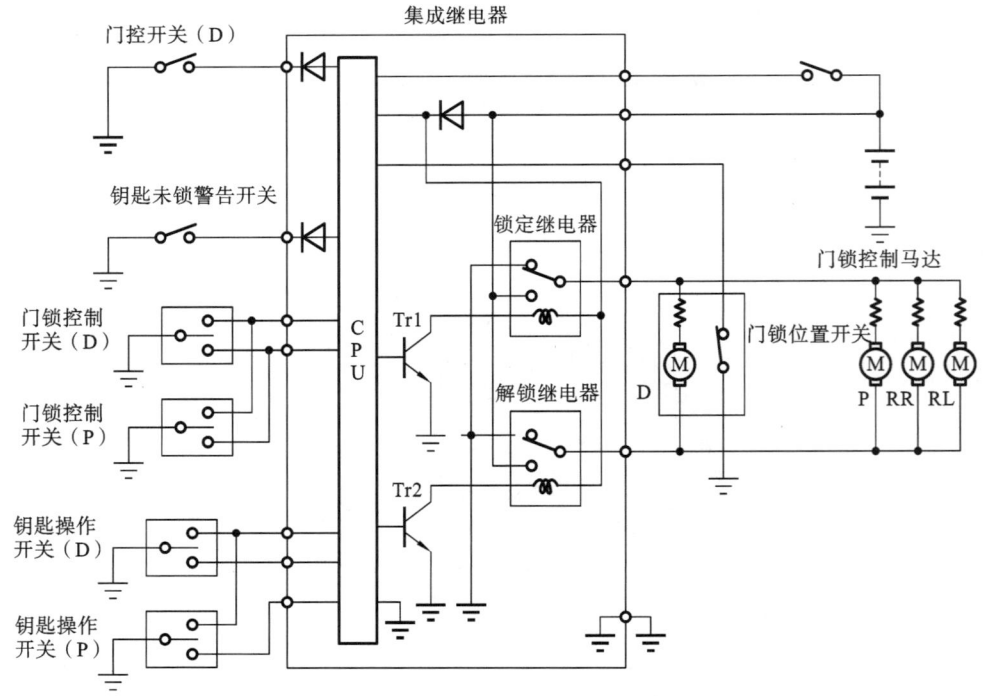

图 14-5　丰田轿车门锁控制电路

1) 手动车门锁定/解锁功能

当门锁控制开关被置于锁定/解锁侧时,车门锁定/解锁信号被传输到集成继电器中的CPU。收到信号后,CPU打开Tr1/Tr2大约0.2 s并打开锁定/解锁继电器。在此状态下,锁定/解锁继电器线圈通电,从而形成接地电路,电流从蓄电池通过马达到接地,所有门锁控制马达沿锁定/解锁方向旋转,开/关门锁位置开关。

2) 车门钥匙锁定/开锁功能

当钥匙插入车门钥匙孔并沿锁定/解锁方向转动时,钥匙操作开关转向锁定/解锁侧,所有的门锁控制马达沿锁定/解锁方向转动(与手动车门锁定/解锁操作相同)。

3) 两步开锁功能(驾驶员车门)

当钥匙向开锁方向旋转一次时,只有本车门以机械方式被开锁。在此状态下,集成继电器的UL3端子被钥匙操作开关接地一次,但是Tr2没有接通。如果钥匙在3 s内向开锁方向旋转两次,UL3端子被接地两次,集成继电器中的CPU导通Tr2。因此,解锁继电器打开,所有车门被开锁。

4) 钥匙遗忘安全功能

当驾驶员车门被打开,钥匙在点火开关锁芯时,如果门锁按钮被置于锁止位置(门锁转换位置开关处于"OFF"位),集成继电器中的CPU将Tr2导通大约0.2 s。因此,解锁继电器导通,所有车门被开锁。如果在此状态下操作门锁控制开关锁住车门,所有的门会先被锁定,然后再次打开。

4. 电动车窗的功用及组成

电动车窗可以让驾驶员操作四个车窗中的任意一个使其上升或下降,乘员只能使所靠近侧的车窗上升或下降。电动车窗由车窗玻璃、玻璃升降器、电动机、继电器、断路器和控制开关等组成,如图14-6所示。

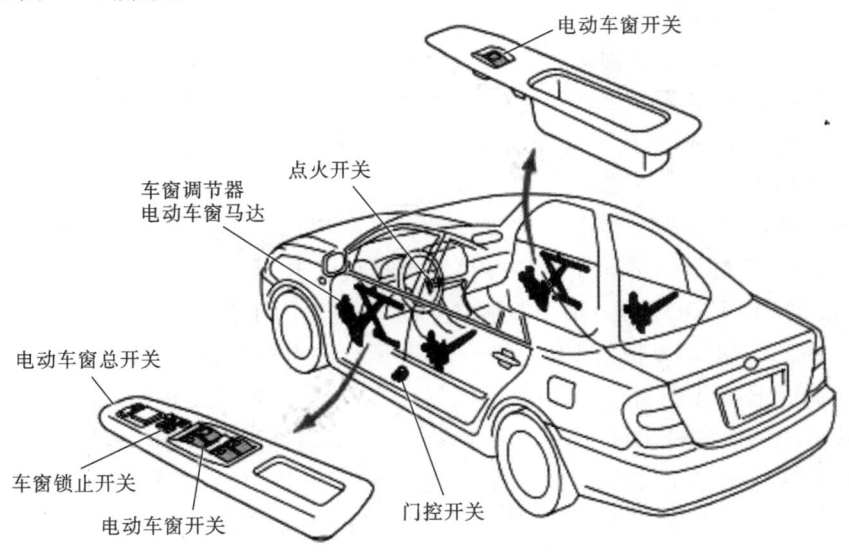

图 14-6　电动车窗的组成及位置

5. 电动车窗控制电路分析

桑塔纳2000电动车窗控制电路如图14-7所示,基本工作过程如下:

1) 发动机熄火后的延时控制

接通点火开关至"ON"位时,延时继电器J52与C路电源相通,其常开触点闭合,按键开关

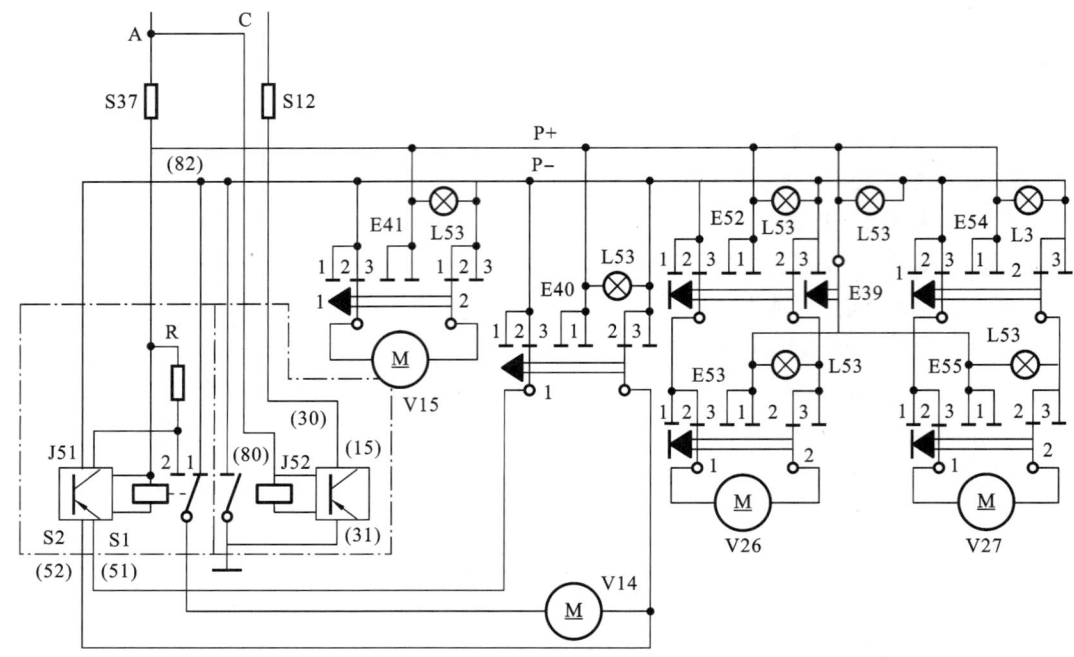

图 14-7 桑塔纳 2000 电动车窗控制电路

E39—安全开关；E40—左前门玻璃升降开关；E52—右前门玻璃升降开关；
E54—左后、右后门车窗玻璃升降开关；E53—左后门车窗玻璃升降开关；E55—右后门车窗玻璃升降开关

内的 P—通过该触点搭铁，而 P＋通过熔断器 S37 与 A 路电源相通，此时，按动按键开关便可使车窗电动机转动。关闭点火开关时，C 路电源断电，延时继电器 J52 由 A 路电源供电，延时 50 s 后，继电器触点断开，按键开关的搭铁线被切断。

2）后车窗电机的控制

左后门和右后门的车窗电动机各由两个按键开关控制，E52 和 E54 安装在中央通道面板上，供驾驶员控制；E53 和 E55 分别安装在两后门上，供后座乘客控制。同一后门的两个按键开关采用级联方式连接，当两个按键开关被同时按下时没有控制作用，只有当某一按键开关被按下时，才有控制作用。

（1）车窗玻璃上升。在安全按键开关 E39 没有被按下的情况下，按下 E52（E54）的上升键位，车窗电动机 V26（V27）正转，带动左后（右后）车窗玻璃上升。其电路为：A 路电源→P＋→E52（E54）→第 2 掷第 I 位 E53（E55）→第 2 掷第 II 位（空位）→左后门车窗电动机 V26（V27）→E53（E55）第 1 掷第 II 位→E52（E54）第 1 掷第 I 位→P—→J52 闭合触点→搭铁→电源负极。如果按下左后（右后）车门上 E53（E55）上升键位，车窗电动机 V26（V27）同样可带动车窗玻璃上升，此时其电路为：A 路电源→P＋→E39→E53（E55）第 2 掷第 I 位→左后（右后）门车窗电动机→V26（V27）→E53（E55）第 1 掷第 I 位→E52（E54）第 1 掷第 II 位（空位）→P—→J52 闭合触点→搭铁→电源负极。

（2）车窗玻璃下降。在安全按键开关 E39 没有被按下的情况下，按下 E52（E54）或 E53（E55）的下降键位，车窗电动机 V26（V27）电枢电流的方向与上述情况相反，电动机反转，带动左后（右后）门车窗玻璃下降。

（3）安全保护措施。在安全按键开关 E39 被按下的情况下，E39 的触点断开，切断了后车门上按键开关 E53 和 E55 的电源，使其失去了对各自车窗电动机的控制。因而，起到了保护儿童安全的作用。

3）前车窗电机的控制

右前门车窗电动机 V15 由按键开关 E41 控制,而左前门车窗电动机 V14 由按键开关 E40 和自动继电器 J51 控制,且具有点动自动控制功能。

（1）车窗玻璃上升。按下按键开关 E41 的上升键位时,车窗电动机 V15 正转,带动右前门车窗玻璃上升,其电流通路为：A 路电源熔断器 S37→P＋→E41→第 2 掷第 I 位车窗电动机 V15→E41 第 1 掷第 I 位→P－→J52 闭合触点→搭铁→电源负极。

按下按键开关 E40 的上升键位时,P＋（正电位）经 E40 的第 2 掷第 I 位接至自动继电器 J51 的输入端 S2,P－（零电位）经 E40 的第 1 掷第 I 位接至 J51 的输入端 S1,此时,车窗电动机的电流通路为：A 路电源→熔断器 S3→P＋→E40 第 2 掷第 I 位→车窗电动机 V14→J51 的常闭触点 1→J52 的闭合触点→搭铁→电源负极。按键开关 E40 复位（回到第 Ⅱ 位）时,上述电路被切断,电动机 V14 停转。

（2）车窗玻璃下降。按下按键开关 E41 的下降键位时,车窗电动机 V15 反转,带动右前门车窗玻璃下降,其电流通路与上升时相反。

（3）当按下按键开关 E40 下降键位的时间≤300 ms 时,自动继电器 J51 判断为点动自动下降操作,于是继电器动作,使触点 2 闭合。车窗电动机 V14 电枢电流的方向与正常下降操作时相同,电动机反转,车窗玻璃下降。如果在下降期间 E40 的上升键位不被按下,自动继电器 J51 的触点 2 一直处于闭合状态,直至玻璃下降到底,电动机 V14 停转。此时,电枢电流将增大,当电流增至约 9 A 时,取样电阻 R 上的电压使自动继电器 J51 动作,触点 2 断开,切断车窗电动机的通电回路,电动机停转;如果在下降期间,按下 E40 的上升键位,自动继电器 J51 将判断为下降操作结束,触点 2 断开,车窗电动机 V14 停转。

6. 电动座椅的功用及组成

现代轿车的前排电动座椅,可进行座椅的前后位置、座椅靠背位置、座椅倾斜位置、座椅的高度位置共计 8 个方向的调节。主要由座椅开关、电动机、传动装置等组成。电动机采用永磁双向直流电动机。如要完成 8 个方向的调整,则需要 4 个电动机来完成。电动座椅调节方向如图 14-8 所示。

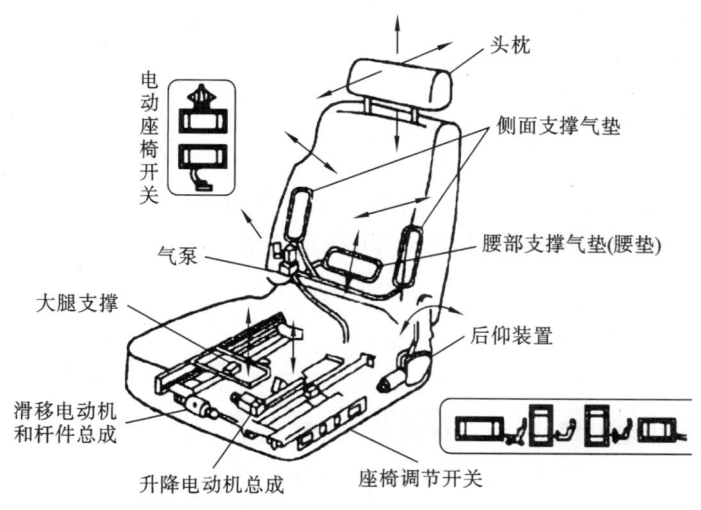

图 14-8　电动座椅调节方向

7. 电动座椅的控制电路分析

电动座椅控制电路,以丰田轿车为例,如图 14-9 所示,以座椅靠背的倾斜调节为例,介绍控制过程。

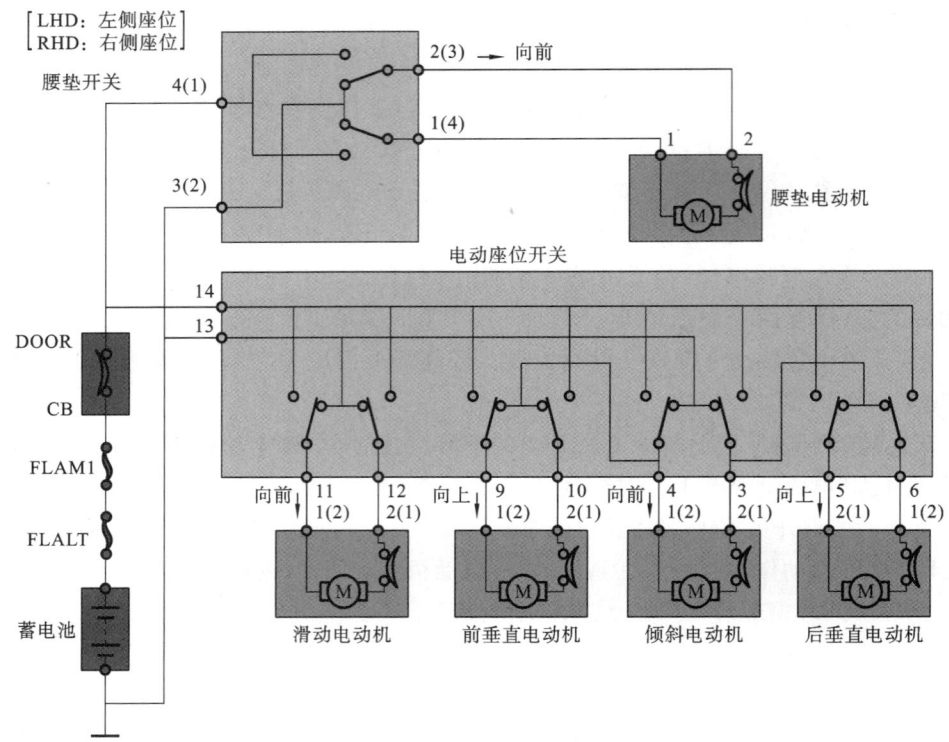

图14-9 电动座椅控制电路

当电动座椅的开关处于倾斜位置时,如果要调整靠背向前倾斜,则闭合倾斜电动机的前进方向开关,即端子4处于左位时,电路为:蓄电池正极→FLALT→FLAM1→DOOR→CB→端子14→倾斜开关"前"→端子4→1(2)端子→倾斜电动机→2(1)端子→端子3→端子13→搭铁。此时座椅靠背前移。

端子3置于右位时,倾斜电动机反转,座椅靠背后移。电路为:蓄电池正极→FLALT→FLAM1→DOOR→CB→端子14→倾斜开关"后"→端子3→2(1)端子→倾斜电动机→1(2)端子→端子4→端子13→搭铁。

8. 雨刮器的作用

汽车在雨天、雪天、雾天、扬沙或尘土较多的环境中行驶时,会由于灰尘落在挡风玻璃上而影响驾驶员的视线。为了保证在上述不良条件下驾驶员仍有良好的视线,很多汽车的刮水系统中安装了清洗装置,必要时向挡风玻璃喷水或专用清洗液,在雨刷器的配合下,保持挡风玻璃洁净,位置如图14-10所示。

9. 雨刮及清洗系统的组成

1)电动雨刮器

电动雨刮器主要由电动机(直流)、蜗轮箱、曲柄、连杆、摆杆、摆臂和刮水片等组成。如图14-11所示,一般电动机和蜗轮箱结合成一体,组成刮水器电动机总成。曲柄、连杆和摆杆等杆件可以把蜗轮的旋转运动转变为摆臂的往复摆动,使摆臂上的刮水片实现刮水动作。

2)风窗玻璃洗涤装置

为了更好地消除附在风窗玻璃上的灰尘污物,在汽车上增设了洗涤装置,与雨刮器配合使用,可以使汽车风窗玻璃更好地完成刮水工作,获得更好的刮水效果。

图 14-10 雨刮器在车上的位置

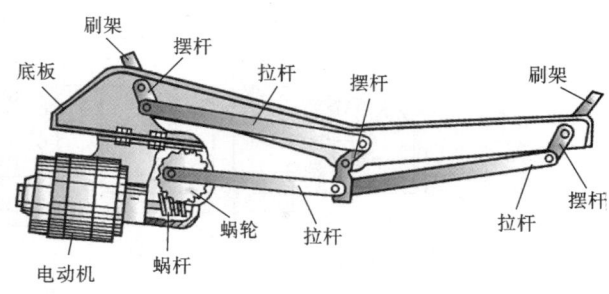

图 14-11 雨刮器的组成

风窗玻璃洗涤装置的组成如图 14-12 所示,它主要由储液箱、洗涤泵、输液管、喷嘴等组成。洗涤泵由永磁直流电动机和离心式叶片泵组成为一体,安装在储液箱上或管路内,喷射压力达 70~88 kPa。

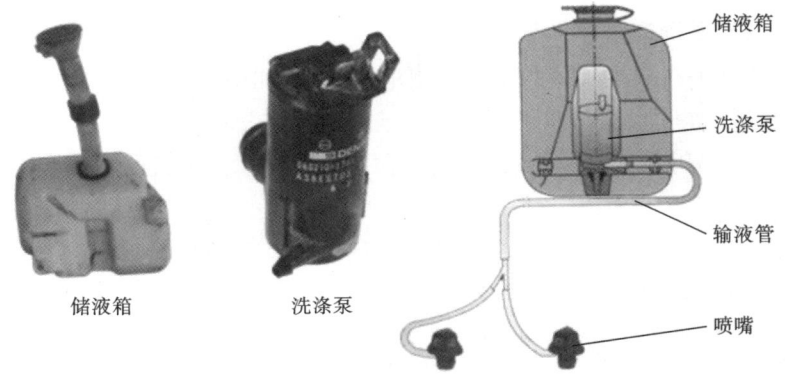

图 14-12 风窗玻璃洗涤装置

3)除霜装置

在有雨或雪的时候开车,由于气温的关系,车内水蒸气易凝结在玻璃上,形成一层霜,尤其是后方的玻璃因为不易擦拭到,而且风也吹不到,对行车视野妨碍比较大,因此在一些汽车上安装有除霜装置,汽车前、侧窗玻璃上的霜可以利用空调系统产生的暖气进行除霜,后窗玻璃多使用电热丝除霜。

除霜装置是把电热丝一条一条地粘在后窗玻璃内部,以两端相接成并联电路,只需要供给两端以要求的电压,即可加温玻璃,从而达到除霜的目的。除霜电热丝的电压控制方式分手动和自动两种。一般自动的除霜装置由开关、自动除霜传感器、自动除霜控制器、除霜电热丝和配线等组成,如图 14-13 所示。自动除霜传感器安装在后窗玻璃上,其作用是将后窗玻璃上是否结霜、结霜层的厚度告知除霜控制电路,结霜层厚度越大,自动除霜传感器电阻越小。

工作过程如下:

(1)除霜开关置于"关"位置,除霜控制电路及指示灯电路断开,除霜装置及除霜指示灯均不工作。

(2)除霜开关置于"手动"位置,继电器线圈可经手动开关直接搭铁,继电器触点闭合,使除霜控制电路及指示灯接通,除霜装置及指示灯均工作。

(3)除霜开关置于"自动"位置,如果霜层凝结到一定厚度,自动除霜传感器电阻值减小到某一设定值以下,控制器即可使继电器线圈的电流经控制电路而搭铁,继电器闭合,于是,由点火开关"IG"挡来的电源电压经继电器到除霜电热丝构成回路,另外经分路到仪表上的电流使

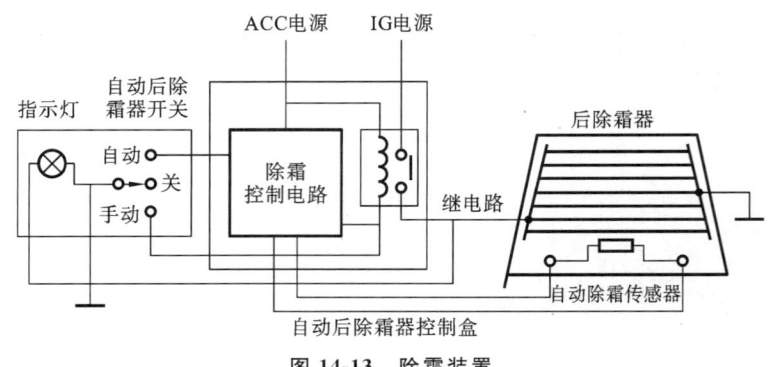

图 14-13　除霜装置

指示灯点亮,表示除霜装置正在工作。当玻璃上结霜减少到某一程度后,自动除霜传感器电阻值增大,除霜控制电路切断继电器线圈回路,触点断开,除霜电热丝断电,除霜装置停止工作,同时指示灯熄灭。

10. 雨刮及清洗系统的电路分析

(1) 以上海桑塔纳轿车刮水器与洗涤控制电路为例,如图 14-14 所示,在中央线路板内部,接点 D9 与 A5 接通,接点 D20 与端子 B9 接通,接点 D17 与 A6 接通,C9 与 A19 接通,减荷继电器装在中央线路板 8 号位置,刮水继电器安装在中央线路板 10 号位置。

① 高速刮水。

刮水器高速工作时,电动机直接受刮水器与洗涤器开关控制,不受刮水器继电器控制。刮水器与洗涤器开关拨到 1 挡,其电路为:电源正极→中央线路板单孔插座→红色导线→点火开关端子 30→点火开关端子 X→黑/黄色导线→熔断器 S11→中央线路板接点 B9→黑/灰色导线→刮水器与洗涤器开关端子 53a→刮水器与洗涤器开关 1 挡→刮水器与洗涤器开关端子 53b→绿/黄色导线→中央线路板接点 A5→接点 D9→绿/黄导线→刮水器电动机→电动机端子 31→棕色导线搭铁→电源负极。此时电动机电刷偏置,电枢轴以 62～80 r/min 的转速运转,风窗上的刮水片快速摆动。

② 低速刮水。

当刮水器与洗涤器开关拨到 2 挡时,其电路为:X 导线→熔断器 S11→中央线路板接点 B9→黑/灰色导线→刮水器与洗涤器开关端子 53a→刮水器与洗涤器开关 2 挡→刮水器与洗涤器开关端子 53→绿色导线→中央线路板接点 A2→刮水继电器端子 53S→刮水继电器触点→刮水继电器端子 53M→中央线路板接点 D12→绿/黑色导线→刮水器电动机→电动机端子 31→棕色导线搭铁→电源负极。电动机电刷相隔 180°,电枢轴以 42～52 r/min 的转速运转,风窗上的刮水片慢速摆刮。

③ 点动刷水。

刮水器与洗涤器开关 3 挡为空挡,刮水器处于停止工作状态。当驾驶员按下手柄开关时,刮水系统工作情况与手柄开关接通 2 挡时相同,当放松手柄时,开关将自动回到空挡,实现点动刮水。

④ 间歇刮水。

当刮水器与洗涤器开关拨到 4 挡(最下挡)时,刮水器处于间歇工作状态。在继电器的控制下,刮水器每 6 s 工作一次。刮水继电器电路为:X 导线→熔断器 S11→中央线路板接点 B9→黑/灰色导线→刮水器与洗涤器开关端子 53a→刮水器与洗涤器开关 4 挡→刮水器与洗涤器开关端子 J→棕/黑色导线→中央线路板接点 A12→刮水继电器端子 J→继电器内部电路→电动

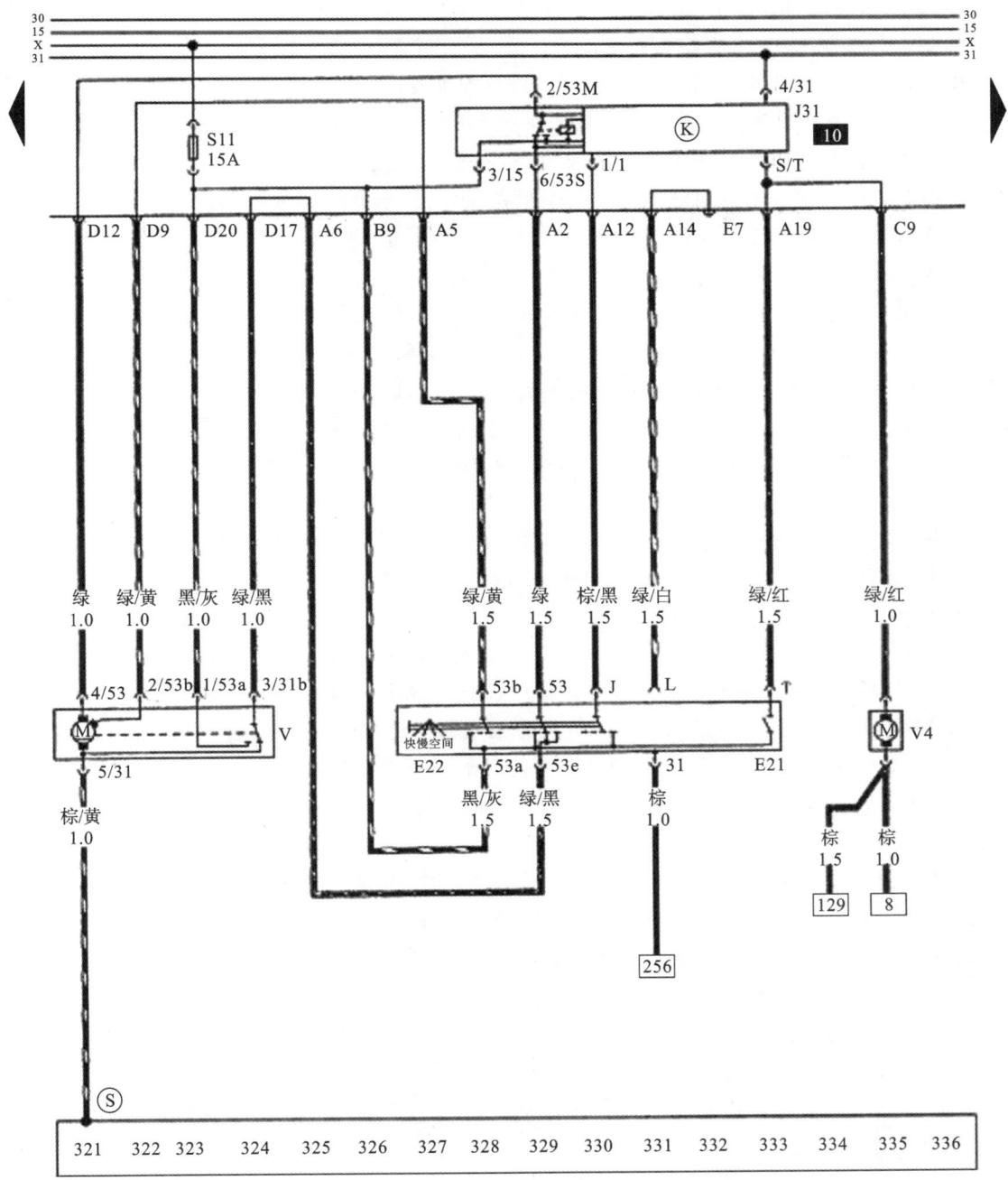

图 14-14 桑塔纳雨刮系统电路图

机端子 31 搭铁→电源负极。

刮水继电器电源接通后,内部电路工作,其触点每 6 s 将端子 53M 接通电源一次,使刮水器电动机电源接通工作。此时电动机电路为:电源正极→中央线路板单孔插座→红色导线→点火开关端子 30→点火开关端子 X→黑/黄色导线→熔断器 S11→中央线路板接点 B9→黑/灰色导线→继电器端子 15→继电器触点→继电器端子 53M→绿/黑色导线→中央线路板接点 A12→刮水器电动机→电动机端子 31→棕色导线搭铁→电源负极。

⑤ 清洗玻璃。

当驾驶员将刮水器与洗涤器开关向转向盘方向拨动时,洗涤器电动机电路接通,位于发动机盖上的 4 个喷嘴同时向挡风玻璃上喷洒洗涤液,与此同时,刮水器继电器电路接通并控制刮水器的刮水片摆刮 3~4 次后停止摆刮。

洗涤器电动机电路为:X 导线→熔断器 S11→中央线路板接点 B9→黑/灰色导线→刮水器与洗涤器开关端子 53a→刮水器与洗涤器开关 5 挡→刮水器与洗涤器开关端子 53a→绿/红色导线→中央线路板接点 A19→中央线路板接头 C9→绿/红色导线→洗涤器电动机→棕色导线搭铁→电源负极。如刮水器与洗涤器开关停留在该位置,水泵将继续喷洒洗涤液,刮水器也将继续工作;如放松开关,水泵将停止喷水,继电器和刮水器也将停止工作。

⑥ 停机复位。

在刮水器电动机上设有一个由凸轮驱动的一掷二位停机复位开关,用以保证刮水器停机(刮水器与洗涤器开关拨到 3 挡)时,刮水片处在挡风玻璃下沿位置,只有在刮水片摆到挡风玻璃下时,刮水器电路电动机才能切断,否则停机自动复位开关的触点 53e 和 53a 接通,电动机将继续转动,直到刮水片摆到玻璃下沿时为止。当点火开关接通时,减荷继电器 2 线圈电流接通,其电路为:X 导线→减荷继电器的端子 86、线圈、端子 85→中央线路板接点 D2 搭铁→电源负极。

减荷继电器线圈通电产生电磁吸力,将其触点吸闭,刮水器电动机停机复位时的电路接通,其电路为:电源正极→中央线路板单孔插座→减荷继电器端子 30、触点、端子 87→中央线路板触点 D20→黑/灰色导线→刮水器电动机触点 53a、53e→绿色导线→中央线路板接点 D17→中央线路板 A6 接点→绿/黑色导线→刮水器与洗涤器开关端子 53a、53→绿色导线→中央线路板接点 A2→刮水器继电器端子 53S→继电器触点、端子 53M→中央线路板接点 D12→绿色导线→刮水器电动机→端子 31→搭铁→电源负极。刮水器电动机转动到复位开关的触点 53e 与搭铁触点 31 接通时,电动机电路切断停止转动,此时刮水片正好摆到挡风玻璃下沿位置。

(2) 丰田轿车刮水器与洗涤控制电路分析,电路如图 14-15 所示。

① 刮水器低速工作。

当点火开关打至 IG1 挡且刮水开关置于低速挡位时,电流由蓄电池＋极→熔丝→点火开关 IG1 挡→刮水器 20 A 熔丝→刮水洗涤组合开关 B 接线柱→低速开关→7 接线柱→刮水器电动机低速电刷→电枢→公共电刷→搭铁→接地形成回路,刮水器电动机低速运转。

② 刮水器高速工作。

当点火开关打至 IG1 挡且刮水开关置于高速挡位时,电流由蓄电池＋极→熔丝→点火开关 IG1 挡→刮水器 20 A 熔丝→刮水洗涤组合开关 B 接线柱→高速开关→13 接线柱→刮水器电动机高速电刷→电枢→公共电刷→搭铁→接地形成回路,刮水器电动机高速运转。

③ 刮水器间隙工作。

当点火开关打至 IG1 挡且刮水开关置于间歇位时,电流由蓄电池＋极→熔丝→点火开关 IG1 挡→刮水器 20 A 熔丝→刮水器继电器 2 号端子→刮水器继电器 5 号端子→刮水洗涤组合开关 4 接线柱→间歇开关→刮水洗涤组合开关 7 接线柱→刮水器电动机低速电刷→电枢→公共电刷→搭铁→接地形成回路,刮水器电动机低速运转。刮水器继电器决定间歇时间。

④ 刮水器停机复位。

当刮水器开关打至复位挡位置时,若刮水片没有停在规定位,则刮水器电动机内复位装置将 5 号端子与 6 号端子接通,电流由蓄电池＋极→熔丝→点火开关 IG1 挡→刮水器 20 A 熔丝→刮水器电动机 6 号端子→刮水器电动机 5 号端子→刮水器继电器 1 号端子→刮水器继电器 5 号端子→刮水洗涤组合开关 4 接线柱→复位开关→刮水洗涤组合开关 7 接线柱→刮水器电动机低速电刷→电枢→公共电刷→搭铁→接地形成回路。同时,刮水器继电器被触发工作,使刮

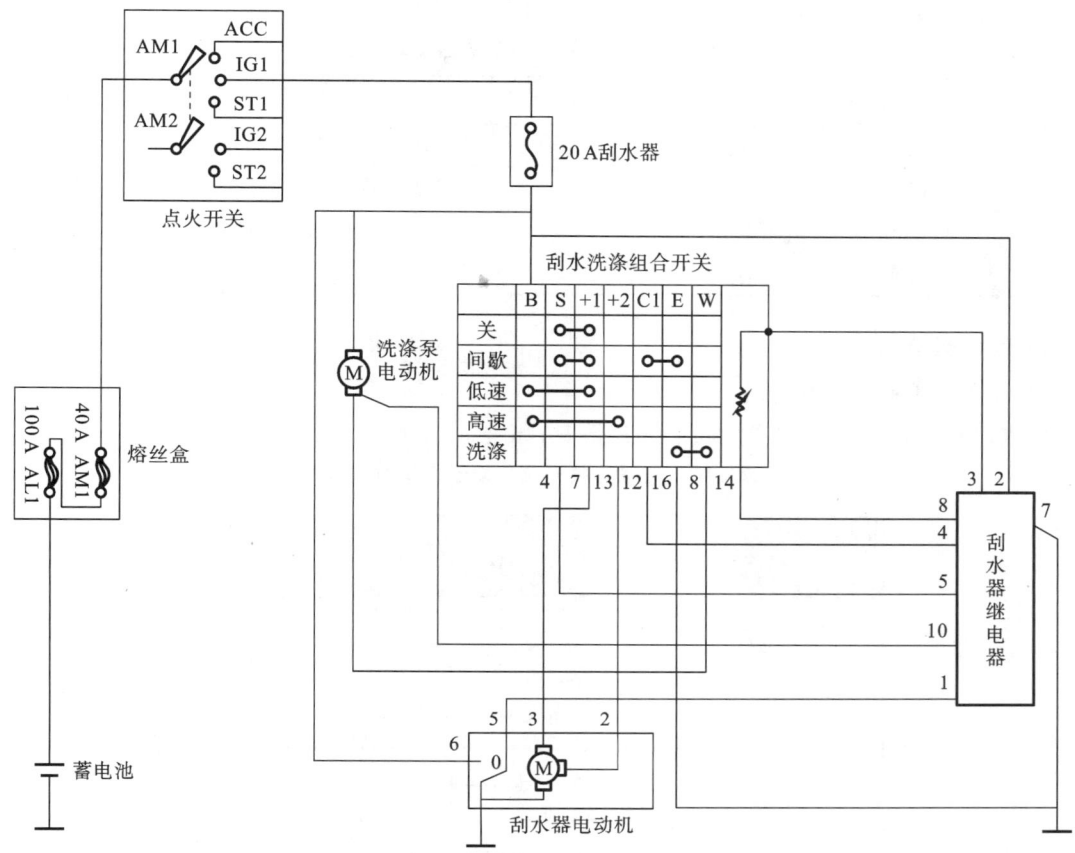

图 14-15　丰田雨刮系统电路图

水器配合洗涤器工作一段时间。

四、故障诊断

1. 中央门锁的检修

1）门锁控制开关的检修

根据开关的工作原理,用万用表测量开关在不同位置时的工作状态,以判断开关的好坏,然后做相应的处理。

2）门锁控制继电器的检修

门锁控制继电器一般是由电子电路控制的继电器,它包括控制电路和继电器两个部分,为门锁执行器提供脉冲工作电流,也称门锁定时器。

门锁控制继电器的检修可根据其工作原理,测量其输出状态,从而判断是否有故障,然后做相应的处理。

3）门锁执行器的检修

门锁执行器有电磁线圈机构、直流电动机等类型。不论是哪种类型的执行器,都可以用直接通电方法检查其工作状态是否有开锁和闭锁两种,从而判断是否损坏。

2. 电动车窗检修

如果车窗无法正常升降,应先从不同方向轻轻摇动玻璃,以此判断故障属于机械方面还是电路方面。如果玻璃能够向所有方向稍微运动,就可以排除机械方面的故障。电动车窗常见的故障及其原因如表14-1所示。

表 14-1　电动车窗常见的故障及其原因

故障现象	可能的原因
某个车窗只能向一个方向运动	分开关到主开关的控制导线断路
某个车窗在两个方向上都不运动	电动机故障、开关到电动机间的导线断路
后车窗分开关不起作用	主开关或者热敏开关故障
所有车窗都不能动	电源、熔丝、继电器、搭铁线故障

3. 电动座椅的检修

1）检查前排电动座椅开关

检查电动座椅开关各端子之间的导通情况，如表14-2所示。

表 14-2　电动座椅开关各端子之间的导通

开关状态		1	2	3	4	5	6	7	8	9	10
前后滑移开关	前移	○								○——	
					○—○						○
	关	○—————————————————————————————————————○									○
					○————————————————————————————————○						○
	后移				○—○						○
前端垂直升降开关	上			○————————————————————————————————○						○	
			○———————○								
	关			○———————————————○							
			○———————○								
	下			○———————○							
			○————————————————————————————————○						○	
后端垂直升降开关	上						○————————————————○				
								○———————○			
	关						○———————————————○				
								○———————○			
	下						○———————○				
倾斜调整开关	前倾						○————————————————————————————————○				○
								○———————○			
	关						○———————○				
									○———————○		
	后倾						○———————○				
								○———————○			

2）电动机的检修

将蓄电池的正、负极导线分别与电动机端子相连接，检查电动机是否旋转。反向连接极性，检查电动机是否按反方向旋转，如果运转情况与规定不符，则更换电动机。

4. 电动后视镜的检修

1）电动后视镜开关检修

（1）拆下驾驶员侧车门板，并断开电动后视镜开关10芯插头。

（2）用万用表检测开关在不同位置时各端子之间的通路情况，它们应符合表 14-3 的要求，不符合则更换电动后视镜开关。

表 14-3　电动后视镜开关检测标准

开关所在位置	端子间连接情况	开关所在位置	端子间连接情况
左上	1—4 通、2—7 通	右下	1—8 通、2—4 通
左下	1—7 通、2—4 通	右左	1—8 通、2—10 通
左左	1—7 通、2—9 通	右右	1—10 通、2—8 通
左右	1—9 通、2—7 通	按下折回开关	1—5 通
右上	1—4 通、2—8 通		

2）电动后视镜控制装置的检修

电动后视镜控制装置的检查方法如下：

（1）拆下驾驶员侧车门板，并断开电动后视镜控制装置的 7 芯插头。

（2）检查插头和插座的连接是否良好、可靠，若有弯曲、松动或锈蚀，应予修理或更换。

（3）按表 14-4 的要求对 7 芯插头进行检测，并根据检测结果进行修复。若所有端子的检查均为正常，但电动后视镜的故障依然存在，应更换电动后视镜控制装置。

表 14-4　电动后视镜 7 芯插头各端子检查要求

端子号	检测方法	正常结果	故障原因
4	检查对地之间的通路情况		（1）接地不良； （2）导线断路
5	检查对地电压	蓄电池电压	（1）前排乘员侧仪表下熔断器/继电器盒中 13 号熔断器断路； （2）导线断路
3	接通点火开关和折回开关，检查对地电压	蓄电池电压	（1）前排乘员侧仪表下熔断器/继电器盒中 13 号熔断器断路； （2）电动后视镜开关中的折回开关故障； （3）导线断路
1	用跨接线短接 1、5 端子和 2、4 端子	右后视镜折回	（1）右折回动作器故障； （2）导线断路
2	用跨接线短接 2、5 端子和 1、4 端子	右后视镜伸出	（1）右折回动作器故障； （2）导线断路
6	用跨接线短接 6、5 端子和 7、4 端子	左后视镜折回	（1）左折回动作器故障； （2）导线断路
7	用跨接线短接 7、5 端子和 6、4 端子	左后视镜伸出	（1）左折回动作器故障； （2）导线断路

5. 雨刮及清洗系统的维护

（1）检查刮水器电动机的固定及各传动杆的连接情况，如有松动，应予拧紧。

（2）检查橡胶刮水片与玻璃贴附情况。橡胶刮水片应无老化、磨损、破裂等其他损伤现象，否则应予更换。

（3）打开刮水器开关,刮水器摇臂应摆动正常。转换开关工作挡位,刮水器电动机应以相应的转速工作。否则,应检查刮水器电动机与线路。

（4）检查后,在各运动铰链处滴注2～3滴机油或涂抹润滑脂,并再次打开刮水器电动机开关使刮水器摇臂摆动,待机油或润滑脂浸到各工作面后,擦净多余的机油或润滑脂。

（5）检查洗涤器系统的管路连接情况,如有松动或脱落,应予安装并固定好;塑料管路若有老化、折断或破裂,应予更换。

（6）检查洗涤器喷嘴,脏污时可用干净的毛刷清洗,喷嘴喷射角度不合适时应进行调整。

（7）按动喷液开关,喷嘴应将洗涤液喷射到挡风玻璃上的适当位置。否则应检查喷射部分或电路部分。

（8）洗涤液应按原车要求选用,若使用普通洗涤剂、清洁剂配制的洗涤液时,在进入冬季时,应予以清除,以防冻裂储液罐和塑料管路。

五、故障排除

1. 评分标准

评分标准如表14-5所示。

表 14-5　评分标准

序号	考核项目	配分	扣分标准	得分
1	否决项目		造成人身、设备重大事故、不填写操作工单,或恶意顶撞测试人员、严重扰乱考场秩序,立即终止测试,此任务计0分	
2	工具、仪器设备准备	5	未检查工量具设备扣2分,工量具准备错误扣2分,工量具摆放不整齐扣1分/处	
3	车辆状态检查及车辆防护	10	1.没有检查车辆停放安全状况扣2分,没有安放三角木扣2分,没有安装尾气抽排管扣2分; 2.没有检查机油油面扣1分,没有检查冷却液液位扣1分,没有启动车辆扣1分,没有检查发动机工作状况扣1分; 3.没有安装翼子板护垫扣1分,座位套、踏脚垫、方向盘套、挡位杆套少装扣0.5分/处	
4	故障现象判断	15	1.未检查故障码扣5分,不会检查故障码扣5分,故障现象判断错误扣5分/次,故障诊断思路不明确扣5分/项; 2.故障判断不熟练扣2分,不会判断故障现象扣15分	
5	故障诊断过程	25	1.不会查阅维修手册扣2分,没有使用维修手册扣5分; 2.没有关闭点火开关拔插连接器扣2分/次,不会拔插连接器扣2分/次,强行拔插连接器扣2分/次,不能正确使用万用表扣2分/次; 3.操作过程不规范扣2分/次,工量具及仪器设备没整理扣2分; 4.造成短路扣10分/次,烧坏线路此项计0分; 5.部件及总成拆装不熟练扣2分/次,造成元器件损坏扣5分/次	
6	故障点确认与排除及操作工单填写	25	1.不能确认故障点扣15分,不会排除故障扣15分; 2.未进行故障修复后的检验扣10分; 3.修复后故障重复出现的扣5分/次; 4.操作工单填写不完整扣5分/项	

序号	考核项目	配分	扣 分 标 准	得分
7	安全生产	20	1.不穿工作服扣2分、不穿工作鞋扣2分、不戴工作帽扣2分; 2.工量具与零件混放、摆放凌乱、落地,扣2分/处; 3.垃圾未分类回收,每次扣2分; 4.油、水洒落在地面或零部件表面未及时清理,每次扣2分/处; 5.竣工后未清理工量具、场地,扣1分/处; 6.启动车辆或举升时,未请示或未提醒,扣2分/次; 7.不服从测试人员扣10分/次	
8	合计	100	—	

2. 操作工单

操作工单如表14-6所示。

表14-6　操作工单

任务名称		日期		评价结果
团队成员				

一、学习过程(学习过程中,学习的课程资源,遇到的困惑,需要教师给予的帮助简要记录)

学习资源情况记录	学习困惑点记录	需要教师指导情况记录

二、场地及设备初步检查(做好诊断前准备工作,将存在的问题填写在是否选项后的空白处)

1.工量具、仪器设备、车辆、技术资料是否准备齐全:　是□　否□＿＿＿＿＿＿＿＿

2.汽车停放位置与举升机状况是否良好:　是□　否□＿＿＿＿＿＿＿＿

3.是否放置车轮三角块、连接尾气抽排管:　是□　否□＿＿＿＿＿＿＿＿

4.是否放置方向盘套、脚垫、汽车翼子板罩:　是□　否□＿＿＿＿＿＿＿＿

5.发动机机油、冷却液是否正常:　是□　否□＿＿＿＿＿＿＿＿

6.蓄电池状况检查:＿＿＿＿＿＿＿＿＿＿＿＿＿＿＿＿＿

三、故障诊断过程

1.实施功能检查,确认故障现象,推断故障范围

(1)描述与客户抱怨相关的检查结果

(2)读取故障码,填写对该故障诊断有用的信息

(3)查阅电路图,绘制控制原理图和故障诊断流程图

控制原理图	故障诊断流程图

2. 根据故障现象、故障码提示结合电路分析判断可能原因

四、测量记录(电路参数、尾气排放、数据流或执行元件驱动测试)

1. 数据测试

测试对象	
标准描述	
测试结果	
测试结论	

2. 波形测试(不用者不填)

测试对象		
标准波形		
测试波形		
测试结论		

五、故障处理(分析测试结果,进行故障修复,并实施验证)

六、学习反思(本次任务的教学、学习流程、感兴趣点、收获等方面进行简要描述)

七、综合评价(评教分数不纳入学生任务得分)

类型	项目	评分		
评教	课堂效果(10 分)			
	教学资源(10 分)			
	教师风貌(10 分)			
评学	项目	个人(20%)	小组(40%)	教师(40%)
	课前学习(30 分)			
	任务完成(50 分)			
	课后讨论(10 分)			
	贡献大小(10 分)			
	合计			

3. 完成故障诊断流程图

将故障诊断流程图画在下面空白处。

4. 检修小笔记

填写检修小笔记，如图 14-16 所示。

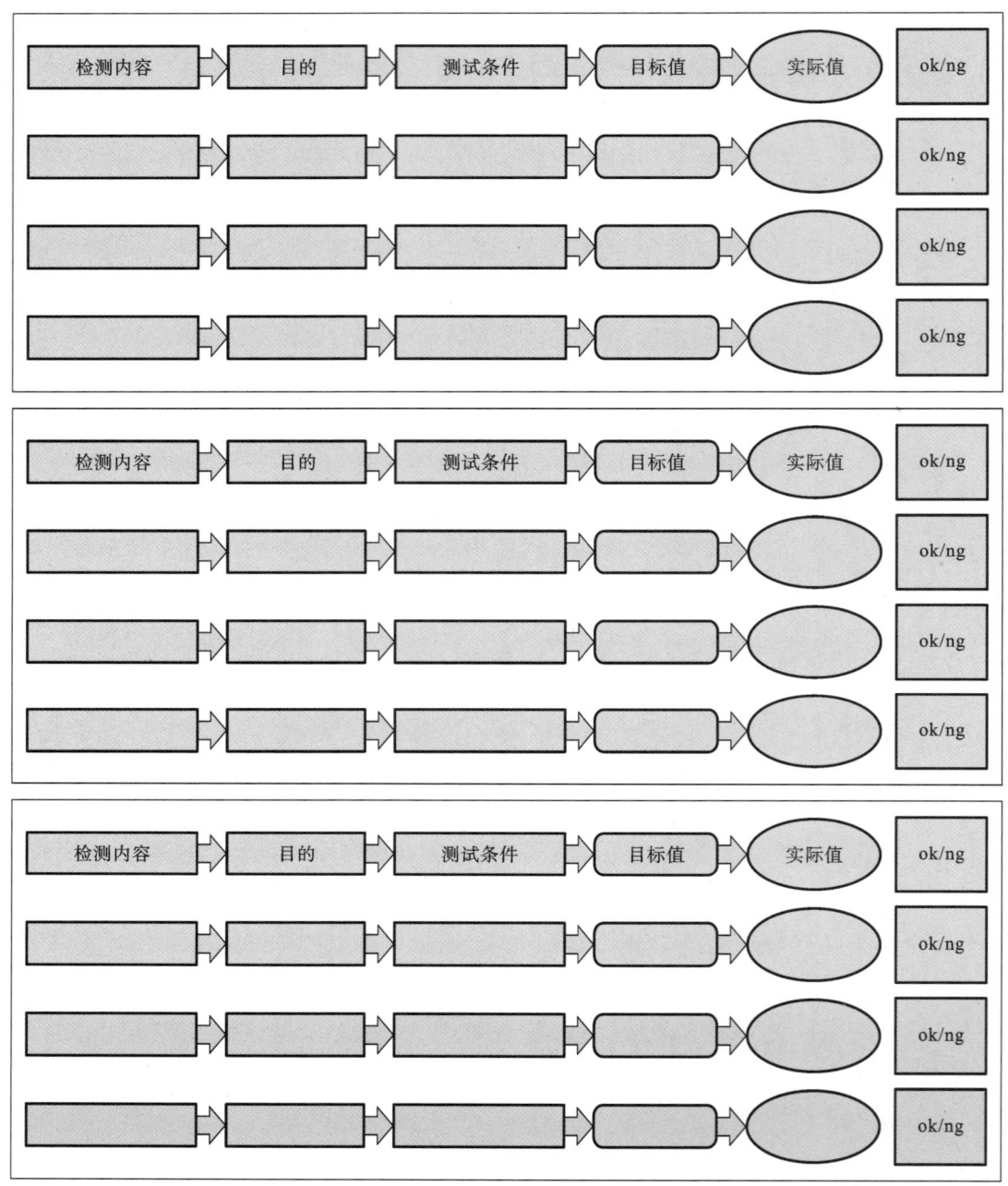

图 14-16　检修小笔记

[1] 朱军.汽车故障诊断方法[M].北京：人民交通出版社,2008.

[2] 崔选盟.汽车故障诊断技术[M].3 版.北京：人民交通出版社,2014.

[3] 付百学.上海大众帕萨特轿车维修手册[M].北京：机械工业出版社,2002.

[4] 杨志平.汽车检测与故障诊断技术[M].成都：西南交通大学出版社,2014.

[5] 戴耀辉,于建国.汽车检测与故障诊断[M].北京：机械工业出版社,2007.

[6] 司传胜.现代汽车检测与故障诊断技术[M].北京：机械工业出版社,2013.

[7] 钟利兰.汽车故障诊断方法及应用实例[M].北京：化学工业出版社,2013.

[8] 李臣华.汽车故障诊断与综合检测[M].北京：北京理工大学出版社,2013.

[9] 官海兵,张光磊.汽车电气故障诊断与修复[M].北京：人民交通出版社,2017.

[10] 谢计红,郑获.汽车底盘机械系统检修[M].武汉：华中科技大学出版社,2017.

[11] 周学斌.汽车发动机维修综合[M].武汉：华中科技大学出版社,2015.